U0727209

Franco-German Reconciliation and European Integration

法德和解与欧洲一体化

和春红◎著

中国书籍出版社
China Book Press

图书在版编目（CIP）数据

法德和解与欧洲一体化 / 和春红著 . -- 北京 : 中国书籍出版社 , 2017.8
ISBN 978-7-5068-6455-8

Ⅰ . ①法… Ⅱ . ①和… Ⅲ . ①欧洲一体化—研究 Ⅳ . ① D85

中国版本图书馆 CIP 数据核字 (2017) 第 229386 号

法德和解与欧洲一体化

和春红　著

责任编辑　刘　娜
责任印刷　孙马飞　马　芝
封面设计　田新培
出版发行　中国书籍出版社
地　　址　北京市丰台区三路居路 97 号（邮编：100073）
电　　话　（010）52257143（总编室）　　　（010）52257153（发行部）
电子邮箱　chinabp@vip.sina.com

经　　销　全国新华书店
印　　刷　廊坊市海涛印刷有限公司
开　　本　170 毫米 ×240 毫米　　1/16
字　　数　190 千字
印　　张　14
版　　次　2018 年 1 月第 1 版　　2018 年 1 月第 1 次印刷
书　　号　ISBN 978-7-5068-6455-8
定　　价　49.00 元

版权所有　翻印必究

目录
Contents

导　言

第一节　问题的提出及研究意义

一、问题的提出

2017 年是欧盟成立 70 周年，当下的欧盟经历着欧债危机的余痛，英国退欧的撕裂，难民问题的挑战，暴恐袭击的威胁，还将经受成员国大选和欧洲右翼势力崛起所带来的冲击波。欧盟这一区域一体化的样板和典型，现在遭受着能否继续下去的质疑。

"欧洲之父"让·莫内曾经说过："事无人不立，成制方能久。"（Nothing is possible without men，but nothing lasts without institutions.）毕竟，从最初 6 国的煤钢共同体到目前由 27 国组成的世界最大超国家联盟，欧盟的发展进程经历了许多困难和挫折。在这其中，被称之为"欧盟双发动机"的法国和德国发挥了极其重要的作用。在某种意义上甚至可以说，没有法国和德国就没有欧盟。欧盟中，法德两国的政策占据头等重要的地位，在原来一系列欧盟相关问题上，法德之间曾既有矛盾又有共同利益，但是在严峻的危机中，法德两国政府的立场总能达成一致。

法德立场的一致意味着什么？它是偶然发生的吗？它对欧洲一体化有什么意义？围绕这些问题，需要回顾法德关系的历史脉络，检视法德两国欧洲政策的演进，并探寻两国如何在欧洲一体化进程中取得并实施了合作领导权。

法国和德国这对近邻，曾经是历史上的冤家仇敌，而且在欧洲一体化初期，法国和德国仍然同床异梦。两国是如何消释前嫌的？又是怎样从最初的同床异梦一步步发展到目前这种默契十足的状态的？这就是笔者试图要回答的问题。法国和德国是欧洲一体化当之无愧的轴心和双发动机，对于有着长达千年世仇与龃龉的法德两国来说，和解使两国关系实现了根本性转折，这种根本转折在全世界都是极为罕见的。在解释法国、德国究竟是怎样实现和解、从"宿敌"成为"伙伴"的基础上，笔者试图进一步探讨以下问题：法德和解对欧洲一体化产生了怎样深远的影响？法德和解对东亚地区的中日和解乃至亚洲一体化又有哪些借鉴意义？

尽管法德两国对于欧洲一体化的重要意义不言自明，但是人们往往忽略对法德关系或法德合作与欧洲一体化进程之间的关系进行专门、深入的探讨与分析，这方面的论述与它的重要性并不对称，在浩如烟海的欧洲一体化研究文献中，显得相对不足。专门从"法德和解"的视角来分析这一问题的更不多见。因此，笔者试图通过对"法德和解与欧洲一体化"这一问题的梳理和研究，突出欧洲一体化成功的关键因素，并为与中国密切相关的中日和解与东亚区域合作问题，提供借鉴和参考。

二、选题的意义

1. 理论价值

区域一体化是自二战结束以来最为重要的政治、经济现象，两波地区主义浪潮深刻地改写了世界的面貌。第一波以欧洲经济共同体（EEC）的成立为标志，第二波也是以欧洲统一市场的建成为关键标识。欧洲一体化用了 20 年的时间实现了关税的统一，用了 30 年开始建立区域货币体系，用了 40 年签订了《欧洲联盟条约》，用了 50 年发行了共同货币——欧元，用了 60 年选出了第一位欧盟总统，欧盟依然是目前全世界最为成功、一体化程度最高、综合实力最为雄厚的区域性组织，是区域一体化实践的样板，为世界其他区域的一体化进程提供了经验与借鉴。

笔者试图揭示地区一体化的一个普遍规律：天时、地利、人和三者缺一不可。"天时"指的是国际体系的外在结构性影响因素，"地利"指的是区域次体系的历史与现实，"人和"则指的是区域的主要或核心大国之间的和平与合作。"天时不如地利，地利不如人和"，具体到欧洲一体化这个问题上，法德和解与合作是欧洲一体化进程的支柱和关键。通过探讨法国、德国这对"世仇""宿敌"是如何实现和解的，法德和解对欧洲一体化产生了怎样的深远影响，不仅抓住了欧洲一体化成功的关键，特别强调了区域一体化的条件与动力要素中，民族国家尤其是区域大国的重要意义，而且对于建设中的东亚区域合作有着直接的参考价值和借鉴意义。

2. 现实意义

笔者解释了欧洲一体化进程尽管步履维艰，但仍然能走到今天且还将继续推进的深层次原因：目前法德两国的政治经济发展已经严重相互依赖且两者都离不开欧盟。法德两国与欧洲的命运息息相关，法德合作坚实有力、历经考验，只要法德通力合作，欧洲一体化就不会因为当前的危机而全盘崩溃，就应当对处在危机旋涡中的欧洲保持信心。

"法德和解与欧洲一体化"这一研究问题的现实意义还在于，它对中日和解与东亚区域合作有着极大的参考价值。通过将法德和解与欧洲一体化，与中日和解和东亚区域合作进行对比和参照，可以从中发现这一独特的欧洲经验中可以学习和借鉴的地方以及无法企及和照搬的方面。

中国一直积极参与区域合作，东亚地区主义关乎中国的国家利益，由于"法德和解与欧洲一体化"这一研究问题对中日和解与东亚区域合作的启示意义，因此对于中国参与地区合作、制定区域合作战略也有一定的参考价值。

第二节　概念界定与研究现状

一、主要概念的界定

（一）和解

"和解"并不是一个全新词汇，一般出现在社会心理学、社会学、法学、历史学、哲学及神学等领域。正是因为所涉及的研究领域极为广泛，使得"和解"涵盖了非常丰富的内容，个人之间的"和解"与群体之间的"和解"都是其研究的对象。个人之间的"和解"不在此文的讨论范围；对于群体之间的和解，目前对于一个国家内部（intrastate）和解的研究要多于对国家间（interstate）和解的研究。

1. 和解与国家间和解：会"泛化"的概念？

20世纪90年代中叶，一位研究法德和解的学者指出，"和解（Reconciliation）

作为一个概念和政治进程，在国际关系、冲突研究以及和平学的文献中实际上并没有得到关注，尽管有很多实证案例证明一些国家和国家团体，通过使用和解政策，成功地从敌对关系变成了和平的关系"①。长期以来，主流国际关系文献基本忽视了"和解"这一国际政治中特殊的（或许是最困难的）合作构建形式，并且国际关系学者更为关注某些特定的和解是如何进行的；为何有的和解最终取得了成功（比如法德），而有的则并未达到预期效果（比如中日）②。比较研究和案例分析是较为常见的研究方法。建构主义与现实主义理论被较多地运用于国家间和解的研究中，唐世平提倡将政治学与心理学有机结合起来（如政治心理学）来研究和解问题。

"和解"，在汉语字典里面的解释是"不再争执或仇视，归于和好"。目前较为通用的英文对应词是"reconciliaiton"，其中文释义为"和解；调和；和谐"等。库普乾（Charles A Kupchan）在其知名的专著《敌人如何变朋友：稳定和平的来源》（*How Enemies Become Friends : The Sources of Stable Peace*）中所用的词汇是"rapprochement"，其中文释义为"友好；恢复邦交；友善关系的建立"。"entent"一词也时有出现，意为"谅解"。比起"rapprochement"与"entent"，"reconciliaiton"一词的内涵和外延更为宽广，并可以包含对前两者的释义。

英文的"和解"（reconciliation）对应的法文词汇是réconciliation，意为使敌对国家互相认可、和睦相处；在德文中也有两个对应的词汇：Versöhnung 和Aussöhnung，中文释义均是"和解"，分别代表着哲学或情感意义上和实际或物质意义上的含义③。换言之，"和解"应当包括客观、物质的历史和解，也应当包含观念、主观意义上的心灵和解。

研究国家内部和解的代表作是英国和平学研究者安德鲁·瑞格比（Andrew Rigby）的《暴力之后的正义与和解》（刘成译，2005），讨论的是一个国家或

① Alice Ackermann. Reconciliation as a Peace-Building Process in Postwar Europe: The Franco-German Case [J]. Peace & Change, 1994, 19 (3): 229.

② 唐世平. 和解与无政府状态的再造：基于六部作品的批判性综述 [J]. 国际政治科学，2012（1）：62-63.

③ Lily Gardner Feldman. The Principle and Practice of "reconciliation" of German Foreign Policy: Relations with France, Israel, Poland and the Czech Republic[J]. International Affairs, 1999, 75 (2):334.

社会内部如何实现和解，如何处理民族创伤的后遗症、重建社会的信任与和谐的问题。一些国家（如南非、北爱尔兰、卢旺达、缅甸等）的内部和解问题也得到了一些学者不同程度的关注。

对于国家或民族之间和解的研究，目前可见阿以和解或巴以和解、英美和解、法德和解、德波和解、中日和解、法德和解与中日和解比较研究、中美和解、中俄（苏）和解、朝韩和解、日韩和解等。国外的相关研究要早于并且多于国内的相关研究。美国斯坦福大学亚太研究中心（APARC）对韩国的国内与对外和解的经验、美国在东亚和解中的作用、历史和解等问题保持着持续关注，并进行了题为"被割裂的历史记忆与和解"（Divided Memories and Reconciliation）的专题研究。唐世平先生 2011 年的综述文章"和解与无政府状态的再造——基于六部作品的批判性综述"，对六部[①]较新并富有影响力的和解文献进行了评价，并给出了国家间和解的现有研究范式、问题与趋势。

美国西东大学的何忆南研究员（Yinan He）运用了"国家神话制造"（national myth making）理论对中日和德波和解进行案例分析（He，2009）。她认为，简单而言，"和解"指的是因为创伤性的历史记忆而陷入长期的不信任、恐惧与憎恨怪圈的两个国家，恢复友好与和平的关系[②]。戴启秀将"和解"视为用政治或外交方法处理争端与冲突，与谈判、协商、调查、调解等手段相联系[③]。

---

① 唐世平先生所综述的六部作品是：Tsuyoshi Hasegawa and Kazuhiki Togo, eds. , East Asia's Haunted Present: Historical Memories and the Resurgence of Nationalism (Westport: Praeger, 2008) ; Yinan He, *The Search for Reconciliation: Sino-Japanese and Germany-Polish Relations after WWII* (Cambridge: Cambridge University Press, 2009) ; Charles A. Kupchan, How Enemies Become Friends: The Sources of Stable Peace (Princeton: Princeton University Press, 2010) ; Richard Ned Lebow, Wulf Kansteiner, and Claudio Fogu, eds. , The Politics of Memory in Postwar Europe (Durham, N. C. : Duke University Press, 2006) ; Jennifer Lind, Sorry States: Apologies in International Politics (Ithaca, N. Y. : Cornell University Press, 2008) ; Arie Nadler, Thomas E. Malloy, and Jeffrey D. Fisher, eds. , The Social Psychology of Intergroup Reconciliation (Oxford: Oxford University Press, 2008).

② YinanHe. Overcoming Shadows of the Past: *Post-Conflict Interstate Reconciliation in East Asia and Europe* [D].Massachusetts Institute of Technology, 2004: 13.

③ 戴启秀. 和解外交：超越历史的欧洲一体化 [J]. 国际观察，2007（4）：34.

国际关系学者对于国家间和解的研究呈现一定的广度，这尤其表现在：现有研究遍及全球，并涉及不同类型的和解案例。然而现有研究也存在一个突出的问题：部分文献中使用了"和解"这一名词，但只是用它代指冲突的解决或者和平状态等含义，而并不是专门运用和解的理论和方法来系统研究国家间的和解。另外，国际关系学界对于"和解"依然存在着需要进一步明晰的方面：第一，和解指的是对冲突的和解，如用政治或外交的方法处理争端与冲突，还是冲突后的和解，即冲突后的两国恢复友好与和平的关系；第二，和解是"过程"还是"结果"，即将"和解"作为一种不断发展变化的进程，还是一种和平的状态；第三，对于如何实现和解，目前众说纷纭，研究者基于自身的研究基础和偏好得出不同结论。

综上所述，国家间和解（interstate reconciliation），指的是相互不信任、敌对、恐惧或憎恨的两个国家，恢复友好与和平关系的进程以及两国用政治或外交方法处理争端与冲突，并有意识地建立一系列机构和程序，来实现彼此之间的持久和平。国家间和解可以涵盖冲突管理、维持和平与促进友好三个方面。

第一，和解作为对战争的真正替代，是一个长期的过程，因此应当将和解视作一个动态的、开放式的（open-ended）进程①。用政治或外交的方法处理争端与冲突，与冲突后恢复和平与友好的和解进程，同为国家间和解所要研究的对象。

第二，"和解"既可以指一种进程，亦可以指某种和平状态。正如唐世平先生所指出的，"和解既可以表示双方在冲突之后实现和解的过程，也可以表示双边关系的某种状态"②。"和解"的"内核"一定是和平导向的，国家间和解存在区别于国家间的双边关系的"特质"。

第三，如何实现和解依然是一个开放式的课题，研究者基于自身的研究

① Lily Gardner Feldman. The Principle and Practice of "reconciliation" of German Foreign Policy: Relations with France, Israel, Poland and the Czech Republic[J]. *International Affairs*, 1999, 75 (2): 334-336.

② 唐世平. 和解与无政府状态的再造：基于六部作品的批判性综述 [J]. 国际政治科学, 2012（1）：63-65.

基础和偏好给出的和解方案，将会因为和解的"内核"或者"特质"呈现某种规律性，并在形式上呈现多样化的态势。

2. 衡量和解：阶段、影响因素与可能的表现形式

和解会呈现不同程度的差异，那么如何衡量和解？一些学者已经做出有益的探索。

何忆南（Yinan He）将和解分为深度和解、浅层次和解与不和解三个层次（如表1所示）。她将国家间和解的程度分为深度和解、浅层次和解和不和解三个阶段，浅层次和解中又区分了"友好"和"摩擦"两个层次；对于三个和解阶段的具体衡量，她给出了一些自变量：两国对战争的期望值、国家认同、（经济）往来、公共关系及国民感情等。在"深度和解"阶段，官方层面的"完全的国家认同"语焉不详，在双边交往当中仅强调"顺畅而繁荣的经济往来"似乎稍显不足。

表1　衡量国家间和解

	深度和解	浅层次和解		不和解
	—	友好	摩擦	—
官方	对不再进行战争的共同期望	中度的战争期望值；谨慎的合作	中度的战争期望值；备战未来战争	迫切的战争愿望
	完全的国家认同	部分的国家认同；搁置主权争议	部分的国家认同；冲突导致关系紧张	没有国家认同
	顺畅与繁荣的经济往来	有限的经济往来；可控的经济摩擦	有限的经济往来；经济摩擦升级为政治冲突	最低限度的经济往来
民间	和谐的相互感知	中度的公共关系紧张；仅可能达成虚幻的友谊	中度的公共关系紧张；相互的疏远与猜疑	国民之间的相互仇恨与恐惧

资料来源：Translated From Yinan He.*Overcoming Shadows of the Past : Post—Conflict Interstate Reconciliation in East Asia and Europe*［D］，Massachusetts Institute of Technology，2004，p.32.

唐世平先生2011年在其《和解与无政府状态的再造》一文中，将过去有过武装冲突的两个国家和平与和解的程度一一对照，以"共同的（历史）叙事"（common narratives）、加害国是否认过去的罪行、加害国是否对过去罪行忏悔（道歉和补偿）、受害国是否宽恕（加害国）为主要衡量指标（如表2所示）。这是适用于曾经有过武装冲突的两个国家间的和解的有力尝试。除此

之外，唐世平先生在"深和解"之上，还设计了"超越深和解"的阶段，这个阶段的和平将建立在整合后的安全共同体（联合体）之上。

表2　和平的程度与和解的程度

和平的程度	和解：如果过去有过武装冲突	加害国是否否认过去的罪行	加害国是否对过去罪行忏悔（道歉和补偿）	受害国是否宽恕（加害国）
消极或不稳定的和平：和平建立在威慑和防御或者纯粹的运气之上	没有和解：没有"共同的（历史）叙事"（common narratives）	否认、掩饰甚至粉饰过去罪行；沉默；无法清算过去	很少忏悔，即使有的话	没有宽恕
积极的和平1或有条件的和平或浅和平或正常的和平：和平建立在某些和好以及威慑和防御或者单纯的运气之上	浅和解：几乎没有"共同的（历史）叙事"	有限的否认、掩饰，很少或不粉饰过去的罪行；沉默；推脱某些罪行；部分清算过去	一些忏悔，但非常有限	有限的宽恕
积极的和平2或稳定的和平1或深和平1：和平建立在复合安全共同体之上	深和解：非常多的"共同的（历史）叙事"、强烈但有限的共同认同	承认过去的罪行；几乎完全清算过去	深度忏悔，如果不是全部的话	重大宽恕
积极的和平3或稳定的和平2或深和平2：和平建立在整合后的安全共同体（联合体）之上	超越深和解：非常多的"共同的（历史）叙事"、强烈且广泛的共同认同	承认过去的罪行；完全清算过去	超越了所有忏悔	重大宽恕

注：标签（如积极的和平）之后的阿拉伯数字表示和平的程度：数字越大，和平的程度越高。除了笔者所评论的著作（如 Yinan He, *The Search for Reconciliation : Sino-Japanese and Germany-Polish Relations after WWII, Cawbridge : Cawbridge University Press*；Charles A.Kupchan, *How Enemies Become Friends : The Sources of Stable Peace, Princeton : Princeton University Press*, 2010.29—32 之外，此表也批判性地建立在肯尼斯·鲍尔丁（Kenneth Boulding）的讨论（Kenneth E.Boulding, *Stable Peace*, Austin : University of Texas Press, 1978）以及亚历山大·乔治（Alexander George）、阿里·卡科维茨（Arie M Kacowicz）、雅各布·巴尔-西曼-托夫（Yaacov Bar-Siman-Tov）和本杰明·穆勒（Benjamin Miller）在 Arie M.Kacowicz, Yaacov Bar-Siman-Tov, Ole Elgstrom, and Magnus Jerneck, eds., *Stable Peace among Nations*（Lanham, Md. : Rowman and Littlefield, 2000）这一编著中的章节之上。也可参考 Arie M Kacowicz, *Zone of Peace in the Third World*（Albany : State University of New York Press, 1998, 6-11

资料来源：唐世平. 和解与无政府状态的再造：基于六部作品的批判性综述 [J]. 国际政治科学，2012（1）：63-65.

任琳 2011 年在研究中俄和解问题时给出了一个和解的分期及每个时期中的自变量、特征与机制 ①（如表 3 所示）。这一衡量表将和解分为初期、巩固与实质性和解三个阶段，对应的自变量分别为"迎合性、包容性态度"、"机制化与地区一体化"和"集体身份与利益重塑"，表现出来的特征与机制分别为"战略性让步""信誉塑造"与"规范内化"。这一设计简约明快，给出了每个阶段的重点性指征。但遗憾的是，作者没有对这一衡量表做进一步的深入分析，因而使得衡量表中的相关指征不够明确。

表3 和解的阶段、自变量、特征与机制

和解的阶段	自变量	特征与机制
和解初期	迎合性、包容性态度	战略性让步
和解巩固	机制化与地区一体化	信誉塑造
实质性和解	集体身份与利益重塑	规范内化

在现有研究成果的基础上，笔者将和解分为"初步和解""中度和解"与"深度和解"三个基本阶段（如表 4 所示）。每个阶段设计较为具体、可衡量的影响因素；每个阶段可能的表现形式，在"初步和解"阶段主要表现为"恢复或建立邦交"，中度和解与深度和解阶段，分别从"冲突管理""维持和平""促进友好"三方面列出可能的表现形式。

表4 和解的阶段、影响因素与可能的表现形式

和解的阶段	影响因素		可能的表现形式
初步和解	体系结构	提供机遇还是阻碍？	恢复或建立邦交
	对彼此的外交政策	趋向友好还是对立？	
	和解的态度与举动	符不符合双方的共同利益？	
	前期友好往来	是否形成正向的积淀与铺垫？	

① 任琳.中俄和解研究 [J].俄罗斯研究，2011（6）：90.

（续表）

和解的阶段	影响因素			可能的表现形式
中度和解	双边往来	是否机制化、长期化；	冲突管理	双边往来机制化、长期化； 密切相互依赖； 摩擦、冲突可控； 战争是最末位的战略选择； 相互认知保持良性、友好； ……
	相互认知	是否良性、友好；	维持和平	
	共同利益	是否不断增量	促进友好	
深度和解	是否完全的相互认同？ 是否获得一种集体身份？			不可能发生战争； 持久的积极和平； ……

和解作为研究对象，既可以指一种特殊的历史进程，也可以指和解政策，这里所研究的和解显然指的是前者。和解作为对战争的真正替代，是一个长期的过程，因此应当将和解视作一个动态的、开放式的（open-ended）进程①。研究阿以和解的专家丹尼尔·史密斯（Daniel L.Smith）也在其研究中特别指出，和解是"持续进行、连续不断的（on-going and continuous）"②。另一位研究"和解"问题的专家莉莉·加德纳·费尔德曼（Lily Gardner Feldman）用历史、制度、领导权和国际环境四个变量来区别和解的类型，认为这四个变量反映了过去与当下、道义（morality）与实用主义（pragmatism）的混合③，并且将法德和解与德波和解归入同一类型，认为德波和解复制了法德和解，将德国、以色列与德国、捷克的和解归入另一种类型。这里没有给予和解的类型以过多的关注，是因为无论进行何种分类，法德和解毋庸置疑都是典型和成功的和解案例。

（二）法德和解

法德和解，从狭义上讲，指的是从二战结束一直到 1963 年《法德友好条

---

① Lily Gardner Feldman. The Principle and Practice of "reconciliation" of German Foreign Policy: Relations with France, Israel, Poland and the Czech Republic[J]. *International Affairs*, 1999, 75 (2): 334-336.

② Alice Ackermann. Reconciliation as a Peace-Building Process in Postwar Europe: The Franco-German Case [J]. *Peace & Change*, 1994, 19 (3): 230.

③ Lily Gardner Feldman. The Principle and Practice of "reconciliation" of German Foreign Policy: Relations with France, Israel, Poland and the Czech Republic[J]. *International Affairs*, 1999, 75 (2): 355.

约》（即《爱丽舍条约》）签订这一段时间里，法德接近与合作的历史进程①。
如果一定要为法德和解找到一个标志性开端的话，一般而言，指的是联邦德
国总理阿登纳 1949 年 11 月 3 日在与美国《时代》周刊记者的谈话中，最先
释放出"破冰解冻"的信号，呼吁法德重建友好合作关系，他说"处在欧洲
今天的阶段，'世仇宿怨'已经完全不合时宜。因此我决心要以德法关系作
为我的政策的一个基点"。11 月 7 日他与《巴尔的摩太阳报》的代表谈话时，
他再次强调"决心要以改善法德关系作为我的政策的核心"，并提出了法国控
制德国钢的生产的具体建议②。

广义的法德和解，则将 1963 年的《爱丽舍条约》（The Elysée Treaty）视
为法德和解的初步成果，是法德和解制度化和长期化的开端。在欧洲一体化
的进程中，法德和解经历了不断深化的一个过程。1988 年法德两国还达成了
两项《爱丽舍条约》的补充议定书。这意味着二战后的法德和解应当被视为
长期的、未曾中断并不断深化的一种进程。

按照学者所总结的国家间和解的衡量标准，法德两国无疑已经达到了
"深度和解"的程度：两国之间已不可能发生战争；两国之间存在持久的积极
和平；德国统一以后两国可以说基本达成了比较完全的国家认同。二者在欧
洲一体化框架中有着顺畅与繁荣的经济往来，两国有共同的集体身份，是欧
盟的核心成员国。在"和谐的相互感知"上有较强的主观性，然而可以肯定
地说，法德之间的宿仇与积怨已经一去不复返了，两国的领导人和广大民众
都将对方视为本国最为密切和重要的朋友与伙伴。

（三）欧洲一体化

地区主义已经历了两次浪潮。第一波地区主义主要指的是二战以后欧洲
的区域一体化进程，尤其是以 1956 年成立的"欧洲经济共同体"（EEC）为
代表。拉丁美洲、非洲和大洋洲、亚洲也出现了一些区域合作组织，比如亚
洲的东盟（ASEAN）便成立于这一时期。第二波地区主义浪潮始于 20 世纪

---

① 梁瑞平、吴友法. 阿登纳与法德和解 [J]. 华中师范大学学报（人文社会科学版），1998 (3):
105.

② [德] 康拉德·阿登纳. 阿登纳回忆录（一）[M]. 上海：上海人民出版社，1976：287–
290.

80 年代末 90 年代初，以《单一欧洲法案》和欧洲统一市场的形成为标志，席卷了欧洲、北美、拉美、非洲及亚太，北美自由贸易区（NAFTA）、亚太经合组织（APEC）、"10+3"（东盟十国加中日韩）也产生于这一时期。也有学者将 20 世纪 90 年代后期至今的这段时期单独强调为地区主义的第三次浪潮，因为这一时期的各类地区贸易协定（RTAs）和双边、多边的自由贸易协定（FTAs）如雨后春笋般涌现在世界各地，而且协定内容都超越了贸易范围，合作内容扩展到经济生活的各个方面[①]。

欧洲一体化，主要是指自 20 世纪 50 年代开始的、以法德和解与合作为核心、以建立统一的经济、政治和社会空间为目标的欧洲统一进程。欧盟是欧洲联盟（European Union）的简称，前身是 1967 年 7 月将欧洲煤钢共同体、欧洲经济共同体和欧洲原子能共同体合并以后成立的欧洲共同体。从 1950 年"舒曼计划"建立欧洲煤钢联营起，欧洲的区域一体化已经走过了 60 多个年头。欧盟已经完成了六次扩大，从最初的 6 国直到囊括 27 个欧洲国家：版图覆盖了东西欧，南到马耳他，北至北极圈地域的瑞典，西起葡萄牙，东达苏联版图内的波罗的海三国，已经到达了巴尔干地区，幅员 438 万平方千米、人口 5.1 亿、国内生产总值逾 16.22 万亿美元（2015 年），是当今世界上规模最大、一体化程度最高、综合实力最为雄厚的区域性组织。

在欧盟走过的 70 年的漫长历程中，有顺利的扩展，也有曲折和停滞（如表 5 所示）。正如 2017 年 3 月的欧盟发展白皮书中提出的："欧盟一直处在十字路口，并且一直在适应和进化"[②]，欧盟维护了欧洲七十年来的和平，并打造了一个使 5 亿人民生活在自由和繁荣经济之中的联盟。

表5　欧洲一体化进程大事记

1945—1959 年	合作的开端（The beginnings of cooperation）
1951 年	《欧洲煤钢共同体条约》即《巴黎条约》签署。
1952 年	《巴黎条约》正式生效，欧洲煤钢共同体于 7 月 23 日正式成立。

---

① 陆建人. 区域合作与中日关系. [M]// 金熙德主编. 21 世纪的中日关系. 重庆：重庆出版社，2007：166.

② 参见欧盟官方网站 European Commission.*WHITE PAPER ON THE FUTURE OF EUROPE*：*Reflections and scenarios for the EU27 by 2025*，Brussels，1.3.2017，COM（2017）2025 final.

1957 年	《罗马条约》签署。
1958 年	《罗马条约》正式生效，欧洲经济共同体和欧洲原子能共同体于 1 月 1 日正式成立。
1960—1969 年	经济增长时期（The 'Swinging Sixties' –A period of economic growth）
1962 年	共同农业政策制定并实施。
1965 年	合并条约签署，欧洲经济共同体、欧洲煤钢共同体和欧洲原子能共同体从 1967 年开始合并，自此，三个共同体被统称为"欧洲共同体"。
1968 年	欧洲共同体 6 国建成关税同盟，都取消了各成员国之间的关税，对外实行统一的关税政策。
1970—1979 年	成长中的共同体（A growing community）
1973 年	丹麦、爱尔兰和英国于 1 月 1 日加入欧洲共同体，欧洲共同体成员国从 6 国增加到 9 国。
1974 年	欧洲首脑委员会第一次开会，地区基金建立。
1979 年	第一次欧洲议会议员选举，欧洲货币体系建立。
1980—1989 年	柏林墙的倒塌（The fall of Berlin Wall）
1981 年	希腊于 1 月 1 日加入欧共体，成员国增加到 10 国。
1985 年	比利时、法国、德国、卢森堡和荷兰 5 国签署了《申根协定》，协同管理移民、签证、庇护及实行警方合作。
1986 年	西班牙和葡萄牙于 1 月 1 日加入欧共体，成员国增加到 12 国，第一次对欧洲共同体条约做出系统修订的《单一欧洲法案》签署。
1987 年	《单一欧洲法案》于 7 月 1 日正式生效。
1990—1999 年	一个无边界的欧洲（A Europe without frontiers）
1992 年	《欧洲联盟条约》即《马斯特里赫特条约》签署，对欧洲共同体条约进行了系统的修订和补充。
1993 年	《马斯特里赫特条约》于 11 月 1 日正式生效。
1995 年	奥地利、芬兰和瑞典 3 国于 1 月 1 日加入欧共体，成员国增加到 15 国。
1997 年	《阿姆斯特丹条约》签署，再次对《欧洲共同体条约》等条约做出修订和补充。
1999 年	欧元于 1 月 1 日在欧盟 11 个成员国开始流通使用。《阿姆斯特丹条约》于 5 月 1 日正式生效。
2000 年至今	
2002 年	欧盟 12 个成员国于 1 月 1 日共同印刷、铸造和发行了欧元新纸币和硬币，并自由兑换和流通。

（续表）

2003 年	作为共同的外交和安全政策的组成部分，欧盟于 3 月 31 日组织了在巴尔干的维和行动，首先是前南斯拉夫的马其顿共和国，然后是波斯尼亚和黑塞哥维那。其中，欧盟领导的军队取代了北约军。在欧盟内部，欧盟承诺在 2010 年为所有欧洲人建立共同的自由、安全与司法领域。
2004 年	原中东欧的 10 个国家，爱沙尼亚、拉脱维亚、立陶宛、匈牙利、波兰、捷克斯洛伐克、斯洛文尼亚、斯洛伐克、塞浦路斯和马耳他于 5 月 1 日加入欧盟，成员国增加为 25 国。保加利亚、罗马尼亚和土耳其成为候选成员国。
2005 年	欧盟 25 国于 10 月 29 日签署了《欧盟宪法条约》，其目的是为了精简欧盟的民主决策和管理，此外还设立了欧洲外长职务。《欧盟宪法条约》必须得到所有 25 个国家的批准才能生效。法国和荷兰公民在 2005 年的全民公投中没有通过该条约，欧盟领导人宣布进入"反思时期"。
2007 年	另外两个东欧国家，保加利亚和罗马尼亚于 1 月 1 日加入欧盟，成员国增加到 27 个。南斯拉夫的马其顿共和国和土耳其成为候选成员国。
2007 年	欧盟 27 个成员国于 12 月 13 日签署了《里斯本条约》，对以往的条约做了修订。它旨在使欧盟更加民主、高效和透明，从而能够解决诸如气候变化、安全和可持续发展等全球性挑战，必须由 27 个成员国逐一批准后，该条约才能生效。
2008 年	爱尔兰在 6 月 12 日的全民公投中全面否决了《里斯本条约》。
2009 年	10 月 3 日，爱尔兰在第二次全民公投中通过了《里斯本条约》。 11 月 3 日，捷克签署了《里斯本条约》，成为欧盟 27 个成员国中最后一个签署该条约的国家。《里斯本条约》走完了批准程序。 11 月 19 日，在布鲁塞尔召开的欧盟特别峰会上，比利时首相赫尔曼·范龙佩当选为首位欧洲理事会常任主席，同时选出英国籍贸易委员凯瑟琳·玛格丽特·阿什顿女士出任负责外交的"高级代表"。 12 月 1 日，《里斯本条约》正式生效。 12 月 16-17 日，欧盟领导人举行年终会议，商定如何通过修改《里斯本条约》，建立欧元区永久性危机应对机制。
2011 年	3 月 25 日，欧盟成员国领导人在春季峰会上通过了一套全面方案，以应对欧元区主权债务危机。
2011 年	12 月 9 日，布鲁塞尔峰会继续讨论应对债务危机的方案。
2012 年	3 月 2 日的欧盟峰会上，欧盟 25 国通过了"财政契约"。欧元区大多数国家认为，这意味着欧元区朝向更紧密的财经一体化与更有力的经济治理迈出了重要一步。 4 月"欧洲公民倡议"（European Citizens' Initiative）生效，欧洲公民有可能直接参与欧盟委员会法律的创制；12 月 10 日欧盟被授予"诺贝尔和平奖"。

（续表）

2013 年	7 月 1 日，克罗地亚成为欧盟第 28 个成员国
2014 年	7 月 15 日，容克（Jean-Claude Juncker）当选为欧盟委员会主席。
2015 年	巴黎恐怖袭击后，欧盟决定强化申根区的过境安全保障；至 2015 年年底，已经有 100 多万的难民涌入欧洲。
2016 年	3 月，欧盟领导人与土耳其达成协议，减少从土耳其到希腊的不正常非法移民；布鲁塞尔恐怖袭击后，欧盟委员会主席容克号召欧盟共同面对恐怖威胁，并给出考虑到全体的欧洲解决方案。 6 月 23 日，英国全民公投退出欧盟。 9 月 30 日，批准 2015 年 12 月签署的"巴黎协定"。 12 月 15 日，欧盟理事会布鲁塞尔会议上，欧盟领导人讨论了最为紧迫的移民、安全、经济、年轻人和外部关系等问题。

资料来源：1951—1999 年的部分：The Economics of the Europe Union，edited by M.J.Artis & N.Lee，Oxford University Press，1997，p.8；张荐华《欧洲一体化与欧盟的经济社会政策》，北京：商务印书馆，2001：28.略有改动。2000 年以后的部分，翻译自欧盟官方网站 http：//europa.eu/european-union/about-eu/history/2010-today_en。

二、国内外研究现状

法德之间在某种程度上存在"特殊关系"，并在欧盟中扮演着"特别"或者说是"核心"的角色，这似乎已是老生常谈了。法德特殊关系往往被贴上以下标签：联系（link），串联（tandem），伴侣（couple），搭档（pair），谅解（entente），轴心（axis），同盟（alliance），友谊（friendship），伙伴关系（partnership）或是特殊伙伴关系（privileged partnership）。对于法德两国在欧盟中所发挥的作用，也有一大堆名头：引擎（engine），发动机（motor），火车头（locomotive），进程设定者（pacemaker），先驱（vanguard），核心（core），硬核（hardcore），或者就像 1994 年德国社会民主党的一份欧洲政策文件中（The Schäuble/Lamers Paper）所称的"硬核的核心"（the core of the hard core）[①]。

相对法德两国对于欧洲一体化的重要意义，在研究欧洲一体化的汗牛充栋的海量文献中，专注于"法德关系与欧洲一体化"或者"法国、德国与欧洲一体化"的研究成果却并不十分丰富，其中从"法德和解"的角度入手的

---

① Douglas Webber. *The France-German Relationship in the European Union* [M].London and New York: Routledge, 1999: 1.

相关文献更不多见。因此，对文献的梳理在关注"法德和解"方面文献的同时，将检索的范围扩大到"法德关系与欧洲一体化"或者"法国、德国与欧洲一体化"两个方面。

1. 主要的外文相关文献

研究德法关系的文献，德文与法文的比英文的要多得多。受语言所限，这里主要介绍的是用英文写作以及翻译为英文的文献。值得注意的是，在专门研究这一问题的文献中，专著所占的比例非常小，混编成册的占了绝大多数。一定程度上说，这是因为人们已经普遍达成了共识：法德两国存在"特殊关系"，并在欧洲一体化进程中扮演着至少是"特别的"，乃至"核心"的角色。因此，对于这一问题，往往都是在研究欧洲一体化以及分别研究法国、德国的文献中一笔带过，并不特别浓墨重彩地加以阐释。一位法国学者也指出，德法关系如此核心，如此显而易见，使人们很少从深度上对其进行多方面研究[①]。

专门研究"法国、德国与欧洲一体化"这一问题的现有文献，存在着时间轴上的特点。在《马斯特里赫条约》（以下简称《马约》）签署、欧盟成立前，相关的研究文献相对稀疏。而欧盟成立以来，这方面的著作明显有所增加。这一现象其实是在情理之中：欧盟成立后，成为世界上一体化程度最高、最为成功的区域性组织，而且表现出了发展为世界一"极"的强大实力，因此引发了更多对欧洲一体化的关注与思考。对于法德轴心而言，这一现象也颇耐人寻味：许多学者将《马约》作为法德轴心的"分水岭"，认为法德轴心在《马约》之后分歧越来越表面化，而且对于拥有 27 国的"庞大"欧盟而言，法德轴心作为核心似乎稍嫌不够了，越来越多的人开始转而更多地关注欧盟机构和欧盟内部中小国家之间的合作。在法德轴心名副其实地推动欧洲走向欧盟的过程中，并没有太多学者对这一问题给予高度重视和关注，而在出现质疑法德轴心的声音的时期，却涌现出较多的研究文献，这也从侧面说明了长期以来对于这一研究问题的忽视。

第三国如何看待德法关系？从总体来看，对法德轴心的正面与积极的评价远多于负面评价。一位法国学者这样总结："第三国往往对法德关系抱着赞

---

① David P. Calleo, et al. *Europe's Franco-German Engine* [M]. Washington, D.C.: Brookings Institution Press, 1998: 21.

赏的态度，但是情感上也很微妙，一方面承认法德是欧洲稳定和形成欧盟政策的关键要素，另一方面偶尔也会对这一关系的程式化（systematic）与排他性（exclusive）颇为不耐，并且偶尔还会从根本上怀疑，在友谊和密切关系的背后，法德之间的利益是否真的不再出现分歧？"他还指出，对法德关系的怀疑论调在美国比世界上其他地区更为显著：欧洲会不可避免地重返权力政治吗？就像前南斯拉夫一样，是否会再次形成传统的结盟与敌对？一位德国外交官将这种怀疑论调称之为"斯宾格勒－基辛格学派"（the Spenglerian-Kissinger school of thought）。他认为，这种怀疑论调没有看到德法关系的成就，低估了欧洲一体化进程的动力（dynamics），也对南斯拉夫地区有所误解[①]。

由于条件所限，笔者仅整理了一小部分相关文献，有一些资料可以从网络获取，也有一些文献超出了笔者的检索能力，因此仅对笔者阅读到的文献分门别类做简要介绍。

（1）研究"法德和解"的相关文献

"和解"作为一个概念和政治进程，在国际政治研究中并没有受到太多关注，专门研究"法德和解"的文献也并不丰富。在较早研究和解问题的专家莉莉·加德纳·费尔德曼（Lily Gardner Feldman）看来，21世纪初，从北爱尔兰到波斯尼亚，从大国（比如美国对越南和伊朗）到小国集团（比如塞浦路斯的土耳其与希腊裔居民），"和解"甚至发展成了一种全球的政策目标和学术焦点[②]。然而实际上，从"和解"意义上解读冷战坚冰消融的学者和文献屈指可数，她堪称其中的佼佼者。她为和解设计了"历史""制度""领导权"与"国际环境"四个变量，并划分了两种和解类型：德波和解因循的是法德和解的模式，而德国与捷克的和解则与德国与以色列的和解更为相似。她为此所做的研究被广为引用，并有多场演讲比较分析了德波和解与中日和解[③]。

---

① David P. Calleo, et al. *Europe's Franco-German Engine* [M]. Washington, D.C.: Brookings Institution Press, 1998: 21.

② Lily Gardner Feldman. The Principle and Practice of "reconciliation" of German Foreign Policy: Relations with France, Israel, Poland and the Czech Republic[J]. *International Affairs*, 1999, 75 (2): 333.

③ Lily Gardner Feldman. German-Polish Reconciliation in Comparative Perspective: Lessons forJapan?[J].The Asia Pacific Journal: Japan Focus, Apr. 2010.

爱丽丝·阿克曼（Alice Ackermann）1994 年在《和平与变革》(*Peace & Change*) 杂志上发表的《和解作为战后欧洲的和平进程：法德的案例》[①]一文中，将和解视为一种转化冲突（conflict tranformation）的战略，认为和解是打破两国历史敌意的强有力与革命性的战略。与莉莉·加德纳·费尔德曼相似，她认为联邦德国将和解融入了自己的东、西方政策（Westpolitik and Ostpolitik）当中，进而通过对法德和解的案例分析来验证和解是联邦德国外交政策中至关重要的组成部分。她还认为，国际关系中有两种研究和解的理论方法，一种是约瑟夫·蒙特维尔（Joseph Montville）的第二轨道外交理论（Track Two Diplomacy Theory），另一种是莉莉·加德纳·费尔德曼所使用的分析方法[②]。

现任教于美国塞顿霍尔大学（又译西东大学）的何忆南（Yinan He）也一直关注"和解"问题，她在麻省理工学院（MIT）所作的博士毕业论文就是以二战后的德波和解与中日和解"为题，并于 2009 年由剑桥大学出版社出版成为专著[③]。她在亚洲多个国家和地区做过这方面的演讲，一直专注于和解与历史记忆的政治学、东亚的国际安全、中日两国的外交政策以及东亚的国家认同动员与国家主义等问题的研究。

法德和解对于亚洲的重要意义还可以从以下两篇文章中得到体现，中国和韩国的两位年轻学者分别尝试分析了法德和解对中日、日韩和解的启示意义。复旦大学的舒旻运用建构主义的方法，从托马斯·瑞斯（Thomas Risse）的"国际政治中的对话行为与过程"的视角比较分析了法德与中日和解[④]；韩国的 Yangmo Ku 则是从"强有力的支持和解的领导人"加上"活跃的支持和解的非政府组织"两方面对法德和解与日韩和解做了对比分析[⑤]。

[①] Alice Ackermann. Reconciliation as a Peace-Building Process in Postwar Europe: The Franco-German Case [J]. *Peace & Change*, 1994, 19 (3): 229-250.

[②] Ibid., 230-231.

[③] Yinan He. *The Search for Reconciliation: Sino-Japanese and German-Polish Relations since World War II* [M]. Cambridge: Cambridge University Press, 2009.

[④] Min Shu. Franco-German Reconciliation and Its Impact on China and Japan: Scholarly Debate[J]. *Current Politics and Economics of Asia*, 2008, 17 (1): 37-58.

[⑤] YangmoKu. International Reconciliation in ThePostwar Era, 1945-2005: AComparative Study of Japan-ROK and Franco-German Relations[J]. *Asian perspective*, 2008, 32 (3): 5-37.

（2）"法德关系与欧洲一体化"或者"法国、德国与欧洲一体化"方面的相关文献

这方面的文献又基本上分为两类：一类是以时间为脉络进行总体分析，或者对具体时间段进行深入探讨[①]；一类是对欧洲一体化的具体政策领域进行案例分析，其中以编著居多[②]。

尤利乌斯·W.弗兰德（Julius W.Friend）堪称研究"法德关系与欧洲一体化"领域的专家，时隔十年，他先后出版了两本这方面的专著。他于1991年出版的《枢纽：1950—1990年的法德关系》（*The Linchpin : French–German Relations, 1950–1990*）一书，主要以法国为线索考察了从"舒曼计划"到戴高乐时代、后戴高乐时代，直到1990年的法德关系，其中穿插着欧洲一体化进程中的里程碑式的进展：舒曼计划、欧洲防务、欧洲货币体系以及单一欧洲法案等。书中也讨论了1990年中欧的形势变化，最后综合地理、经济、安全、社会与心理的因素预测了法德关系的前景和面临的问题。2001年出版的《不平等的伙伴：1989—2000年的法德关系》（*Unequal Partners : French–German Relations 1989–2000*）是上一本专著的延续，考察了从柏林墙倒塌到《尼斯条约》签订这一段时期的法德关系与欧洲一体化。他认为，自"舒曼计

---

① 以下文献基本上可以归入此类：Carine Germond & Henning Türk. *A History of Franco-German Relations in Europe: from "hereditary enemies" to partners*[M]. Palgrave Macmillan, 2008. Julius W. Friend. *Unequal Partners: French-German Relations 1989-2000*[M]. Westport: Praeger, 2001.Patrick McCarthy. *France-Germany in The Twenty-first Century*[M].New York: Palgrave, 2001. Stephen A. Kocs, Autonomy or Power?The Franco-German Relationship and Europe's Strategic Choices, 1955-1995[M].Westport, Conn.: Praeger, 1995.Patrick McCarthy. *France-Germany 1983-1993, The Struggle to Cooperate*[M].London: Macmillan, 1993. Julius W. Friend. *The Linchpin: French-German Relations, 1950-1990*[M]. New York: Praeger, 1991.Haig Simonian.*The Privileged Partnership: Franco-German Relations in the European Community 1969-1984*[M]. Oxford: Clarendon Press, 1985.Frank R. Willis. France, *Germany, and the new Europe: 1945-1967*[M]. London: Oxford Univ. Press, 1968.

② 这类文献中较为重要的如下：Douglas Webber. *The France-German Relationship in the European Union*[M]. London and New York: Routledge, 1999. David P. Calleo et al.*Europe's Franco-German Engine*[M]. Washington, D.C.: Brookings Institution Press, 1998.Colette Mazzucelli. *France and Germany at Maastricht: politics and negotiations to create the European Union*[M]. New York & London: Garland Publishing Co., 1997.Philip H. Gordon. France, *Germany, and the Western Alliance*[M].Boulder, colo.: Westview Press, 1995.

划"以来的半个世纪中，法德之间的相对力量对比从来都不是一个常量或说者是固定不变的（constant）。虽然法德关系是一种不平等的伙伴关系，但只要法德轴心保持运转，那么法德轴心将依然发挥强大的威力。法德两国在欧盟中的合力大于任何一个成员国，包括法国和德国本身①。对于类似"伦敦时报"（London Times）对法德关系的悲观论调："德法关系再也不会觉得不舒服了，因为已经僵死了（stone dead）"，他认为这些认定法德关系寿终正寝的报道都有些夸大其词②。法国和德国已经在双边密切关系上投资了半个世纪，都不想后退，德国的政策是要将美国与欧洲绑在一起，法国的政策则是要将德国与法国和欧洲绑在一起③。

斯蒂芬·A.考克斯（Stephen A.Kocs）于1995年所出版的《自主还是权力？法德关系与欧洲的战略选择，1955—1995年》（*Autonomy or Power? The Franco-German Relationship and Europe's Strategic Choices, 1955-1995*）一书中指出，从20世纪50年代中期一直到90年代中期，法德两国的战略选择都在不断演变，此书想通过内在动力（underlying dynamics）来考察这种演变，论述的主线是防务问题上法德两国的选择。在冷战结构中，德法两国都是中等大国，都必须为达成一些目标而牺牲另一些目标，安全结构与安全战略上尤其如此，并改变了两个国家其他领域的战略选择。德国统一以后，在法国看来，任何重大变动都应该在考虑到欧洲其他国家的利益，并适当保证现有边界和欧洲稳定的框架内进行④。

道格拉斯·韦伯（Douglas Webber）在1999年主编出版的《欧盟中的德法关系》（*The France-German Relationship in the European Union*）一书，是一部出类拔萃的编著，在不同学者对法德不同合作领域的分析之外，主编道格拉斯·韦伯回顾了以往这方面的研究文献，并提出了自己的观点和评论。来

---

① Julius W. Friend.*Unequal Partners: French-German Relations 1989-2000*[M]. Westport: Praeger, 2001: 104.

② Ibid., 110-111.

③ Ibid., 6.

④ Stephen A. Kocs, *Autonomy or Power?The Franco-German Relationship and Europe's Strategic Choices, 1955-1995*[M].Westport, Conn.: Praeger, 1995: 245.

自不同国家的学者通过对一些欧盟政策领域的实证研究，考察法德在欧盟事务中如何协调各自的政策和战略以及两国在欧盟和欧洲一体化进程中所扮演的角色和发挥的作用。书中除了对欧洲一体化的核心政策领域比如货币联盟、共同农业政策（CAP）、共同外交与安全政策（CFSP）、社会政策、欧盟东扩等做了案例分析外，还更为细化、更为具体地对欧洲电子市场自由化、电信、欧洲研究与技术政策、移民政策等做了相关案例研究。道格拉斯·韦伯认为，与其说德法关系是欧盟的核心，倒不如说欧盟和欧洲一体化是德法关系的核心，后者的争议会小一些 [1]。

大卫·P. 卡里奥（David P.Calleo）与埃里克·R. 施塔尔（Eric R.Staal）等于 1998 年合作编写的《欧洲的法德引擎》（*Europe's Franco-German Engine*）一书中，德国、法国与美国的专家从外交、安全和经济层面考察了法德关系。其中既有总体上的评价和分析，也有对法德安全合作、共同外交与防务（CSFP）、经济货币联盟（EMU）、经济关系的深入实证研究。如厄恩斯特·韦尔特克（Ernst Welteke）与克劳斯－彼得·克莱伯（Klaus-Peter Klaiber）为法德关系寻找地缘经济学上的原因，帕特里克·麦卡锡（Patrick McCarthy）考察了从戴高乐到希拉克时期的法德轴心，介绍了法德两国在外交、经济上的不同观点以及两国的国内政治 [2]。

（3）从独特角度入手的研究文献

为数不多的专著以及编著，以其独特的视角对"法德关系与欧洲一体化"或者"法国、德国与欧洲一体化"做了解读。

2001 年出版的《欧洲一体化中的法德轴心》（*The Franco-German Axis in European Integration*）一书，主要出自亨德里克斯、吉塞拉（Hendriks, Gisela）等两位学者之手，是一本体系完整的专著。这本书分为两大部分：行为体篇（The Players）和政策篇（The Policies）。行为体部分是该书的理论基础和分析框架，分析了塑造法德处理欧洲事务方法的主要因素。相较于传统的国家

---

[1]Douglas Webber. *The France-German Relationship in the European Union* [M]. London and New York: Routledge, 1999: 3.

[2]David P. *Calleo & Eric R. Staal.Europe's Franco-German Engine*[M]. Washington, D.C.: Brookings Institution Press, 1998: 17-18.

中心主义与超国家理论，作者更为赞赏 de Schoutheete 将法德轴心视为欧盟的"子系统"（sub-system）的模式。在此基础上，作者提出了"法德合作霸权"（cooperative hegemony of France and Germany）的概念。法德轴心的基础是共同的目标，即一个强有力的一体化的欧洲：两个国家都感到自己的国家利益与欧盟联系在一起，并受到欧盟的保护；法德关系的根源或许还存在着"共同的虚弱感"（shared sense of weakness）[①]。政策部分，学者自称与 20 世纪 90 年代以来法德轴心的研究与近期出版的法德关系的文献有所不同，对独特而又有波动的法德关系在 20 世纪 90 年代中的重要方面和轮廓变动做了重新理解和评价，是一种问题研究（issue analysis），实证研究的重点选取了最能反映法德关系和欧盟的世纪之旅的三个决定性问题：发行单一货币（即经济货币联盟建设与谈判），共同外交与安全政策（CFSP）的形成与欧盟东扩。因为这三大问题有可能决定欧洲是要走向更深的一体化，还是会被稀释，或者最坏的结果——分裂（fragmentation），也是对法德伙伴关系和扩大后欧盟的生命力的真正考验[②]。

1975 年出版的《自下而上的欧洲：对法德民众往来的评价》（*Europe from below : an assessment of Franco-German popular contacts*）一书[③]，肯定了法德关系的新模式，并试图通过法德民众间的交往与往来，探讨法德关系模式对于整个欧洲的启示意义。书中指出，法德民众之间的接触与往来，一些是由政府间的协议和政策所驱动的，另一些则是自发形成的，但是都用各种方法促进了历史上战争多于和平的两国国民的和解。这本书将法德经验作为欧洲的一种可能的互相之间合作的模式，也包括了安全与经济等各领域的主题。

卡尔·多伊奇（Karl W.Deutsch）与其他三位作者在 1967 年出版的《法国、德国与西方联盟：对精英们如何看待欧洲一体化和世界政治的研究》（*France, Germany, and the Western alliance : a study of elite attitudes on European*

---

①Gisela Hendriks. *The Franco-German Axis in European Integration*[M]. Cheltenham: Elgar, 2001: 12-14.

②Ibid., 8.

③John E. Farquharson, Stephen C. Holt. *Europe from Below: An Assessment of Franco-German Popular Contacts*[J]. Foreign Affairs, 1976, 51(4):578.

integration and world politics）一书[①] 中，通过一些问卷和对 147 位法国精英、173 位德国精英的访谈，做了煞费苦心的定量研究[②]。所访问的精英主要是对两国政府决策过程产生影响的人物，书中分为三部分，依次介绍了法国精英的看法、德国精英的观点，然后卡尔·多伊奇对欧洲政治发展中的法德精英的观点做了对比[③]。书中所关注的一个焦点是美国在欧洲的领导力，并倾向于认为对强有力的国家政策的期望要超过超国家的欧洲机构。

托马斯·佩德森（Thomas Pedersen）立场鲜明地打出了现实主义的旗帜，他在 1998 年出版的《德国，法国与欧洲一体化：一种现实主义的理解》[④] 一书中，在大量一手材料的基础上对 1985 年与 1991 年欧盟的历史性改革以及对法德两国地位与作用的不满与抱怨，做了创新性的研究，是第一本从现实主义视角对欧盟的结构政治所做的真正全面的研究专著，并发展出一种合作霸权和对称联邦化的新理论。

以"法国、德国与欧洲一体化"为题的英文期刊文章[⑤]，由于条件所限，只能简要介绍一些英文或者翻译为英文的相关文章。这类文献中类似时评的内容比较多，比如对"舒曼计划"的介绍与评论[⑥],《法德友好条约》签订之后

---

① Karl W. Deutsch, et al. *France, Germany, and The Western Alliance: AStudy of Elite Attitudes on European Integration and World Politics*[M]. New York: Scribner, 1967.

②Review by Donald D. Searing[J]. *The American Political Science Review*, 1968, 62 (1): 240.

③Review by Andrzej Sicinski[J]. *The Public Opinion Quarterly*, 1969-1970, 33 (4) :653.

④Thomas Pedersen. Germany, *France and the Integration of Europe: A Realist Interpretation*[M].London&New York: Pinter, 1998.

⑤ 早期的较有代表性的期刊文章可以参见：J. B. Duroselle. German-Franco Relations Since 1945[J]. The Review of Politics, 1952, 14 (4) :501-519. Gooch, G. P. Franco-German Coexistence at last? [J]. Foreign Affairs,1959, 37 (3): 432-442. Puchala, Donald J., Integration and J. B. Duroselle. German-Franco Relations Since 1945[J]. *The Review of Politics*, 1952, 14 (4) :501-519. Gooch, G. P. Franco-German Coexistence at last? [J]. *Foreign Affairs*,1959, 37 (3): 432-442. Puchala, Donald J., Integration and Disintegration in Franco-German Relations,1954-1965[J].*International Organization,* 1970, 24 (2): 183-208.

⑥ Louise Sommer. The Franco-German Steel and Coal Pact: THE MONNET-SCHUMANN PLAN[J].*World Affairs*, 1950, 113 (3): 80-82.

的相关文章①，德国统一对法德关系的影响②，《马约》谈判之后的评论文章③等。

以"法德轴心与欧洲一体化"为主题，也有一些研究报告与研讨会综述④。这些研究报告和研讨会综述往往反映了学者们对于这一问题的最新观点和看法。对于法德轴心是否仍然对欧洲一体化有着重要意义，正面的评价仍然占据主流，但是也出现了一些质疑与"唱衰"的声音。

另外，还有大量的单独讨论德国、法国与特定的欧洲一体化阶段与进程的文章，而且"德国与欧洲一体化"的相关论文比"法国与欧洲一体化"的要多一些，由于篇幅所限，在这里不再赘述。由于语言和检索条件的限制，有大量法语和德语的相关文献⑤没有列出，英文文献可能也有所遗漏。

2. 国内研究现状

国内并没有研究"法国、德国与欧洲一体化"的专著，对这一问题的阐述，就像外文文献一样，散见于研究欧洲一体化与单独研究法国、德国的文献之中。专门关注这一问题的博士论文只有一篇，即武汉大学的张健于2003年所做的题为《德法关系与欧洲一体化进程研究（1945—1993）》的博士毕业论文。他从德法战后关系史的视角，分析和探讨了欧洲一体化自1945—1993年的发展演变过程以及德法关系在这一进程中的重要地位和作用，并预测欧盟第五次扩大之后，德法轴心会在一定程度上被弱化，但在其后相当长的一段时间内，它将继续存在并继续发挥关键性作用。

---

① See Franco-German Treaty of Reconciliation[J].Current History,1963, 44 (260): 237-239. Harold C. Deutsch. The Impact of the Franco-German Entente[J].*Annals of the American Academy of Political and Social Science*, Vol. 1963, 348 (The New Europe: Implications for the United States): 82-94.

② Renata Fritsch-Bournazel. German Unification: A Durability Test for the Franco-German Tandem[J].*German Studies Review*, 1991, 14 (3): 575-585.

③Michael J. Baun. The Maastricht Treaty as High Politics: Germany, France, and European Integration[J]. *Political Science Quarterly*,1995-1996, 110 (4): 605-624.

④ See Theseus. Workshop Report: The Franco-German couple-leadership malgré nous et vous? *Franco-German relationship seen from the outside*[online].Feb. 17-18, 2011, Brussels.Also see Karin L. Johnston. Franco-German Relations: Leadership in a Changing World.AICGS Issue Brief, December 2004, American Institute for Contemporary German Studies (The JohnsHopkinsUniversity).

⑤ See Robert Picht & Wolfgang Wessels.Motor für Europa?[M].*Bonn: Europa Union Verlag*, 1990.

　　单独研究法国、德国的文献，因为法德关系的特殊性与重要性，一般都会包含法德关系方面的内容，而且由于法德特殊关系与欧洲一体化紧密联系在一起，因此一般也会多多少少涉及两国的欧洲政策。比如萧汉森、黄正柏教授编写的《德国的分裂、统一与国际关系》①一书中，主要介绍了德国的历史、德国对欧洲的影响以及德国与欧洲一体化的进程，里面涉及了一些"德法关系与西欧联合"方面的内容；吴国庆先生的《战后法国政治史（1945—1988）》（北京：社会科学文献出版社，1990 年版），在 2004 年得以再版，主要关注的是战后法国国内政治的演变，对法国历届政府的欧洲政策都有所介绍。研究法德两国外交政策的文献，相比之下比其他文献包含更多法国与德国的欧洲政策方面的内容，比较有代表性的如：1989 年由外文原著翻译而来的《西德、法国和英国的外交政策》②；周琪、王国明：《战后西欧四大国外交》，北京：中国人民公安大学出版社，1992；张锡昌、周剑卿：《战后法国外交史（1944—1992）》，北京：世界知识出版社，1993；周保巍、成键主编的《欧盟大国外交政策的起源与发展》，上海：华东师范大学出版社，2009，等等。张才圣的专著《德国与欧洲一体化》（北京：人民出版社，2011），主要从政治、外交方面分析自二战后联邦德国历史以及对重新统一后德国外交政策的预测，虽然也包含联邦德国对欧洲一体化的政策，但不是其主要内容。

　　研究"法国、德国与欧洲一体化"的论文资料比专著要丰富得多，期刊论文大致可以分为以下四类。

　　第一类是概述性的文章，定性了法德轴心在欧洲一体化进程中的重要或者说核心作用，其代表作是伍贻康教授的《法德轴心与欧洲一体化》③一文。这篇文章指出，法德关系发挥了欧洲一体化的发动机、火车头和方向盘的作用，是欧洲联合名副其实的核心，所以人们把欧洲一体化中的法德关系称为法德轴心。他将欧洲一体化中的法德轴心大致分为三个阶段：奠基阶段

　　① 萧汉森、黄正柏. 德国的分裂、统一与国际关系 [M]. 武汉：华中师范大学出版社，1998.

　　② [美]Wolfram F. Hanrieder & Graeme P. Auton 著，徐宗士等译. 西德、法国和英国的外交政策 [M]. 北京：商务印书馆，1989.

　　③ 伍贻康. 法德轴心与欧洲一体化 [J]. 欧洲，1996（1）：34-42.

（1949—1963 年）、趋于成熟阶段（1963 —1990 年）、重新调整阶段（德国统一之后）。法德轴心的奠基阶段，法德逐渐消除猜疑和隔阂，建立了伙伴信任关系，这一阶段西欧经济一体化初具规模；趋于成熟阶段的法德轴心逐步形成一整套行之有效的成熟的政治磋商、协调、决策的运行机制，这个阶段是欧共体一体化深化、扩大和机制发展取得显著成就的时期，重大一体化政策措施的提出或通过，重大调整和决策的出台与成功以及重大矛盾和危机的解脱与妥善处置，几乎都是法德联手共同努力促成的结果；重新调整阶段，冷战结束，德国重新统一动摇了法德轴心赖以运行的基础。法、德、英三国的"三角制衡关系"可能成为主心骨和顶梁柱，但三角关系会向法德关系倾斜。

陈霞在《大国良性竞争与地区公共产品的供给——对欧洲一体化进程中法德关系的考察》（载《复旦国际关系评论》2009 年第 1 期）的文章中，从"大国良性竞争与地区公共产品的供给"的独特视角，指出在欧洲一体化过程中，法德关系演变影响着地区公共产品的供给，并进而影响到欧洲联合的进程。法德之间既是对手又是伙伴的良性竞争关系，促成了欧盟地区一系列地区公共产品的酝酿、设计、提出乃至运作和改革。

第二类文章专注于法德欧洲政策的差异，比较有代表性的如刘立群：《德法对欧洲一体化目标之争评析》，载《德国研究》2001 年第 3 期；王振华：《英、法、德：有关欧盟发展方向之争》，载《欧洲》1996 年第 1 期等。陈洁、袁建军在《德法与欧盟差异性一体化》（载《德国研究》2015 年第 2 期）的文章中，集中讨论了法德率先倡导差异性发展，并推动了差异性一体化的制度化发展。德法在欧盟差异性一体化问题上也存在一些认知差异和分歧。

第三类是对法德与欧洲一体化进程中某个具体政策领域的探讨，较有代表性的有：惠一鸣：《欧盟轴心的裂痕——论新形势下的法德关系危机》，载《吉林大学社会科学学报》2000 年第 1 期；张健：《德法合作与单一欧洲法令的签订》，载《湖北大学学报（哲学社会科学版）》2002 年第 6 期；吴友法、张健：《德法合作与欧洲货币体系的建立》，载《武汉大学学报（人文科学版）》2003 年第 6 期；胡文涛：《欧洲政治一体化进程中法、德、英的分歧——以地缘政治为视角》,载《广东外语经贸大学学报》2003 年第 3 期等。

第四类主要是从德法关系历史的角度探讨。其中代表性的文章主要有:邢来顺:《德法关系的历史发展与欧洲联合》,载《武汉大学学报(人文科学版)》2002 年第 2 期;张健的两篇论文:《德法特殊关系:变化与前景》(载《现代国际关系》2004 年第 9 期)以及《历史遗产对德法两国欧洲一体化政策的影响》(载《江汉论坛》2003 年第 3 期);姜南:《法德英关系与欧洲一体化(1945—1993)》,载《浙江大学学报(人文社会科学版)》2015 年第 5 期。另外,还有一位旅美台湾地区学者胡为真所写的《欧盟的推手——从世仇到密友的德、法关系初探》一文,里面特别宝贵的是提供了丰富的法德民间的和解与合作方面的资料。

除此之外,还有许多单独论述法国、德国欧洲政策的文章。研究法国欧洲政策相关问题的文章主要有:申皓、闵杰:《法国与欧洲一体化》,载《法国研究》2004 年第 1 期;黄正柏:《从"莫内的欧洲"到"祖国的欧洲"——法国与欧洲一体化中的国家主权问题》,载《华中师范大学学报(人文社会科学版)》2006 年第 1 期;冯存万:《法国与欧洲对外关系一体化:战略观、政策与局限性》,载《国际论坛》2010 年第 6 期;等等。阚四进的博士学位论文《法国欧洲一体化政策研究》(外交学院博士学位论文,2014 年 6 月),专门梳理了法国的欧洲一体化政策,认为法国欧洲一体化政策虽历经调整,但始终以确保国家安全、提升法国的大国地位和影响力为主要目标。未来法国欧洲一体化的政策仍将调整,但无论左翼还是右翼执掌政权,该政策始终蕴含着一些不变的因素:法德轴心的基础地位不变;以欧洲一体化促进法国影响力提升的目标不变;以欧盟深化改革为优先原则的方向不变。

研究德国欧洲政策相关问题的文章主要有:章敏:《联邦德国外交政策的调整及其特点》,载《欧洲》1994 年第 1 期;刘立群:《略谈联邦德国对欧洲一体化的态度》,载《德国研究》1994 年第 3 期;吕耀坤:《德国与欧洲一体化》,载《德国研究》1998 年第 3 期;连玉如:《德国默克尔政府的外交与欧洲政策辨析》,载《德国研究》2006 年第 1 期,被人大复印报刊资料全文转载;吴友法:《"德国问题"与早期欧洲一体化——第二次世界大战后欧洲为什么走上联合道路》，载《武汉大学学报（人文科学版）》2009 年第 4 期；张才圣、吴友法：《德国"新东方政策"与欧洲一体化研究》，载《武汉大学学报（人文科学版）》2009 年第 1 期；张骥、姚辉：《论统一后德国的欧洲认同与欧洲一体化》，载《当代世界与社会主义》2010 年第 1 期；郑春荣：《从欧债危机看德国欧洲政策的新变化》，载《欧洲研究》2012 年第 5 期；等等。

3. 存在的问题

道格拉斯·韦伯（Douglas Webber）在 1999 年主编出版的《欧盟中的德法关系》（*The France-German Relationship in the European Union*）一书中，总结了在此之前的英文研究文献的两个缺陷。

首先，已有的研究文献都没有非常明晰地界定："波恩"与"巴黎"之间的关系在何种意义上，在哪些方面，区别于其他国家的双边关系。而且，对法德在欧盟中的角色和地位的研究文献比起法德关系方面的研究文献要少得多。两国在欧盟中的"引擎""发动机"与"火车头"等的角色地位往往被视为理所当然，一笔带过，很少用具体的实证研究来加以证明[①]。

其次，研究"法国、德国与欧洲一体化"的学者往往因为过分强调一体化进程中的"高级政治"领域而受到诟病[②]。然而无可否认的是，纵观欧盟成立前的欧洲一体化历史，法国和德国"高级政治"领域中的利益需求却是不容忽视的。

道格拉斯·韦伯没有提到的一点是，由于这方面的编著多于专著，编著侧重的是对欧盟政策领域的实证研究，而专著按照历史发展所做的概述也占了绝大多数，因此很少有学者尝试构建法德关系与欧洲一体化的作用模式，虽然对于"高级政治"因素的分析占了压倒性的优势，但是理论分析相对较为薄弱。

国内的研究文献同样存在着很少清楚界定法德关系特殊性的问题。相较于国外学者对于分析法德轴心形成与发挥作用中的"高级政治"因素的一再

---

① Douglas Webber. The France-German Relationship in the European Union [M]. *London and New York: Routledge*, 1999: 1.

② Ibid., 3.

强调，国内学者较多地运用了制度主义与建构主义的理论与方法。然而遗憾的是，虽然国内学者对于法德轴心与欧洲一体化的新进展都及时做了追踪研究，但并没有形成这方面的研究专著，这就意味着一直没有比较系统、深入的整体性综合研究。

现有的外文与中文文献中，从法德关系史入手的学者往往会略微提及"法德和解"，然而至今还没有学者专门从"法德和解"的角度研究过"法国、德国与欧洲一体化"问题。以下将按照法德和解的渊源、起步与发展深化的主线，探讨法德和解与欧洲一体化进程。

第三节　研究方法与研究思路

一、主要的研究方法

（1）历史与文献分析法。这是笔者所采用的最为基本的研究方法。法德和解与欧洲一体化都经历了漫长的历史进程，因此书中主要按照重要的历史时期和历史事件进行分析梳理，通过领导人回忆录、法德两国的历史、欧洲一体化史等历史素材来说明问题。

（2）定性与定量研究相结合。欧洲一体化是一种复杂的国际政治经济现象，法德和解也是一种长期的复杂进程，在界定两者不同阶段特点的同时，也进行了一些数据分析。

（3）层次分析法。层次分析法便于寻找影响问题产生或发展的各种变量，从而更有效率地揭示研究对象间的因果关系。在分析法德和解与欧洲一体化的起步时，运用了"体系—区域—民族国家—个人"的层次分析法。

（4）比较分析。将法德和解与欧洲一体化和中日和解与东亚区域合作两相对照，对法德两国的欧洲政策也做了一些对比分析。

二、结构安排

除导言以外，论述将通过以下几个部分展开。

第一章"法德和解与欧洲一体化：理论阐释与分析框架"是全书的理论铺垫部分，通过梳理现有的理论和文献，分析区域一体化的条件与动力，进而强调民族国家，尤其是区域大国对区域一体化的重要意义和作用模式以及法德轴心对于欧洲一体化的重要意义。

第二章"法德'世仇'的历史遗产"，主要梳理并回顾了第二次世界大战结束之前的法德关系，介绍了法德和解的历史背景。

第三章与第四章是论文的核心部分。第三章"法德和解与欧洲一体化的起步"，主要运用"体系—区域—民族国家—个人"的层次分析法，分析了法德两国二战后开始走向和解与合作的原因以及所带来的欧洲联合的起步与初步成果。

第四章"法德和解的深化与法德轴心：欧洲一体化进程中的支柱与关键"，以德国统一与"冷战"结束为界，揭示了法德和解走向制度化，并不断深化，形成了欧洲一体化进程中的法德轴心，推动着欧洲一体化的历次深化与扩大。

第五章"法德和解与欧洲一体化对中日和解与东亚区域合作的启示"分析了欧洲的法国、德国与东亚的中国、日本的相似与不同之处，中日和解与东亚区域合作的现状，进而给出了法德和解与欧洲一体化对于中日和解以及东亚区域合作的启示。

最后是结论部分，展望了法德轴心与欧洲一体化的前景。

第四节　创新之处与主要不足

一、创新之处

第一，提供了研究欧洲一体化的新的视角。法国和德国作为欧盟两大轴心国或者说两部发动机，它们之间虽然有共同利益，但也有矛盾和冲突。由于历史上的复杂关系，法德和解并不是一次妥协、一个协议就能实现的。在某种意义上说，欧洲一体化的过程也是法德两国全面和解的过程。

第二，解释了在关系欧盟未来发展的重大问题上，法德两国的态度和立场为什么高度一致，由此也进一步解释了为什么欧洲一体化进程尽管步履维艰，但仍然能走到今天且将继续推进的深层次原因，即目前法德两国的政治经济发展已经相互依赖且二者都离不开欧盟。

第三，揭示了地区一体化的一个普遍规律：天时、地利、人和三者缺一不可。欧洲一体化的成功是天时、地利、人和三方面因素共同推动的结果，尤其是在人和层面，法国和德国充分和解，成为欧洲一体化的法德轴心和"双发动机"。与欧洲相比，东亚在天时、地利方面既有促进区域联合的因素，也存在着一些障碍，然而最根本的障碍在于人和方面：东亚地区的中国和日本两个大国至今没有实现深度和解，进而无法成为东亚区域合作的"轴心"与"发动机"，这意味着东亚区域合作无法照搬欧洲模式。

第四，对法德和解与欧洲一体化的关系，基于历史事实做了较为客观的分析，从"法德和解"视角分析法德关系与欧洲一体化问题的现有文献并不多见，而且论述往往止步于《马约》的签署。笔者对《马约》之后的进展也做了一些初步研究。另外，现有文献往往将"法德和解"与法德轴心拆分开来，分别进行研究。笔者揭示了它们之间的内在联系，使两者得以联结和贯通，因此便于全面把握法德关系与欧洲一体化之间的互动。

二、缺陷与不足

受主客观条件所限，文中存在着许多应当加以改进的地方。

第一，理论分析部分较为薄弱。"法德和解"作为自变量，"欧洲一体化"作为因变量，两者之间的变量关系是十分明确的：法德和解是欧洲一体化起步的先决条件，法德和解的不断深化，形成了一体化中的法德轴心，并在欧洲一体化的深化与扩大进程中发挥了核心作用。然而，这样的变量关系有些过于直白和简单，应当进行更为深入和非线性的思考。

第二，文献和数据不够充分，有些应当展开深度分析的地方浅尝辄止，流于表面。比如法德两国的密切相互依赖就论证得不够有力，应当进行更多补充和整理。

第三，没有涉及法德两国国内政治发展对其欧洲政策所产生的影响。战后法国的国内政治跌宕起伏，并多次出现过左右翼政党联合执政的"左右共治"局面；德国更是从被占领和分裂的状态，重新成为一个统一的欧洲大国，国内政治经历了翻天覆地的变化，统一之后的德国国内政治也受到了来自联邦诸州（Länder）越来越大的压力。法德两国的国内政治因素对于"法德和解与欧洲一体化"的影响在书中没有得到具体的体现和阐述，在后续的研究中应该得到重视。

另外，由于笔者的水平有限，书中难免存在许多缺陷与不足，需要得到更多的批评与指正。

第一章 法德和解与欧洲一体化：理论阐释与分析框架

第一节 欧洲一体化的动力与影响因素分析

一、欧洲一体化：一个进程，多种理论

作为一种合作理论，一体化既没有人们能普遍接受的定义，也没有一系列人们认可的指标作为测量的基础①。尽管如此，在对欧洲和东亚的区域一体化进程展开比较研究之前，首先应当对一体化与民族国家、超国家机构或说区域制度以及它们之间的关系做基本的界定。现有的一体化理论是随着欧洲一体化的实践检验不断更新演变的，不同理论的分歧基本集中在"是以国家中心的分析方法还是以非国家中心的分析方法来解释欧洲一体化的进程"②。联邦主义与新功能主义者基本上持的是超国家主义的立场，现实主义、政府间主义者持的则是国家中心主义的立场。

无可否认，民族国家是无政府国际体系下单一的、理性的、最主要的行为主体，这是国际关系理论中现实主义、新现实主义、新自由制度主义与建构主义等主要流派的共同假设。虽然说欧盟发展到今天，表现出了较高程度的超国家特性，但是也有众多的理论家论证了欧盟区域一体化的政府间性质。政府间主义最初主要源于国际关系理论的现实主义传统，其核心就是宣称欧洲一体化的本质和步伐主要由（相对）独立的民族国家的决策和行动决定，即强调民族国家在一体化进程中的重要性。多年来，这一思想的主要代表是斯坦利·霍夫曼（Stanley Hoffmann）与罗伯特·基欧汉（Robert Keohane）。

---

① [美]詹姆斯·多尔蒂，小罗伯特·普法尔茨格拉夫著，阎学通、陈寒溪等译. 争论中的国际关系理论（第五版）[M]. 北京：世界知识出版社，2003：583.

② 王学玉. 欧洲一体化：一个进程，多种理论 [J]. 欧洲，2001（2）：13.

20 世纪 90 年代以来，安德鲁·莫劳夫奇克（Andrew Moravcsik）成为最突出的倡导者。他们发展的政府间主义思想是对欧洲一体化的另一种理论归纳，对理解欧洲一体化进程中民族国家仍然强调国家主权和政府间合作重要性等现象具有重要启发价值 [①]。

国家中心主义对于区域一体化有如下基本判断。

（1）虽然最先是从经济一体化开始展开的，但区域一体化也是 20 世纪中期以来民族国家的一种政治实验，是各民族国家应对国际政治经济形势做出的战略选择。霍夫曼即以现实主义思想为基础，把一体化过程看作追求自身国家利益的主权国家之间一系列讨价还价的过程。自由政府间主义的代表人物莫劳夫奇克指出，（欧洲）一体化是各民族国家为了实现通过传统的外交方式无法达到的经济利益而创造出来的，是各国领导人做出的一系列理性选择。经济全球化以及随之而来的区域间日益密切的资本、贸易与人员往来，给民族国家带来了极大的经济利益。

区域一体化是区域国家适应全球化和日益密切的相互依赖做出的战略选择。在这一观点上，国家中心主义者持有相似的看法。现实主义者罗伯特·吉尔平指出，欧洲政治统一的努力和广泛的经济区域主义一直是民族国家对共同的政治和经济问题做出的反应。由于世界经济更加紧密地结合起来，所以区域性国家集团加强了合作，以便巩固它们的独立自主，提高它们在分配问题争端中的谈判地位，并且促进其他政治或经济目标的实现。区域一体化是扩大本国追求的目标和雄心壮志的手段，而不是替代以国家为中心的国际体系的途径 [②]。

（2）民族国家是最主要的、理性的行为主体，目前仍然在一体化进程中承担着掌舵者的角色。民族国家根据自身利益和地缘政治状况对一体化进行成本—收益分析，经由政府间博弈可以达成国家间政策协调的协议，对一体化的收益进行分配。

---

① 房乐宪. 政府间主义与欧洲一体化 [J]. 欧洲，2002 ()1: 81.

② [美] 罗伯特·吉尔平著，杨宇光、杨炯译. 全球政治经济学：解读国际经济秩序 [M]. 上海：上海人民出版社，2006：321.

（3）欧盟的超国家制度结构是其领先于其他的地区主义实践的最核心的方面，也是最为与众不同之处。超国家机构在一体化进程中往往扮演着政策发起人、调解人和动员者的角色，然而，超国家机构的建立和运行依然依赖于民族国家的授意，是民族国家意愿的反映。民族国家经过政府间博弈、出于自己的意愿选择主权汇集，并将主权委托给超国家机构。超国家理论是由新功能主义延伸出来的，强调超国家机构及其官员对一体化进程所起的决定性作用。然而，超国家机构或者说区域的高度组织化的正式制度在一体化进程中是否会必然出现，以及超国家机构或说区域制度在多大程度上发挥作用，都取决于民族国家的需要。当然，无可否认，超国家机构或者制度一旦产生，便会发挥一定的独立作用，使得民族国家在不损害根本利益的前提下进一步深化一体化进程。

国际一体化理论的发展明显是以欧洲一体化的进展与机构化为背景的[1]。欧洲一体化是一个复杂的、多层次的、多方面变化和调整的进程，是一个"易变的几何体"（variable geometry）。也就是说，欧洲一体化进程的动力并不是单一的，不能像传统的思维那样认为主要来自何种角色，它的发展是由多种动力共同作用所形成的合力推动的结果[2]。这些多种动力可能来自不同的理论、不同的实践角色以及外在的国际政治经济环境的共同作用。这一点同样适用于世界其他地区的区域一体化进程。不同的研究者根据不同的理论，从不同的角度出发，往往会得出不同的结论。

从二战后初期开始，关注一体化的那些人的思想受到了联邦主义（federalism）、新功能主义（neofunctionalism）、新制度主义（neoinstitutionalism）、政府间主义（intergovernmentalism）和现实主义（realism）的影响[3]。联邦主义在欧洲一体化的未来目标上走得最远，认为欧洲一体化最终是要发展成为一个以类似现存联邦国家形式机构存在的、超越民族国家的、全欧洲层次的经

---

① 郇庆治、胡瑾. 联邦主义与功能主义之争：欧洲早期政治一体化理论 [J]. 欧洲，1999（6）：11.

② 王学玉. 欧洲一体化：一个进程，多种理论 [J].2001（2）：17.

③ 全球政治经济学：解读国际经济秩序 [M].2006：314.

济与政治共同体；新功能主义则强调了区域一体化中的功能性合作，在 20 世纪五六十年代产生了很大影响。他们认为，经济和技术力量会推动世界走向更高层次的政治一体化；新制度主义强调制度的作用，认为制度有助于解决经济和政治一体化进程中的集体行动问题；政府间主义是从新功能主义、新制度主义和先前其他的政治一体化理论中衍生出来的，它与新功能主义一样强调经济利益是区域一体化的主要动力。它像新制度主义一样，强调国际（实际是区域）制度的重要性，认为建立国际制度是方便和确保一体化进展的必要途径。但是，政府间主义在全心关注民族国家政府的关键性作用、强大的国内经济利益集团的重要性和民族政府就分配和制度问题进行的讨价还价等方面又不同于先前的这些理论；现实主义认为，要使经济和政治一体化取得成功，必须由一个或几个愿意利用自己的权力和影响去推动一体化进展的主要政治实体来领头，比如法国和德国就在欧洲一体化进程中担当了领导责任，这也在某种程度上反映了区域一体化的现实。

二、欧洲一体化的动力与影响因素

一体化是"在各个独立的单元间建立并保持密切及多元化互动"[1] 的进程。条件是影响事物发生、存在或发展的因素。区域一体化为什么会发生、存在并不断进化？为一体化进程找到一些具有共同规律的影响要素，具有重要的意义。

很多学者都谈到过一体化的条件问题。卡尔·多伊奇（Karl Deutsch）提出多元安全共同体形成的三个条件：①主体价值的互适性；②组成单元间的相互感应性；③行为的相互可预测性[2]。实际上，这三项条件主要强调的是单位层次上行为主体的互动和行为模式，这里面既包括区域认同（或者说区域意识），也可以用地理因素、成员国间的相互交往还有区域制度进行解释。哈斯（Ernst Haas）总结了成功的区域一体化的三个背景条件，依次是多元的社

① See W. Wallace. *The Dynamics of European Integration*[M]. London: Pinter, 1990: 9. 转引自 [法] 达里奥·巴蒂斯特拉著，潘革平译. 国际关系理论（第三版修订增补本）[M]. 北京：社会科学文献出版社，2010：257.

② 陈玉刚. 国家与超国家：欧洲一体化理论比较研究 [M]. 上海：上海人民出版社，2001：145.

会结构、发达的经济与工业和共同的意识形态模式[①]。显而易见，这是契合欧洲一体化进程的三个因素，强调的依然是单位层次，社会、经济和意识形态的单位属性。约瑟夫·奈（Joseph Nye）则列举了两类条件：第一类是结构条件：①一体化各组成单位的对称或经济平等；②精英价值观的互补性；③多元主义的存在；④成员国的适应能力和反应能力；第二类是认知条件：①对利益分配公平性的感性认识；②对外部相关问题的认识；③看得见的低／可转嫁的代价[②]。他所说的"结构条件"可以说指的是区域次体系的内部结构；所谓的"认知条件"，强调了观念性力量的重要性，"认知"的主体显然是区域次体系中的行为体。"认知条件"里面所提到的"对外部相关问题的认识"，也暗含着外部因素的影响，然而主要强调的是行为体对外部因素的感知和反应这一方面。

陈玉刚在总结国内外对一体化条件论述的基础上，简要概括了一体化的几个综合条件[③]：①一体化区域内部的某种政治、经济、文化中心的存在和主要成员国势力均衡的存在；②一体化有关成员国主体价值的互适性和相互行为的可预测性；③有关各方对改变原有关系状态的强烈愿望；④外部条件。外部条件主要是指安全威胁与压力，包括两个方面：一是成员国之间的，一是成员国集体外部的[④]。第一个条件关系到区域次体系这一层次，强调的是区域内部的权力结构；第二、三个条件对单位层次上的一体化要素做了总结；单独强调了"外部条件"，即来自区域次体系外部的影响因素。

王子昌将强烈的收益预期和解除安全之忧作为一体化的两个必要条件[⑤]。

① 陈玉刚. 国家与超国家：欧洲一体化理论比较研究 [M]. 上海：上海人民出版社，2001：153.

② [美]詹姆斯·多尔蒂等著，阎学通等译. 争论中的国际关系理论（第五版）[M].2003：556-557.

③ 陈玉刚. 国家与超国家：欧洲一体化理论比较研究 [M]. 上海：上海人民出版社，2001：148-151.

④ 王子昌，郭又新. 国家利益还是地区利益——东盟合作的政治经济学 [M]. 北京：世界知识出版社，2005：1-4.

⑤ 王子昌. 东亚区域合作的动力与机制 [M]. 北京：中国社会科学出版社，2004：61.

他还分别介绍了自由主义、现实主义与建构主义对区域合作的动力与机制的判断。自由主义认为，国家间区域合作的动力主要来源于国家间互通有无的需要……推动区域合作不断前进的是一种合作的外溢机制；现实主义认为，合作不过是增强自身权力的一种手段，国家间区域合作的动力来源于国家对自己安全的追求……相对平等地分配合作收益是合作得以持续的一个主要因素；建构主义则认为，共同的认识是合作的动力，合作意识的不断深化和扩展是合作不断深化和扩展的主要因素[1]。

概言之，许多学者均对区域一体化产生的必要条件做了研究和概括。简单或复杂也好，宏观与微观也罢，都离不开区域一体化活动的主体——民族国家，尤其是地区大国。地区大国既是测定这些条件的标杆，也是践行这些条件的实践主体。区域一体化起步之后，又有哪些因素推动着一体化进程不断向前发展？这是区域一体化的动力问题。

动力是指推动某物或某事前进、发展的力量。什么力量在推动着区域一体化向前发展？一体化发展的动力问题，始终是研究欧洲一体化的学者所要探讨的核心问题之一。

20 世纪 50—60 年代初，一些理论家，特别是新功能主义者解释了欧洲一体化从煤钢联营开始不断扩展的进程。从 20 世纪 60 年代中期开始到 80 年代中期，欧洲一体化进入了一个长达 20 年的相对停滞期，另一些理论家，特别是政府间主义者开始解释为什么一体化没有像一开始那样进展顺利。可以说，从 20 世纪 50 年代一直到 90 年代初，占据主导地位的理论主要围绕着新功能主义和政府间主义展开[2]。随着欧洲一体化的深入发展以及随之而来的制度上的建设与创新，理论界开始提出关于制度在一体化进程中究竟扮演什么样的角色和发挥何种作用的问题，从制度角度研究欧盟成了 20 世纪 90 年代以后欧洲一体化理论最热门的话题[3]。制度变量的引入是要解决欧盟制度在一

① 王子昌. 东亚区域合作的动力与机制 [M]. 北京：中国社会科学出版社，2004：2.
② [英] 安特耶·维纳，[德] 托马斯·迪兹. 欧洲一体化理论 [M]. 朱立群等译. 北京：世界知识出版社，2009：3.
③ Ben Rosamond.*Theory of European Integration*[M]. New York: St. Martin's Press, 2000: 113-122.

体化进程和决策中的因果作用问题，特别是研究在什么条件下、以什么方式，超国家机构能够对欧洲一体化进程发挥独立影响[①]。制度变量也在区域层次为一体化进程提供了动力。

新功能主义把欧洲一体化对"外溢"压力的反应作为其动力的主要来源[②]，这是区域层次推动一体化发展的因素。不同领域的合作有着潜在的关联性，任何领域合作的成功都会引起对其他领域进行合作的期望与信心，这使欧洲一体化如同"滚雪球"，其推动力随着进程的展开越来越大。有学者进而指出了这种功能性合作的"外溢"的不同模式，认为按照新功能主义理论，复合型外溢模式包含三种外溢形式，即功能性外溢、诱发性外溢和养成性外溢。它们分别强调一体化过程中的不同动力：部门和部门内部不同领域间的相互依赖；各成员国对国际压力、国际环境的共同认知；欧盟机构（欧盟委员会、欧洲议会）的推动作用[③]。

莫劳夫奇克及其"自由政府间主义"，将政府间主义有关"权力的行使是国家间战略性讨价还价的结果"的假设与自由主义有关"国家偏好在社会团体层面形成"的假设结合在一起[④]。也就是说，他将民族国家层面上的国家偏好与国家间的战略性讨价还价作为一体化进程的动力，同时触及了社会层次的因素：国家的偏好是在国家与本国的社会行为体的战略讨价还价之中形成的。

跳脱开不同理论的束缚，法国历史学家法布里斯·拉哈认为，"各种形式的合作，无论是双边的或多边的、政府间的或超国家性质的、国家内部的或跨国的，都对欧洲大陆的整个一体化运动及其统一做出了积极的贡献"[⑤]。郁

[①]［英］安特耶·维纳，［德］托马斯·迪兹. 欧洲一体化理论 [M]. 朱立群等译. 北京：世界知识出版社，2009：6.

[②] 王学玉. 欧洲一体化：一个进程，多种理论 [J]. 2001（2）：14.

[③] 郭志俊. 欧盟共同能源政策——新功能主义理论的视角 [D]. 山东大学博士学位论文，2008：11-12.

[④]［法］达里奥·巴蒂斯特拉著. 国际关系理论 [M]. 潘革平译. 社会科学文献出版社，2010：269.

[⑤]［法］法布里斯·拉哈著，彭姝祎、陈志瑞译. 欧洲一体化史（1945-2004）[M]. 北京：中国社会科学出版社，2005：124.

庆治综合考量了体系、民族国家、区域与社会层次推动一体化发展的因素，认为欧洲一体化进程的内在动力可以概括为以下四对矛盾[①]：一是经济领域与非经济领域的矛盾；二是扩大与深化的矛盾；三是联邦主义与邦联主义的矛盾；四是超国家机构创建与政府间合作方法的矛盾。欧洲一体化进程背后又有着五大主要的影响因素：一是经济"外溢"因素，一方面跨国界的经济生产生活活动需要超国家的行政或机构管理；另一方面最初发动的任何超国家化管治机构或措施被证明是不可逆转的，而且大多具有范围"外溢"的压力；二是国内政治因素，不仅直接参与政府间谈判的成员国相关机构，而且一个国家的政党政治、选举制度、政治传统等都可能对欧洲一体化的现实进展产生影响；三是领导者因素，欧盟委员会主席和成员国政府领导人的政治支持是几乎所有取得成功的一体化创议的前提与动力；四是经济环境因素，经济环境不佳时发动的一体化举措的预期往往是困难的，而经济环境有利时更适宜提出一体化的创议；五是国际压力因素，许多一体化重要文献都受到了国际因素的影响。

综上所述，对于一体化的条件和动力，各种一体化理论都给出了自己的答案，这些答案虽然有显著不同，但是也能或显或隐地发现对于一些共同因素的强调。正如莫劳夫奇克所称，许多建立区域一体化经济的行动都有一个或几个共同成分：经济动机、确定某种对外关税以及一个或多个关心推进区域一体化的领导国[②]。概括而言，区域一体化的条件和动力基本上可以归为物质性力量和观念性力量两大类，这两类因素不同程度地推动了区域一体化的发展。在物质性力量当中，共同利益和制度建设两大要素被强调得最多，观念性力量当中最为重要的应当是区域认同（或者说区域意识）的重要作用。值得注意的是，所有这些物质性、观念性力量都需要以民族国家为载体，需要核心大国的推动，外部力量和外部因素也是不可忽略的要素（图1-1）。

① 郇庆治. 多重管制下的欧洲联盟政治 [M]. 济南：山东大学出版社，2002：320-322.
② ［美］詹姆斯·多尔蒂等著，全球政治经济学：解读国际经济秩序 [M]. 阎学通等译. 上海：上海人民出版社，2006：323.

（1）共同利益。超越民族国家的和平的一体化进程，其演化有赖于参与各方所认识到的共同需要①。莫劳夫奇克也指出，在各项问题上的国家利益，而不是理想主义或者地缘政治，才是促使一体化发展的动力②。共同利益在一体化的起源和发展中都起着关键作用，要根据区域政治经济发展状况和地缘政治环境来判定。

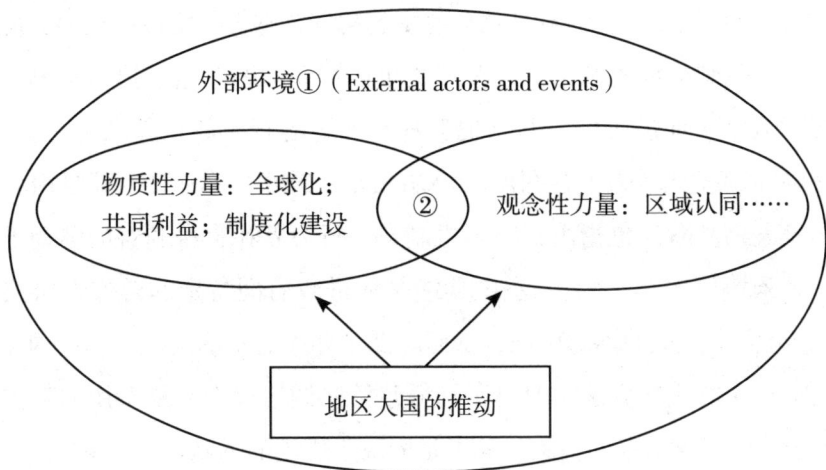

图1-1 区域一体化的条件与动力

图注：①外部环境，这里主要是指可以对区域一体化进程产生影响的外部力量；②对共同利益的判断，区域制度化中的组织原则等都包含着观念性因素。

（2）区域认同。强调区域认同的重要性，并不是建构主义者的专利。功能主义者哈斯发现，建立在实用主义利益基础上，并以此为出发点的政治进程必定是脆弱的，容易出现反复③。如果得不到深层次的意识形态或哲学信念的支持，基于实用主义考虑的利益，如期望获得经济收益，可能只是"短暂的"利益。在民族国家层次上，这样的意识形态或哲学信念包括强烈的民族主义和民族认同感等。从历史和现实相结合的角度考察，认同和文化一样，

---

① ［美］詹姆斯·多尔蒂等著.争论中的国际关系理论（第五版）[M].阎学通等译.2003：548.

② ［美］安德鲁·莫劳夫奇克著，赵晨、陈志瑞译：《欧洲的抉择》，2008年版，中文版序言第4页。

③ ［美］詹姆斯·多尔蒂等著.争论中的国际关系理论（第五版）[M].阎学通等译.2003：548.

从其渊源上看都"是种族划分边界结构和内涵的产物"。但从其形成过程来看，"实际上，国家不存在持续不变的认同；为了当时的政治目的，国家建立并改造认同"①。约瑟夫·奈也认为，认同感的建立是推动区域一体化的巨大力量②。

（3）一体化的制度建设。机制一直作为中介或干预变量被广为讨论。奥兰·扬（Oran Young）认为，机制是利益相关的行为体的预期趋于一致的产物③。机制一旦创立，它们自身就会改变起初创造它们的实体的权力分配。学者们说，国际制度或机制帮助国家解决集体行动问题，通过提供互惠（实施针锋相对战略）促进合作，并且把各种有问题的领域联系起来考虑。这样，区域性国际制度就增强了各国解决争端和相互合作的动机④。新自由制度主义的代表人物基欧汉也指出，国际机制是"行为者在自身利益的驱动下所达成的一系列协议安排"，它的主要功能是促进政府间特定的合作性协议的形成⑤，它减少了信息的不对称性，从而降低了环境的不确定性。利用国际机制促进国家合作的成功做法，取决于降低政策协调过程中交易费用的努力，以及为各国政府提供信息的措施，而不是取决于规则的强制⑥。一种合作机制包括三个层面的内容：一是合作的原则，二是合作的组织机构，三是组织机构的决策和执行程序⑦。

（4）地区大国的推动也是区域一体化发展不可或缺的要素。传统的区域一体化理论虽然没有明示区域主导力量这一先决条件，但从理论和实践上却

---

① 转引自刘昌明．全球化背景下发展中国家政治认同的新趋向 [J]．当代世界社会主义问题，2005（2）：86.

② ［美］詹姆斯·多尔蒂等著．争论中的国际关系理论（第五版）[M]．阎学通等译．上海：上海人民出版社 2003：555.

③ Oran R. Young. International Regimes: Problems of Concept Formation [J].World Politics, 1982, 32 (3): 331-356. 转引自争论中的国际关系理论（第五版）[M].2003：570.

④ ［美］罗伯特·吉尔平著．全球政治经济学：解读国际经济秩序 [M]．杨宇光，杨炯译．上海：上海人民出版社，2006：318.

⑤ ［美］罗伯特·基欧汉著．霸权之后：世界政治经济中的霸权与纷争 [M]．苏长和等译．上海：世纪出版集团，2006：62.

⑥ ［［美］罗伯特·基欧汉著．霸权之后：世界政治经济中的霸权与纷争 [M]．苏长和等译．上海：世纪出版集团，2006：15.

⑦ 王子昌．东亚区域合作的动力与机制 [M] 北京：中国社会科学出版社，2004：1.

暗含了区域主导力量不可或缺的作用因素[①]。在论述北大西洋区域共同体的形成问题时，卡尔·多伊奇就曾谈到，与势力均衡相比，一个强大的中心的存在对一体化来说也许更重要[②]。这也是接下来将要论述的课题。

（5）外部力量与外部因素（图1-2）。无论欧洲、东亚还是世界其他地区的区域一体化，都不能忽视外部力量的作用与影响，区域是全球体系的"次体系"或说"子系统"，地区一体化因而也会受到区域外国家、地缘环境与国际格局的影响。欧洲一体化便发轫于"冷战"时期的美苏两极格局，外部压力促成了欧洲一体化的启动。二战结束后，欧洲彻底丧失了其中心地位，成为两极格局下美苏对峙的战场，在这种情况下，联合自强成了欧洲国家战后重建、重拾国际地位的最佳选择；欧洲的联合还得益于美国的马歇尔计划及北约的安全担保。

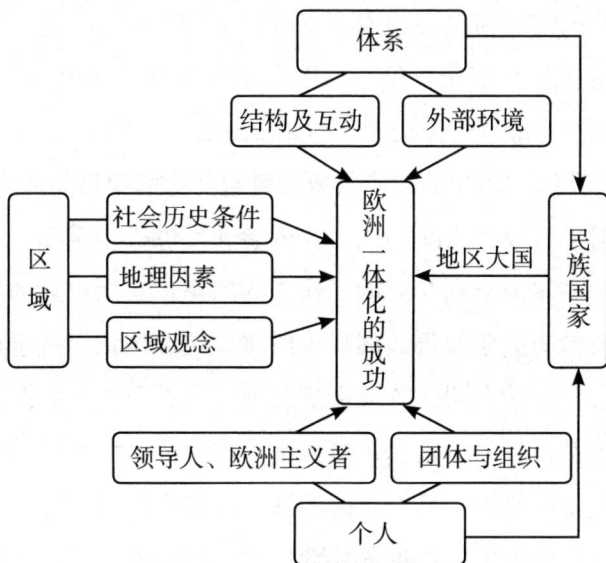

图1-2　欧洲一体化成功的影响因素

欧洲一体化的成功绝不是偶然的，而是一系列区别于世界其他地区的特殊因素综合作用下的结果。从现有文献来看，学者们多用"内"与"外"、

① 范洪颖. 全球化背景下东亚一体化理论适用问题探讨 [J]. 东南亚研究，2007（3）：67.

② 陈玉刚. 国家与超国家：欧洲一体化理论比较研究 [M]. 上海：上海人民出版社，2001：145.

"结构"与"认知"的两分法分析、概括影响着欧洲一体化缘起的各项要素，并以此作为欧洲一体化成功的经验。结合"体系—区域—民族国家—个人"的层次分析法，现有的对欧洲一体化的成功经验的研究视角，可以简要用图1-2概括。如图所示，对于欧洲一体化的成功，许多学者都从"体系—区域—民族国家—个人"这四个层次中的一个或几个方面做了分析和研究。

体系层面，二战后的美苏两极体系为欧洲一体化提供了必要和可能：①二战后欧洲与美国结成的跨大西洋安全共同体为欧洲联合提供了安全保障。尽管冷战期间欧洲和德国都处于分裂状态，但是，美苏两极体系与冷战的大背景反而成为西欧联合的催化剂。在这一体系结构下，欧洲的安全与西欧国家的安全结成了命运共同体；区域的复兴也与西欧国家的复兴紧紧绑缚在一起；冷战时期意识形态的针锋相对，也使得西欧形成了鲜明的共同意识形态的集合体。②欧洲选择与美国结成亲密的盟友。冷战时期美国以欧洲为战略重心，通过经济援助和安全保证，与欧洲结成反苏的安全和意识形态联盟，成为欧洲一体化的外部直接推动者（facilitator）。

区域层面，欧洲一体化的起步与成功有着特殊的地理与社会历史条件：

（1）欧洲国家对彼此之间的战争的体验和反思极为深刻、强烈。欧洲是在战火的洗礼中一步步走到今天的。在民族国家正式出现之前，各欧洲民族之间的战争以及教会战争使得欧洲战火纷飞。民族国家出现之后，欧洲大国林立，此消彼长，彼此之间的争战愈演愈烈。人类历史上的两次超大规模的世界大战，欧洲都是战争的肇始和策源地。如果说第一次世界大战代表着欧洲支配全球的世纪的结束、霸权衰落的开始，那么第二次世界大战之后欧洲则进一步衰落，霸权旁落，欧洲强国都沦为二流国家。"被战火摧毁了的、幻灭的欧洲，匍匐在华盛顿或莫斯科直接或间接的掌控之下"[①]，欧洲及欧洲人为数千年以来的战争付出了无比惨重的代价，最终失去了世界权力中心的地位。战火不断的欧洲终于决定休战止戈，从战乱频发这一负面的历史遗产中

---

① Cyril E. Black, et al. Rebirth: A History of Europe since World War Ⅱ [M]. Westview Press, Colorado, 1992: 48. 转引自郭华榕、徐天新主编. 欧洲的分与合 [M]. 北京：京华出版社，1999：311.

吸取教训，决心用一种区别于战争的方式创建战后欧洲的新秩序。

（2）欧洲共同发源于爱琴文明与古希腊文明、古罗马文明，直至一脉相承的拜占庭文明与拉丁—日耳曼文明。在欧洲文明的共同背景下，欧洲确实存在着统一的根本因素，这种因素有着共同的、根深蒂固的古代文化和犹太基督教的背景①。欧洲人从未放弃寻求彼此之间和平共处的方案。据西方学者的考察，早在中世纪末民族国家形成之际，欧洲思想界就已出现一些关于超越主权国家、建立某种超国家组织的主张②，但是行之有效的方案却一直没有出现。然而，这些挫折后来证明都是值得的，因为源远流长的欧洲统一思想，自上而下与自下而上的欧洲统一实践，持之以恒地为欧洲统一做了思想和社会动员。实践出真知，联邦主义、功能主义、新功能主义、政府间主义等一体化理论既来源于欧洲一体化的现实，又对欧洲一体化进程做出了不同的解释。虽然欧洲各国在一体化的进程中，对于一体化的目标和性质都有各自不同的理解，然而，支持一体化的欧洲思想却始终占据上风，并推动着欧洲一步步发展到了今天的欧盟。

（3）欧洲的地理是其走向统一的得天独厚的天然条件。欧洲的地理环境与远古文化传统中有利于出现洲内统一的前景的因素，确实比其他各洲为多③。欧洲也较早地在经济与社会方面组织了起来。据学者考证，全球化和自由贸易源起的欧洲，很早就已经形成了一个统一的经济地域。经济大师凯恩斯就注意到1914年以前（欧洲的）"经济生活差不多是完全国际化的"。尽管欧洲语言和民族众多，但是的确有一种"欧洲精神"存在：好知、理性主义、创业精神、经济活动的能力和组织的能力、对个人和民主的尊重等。各国的社会和体制也有相对一致之处。可以说在1914年之前，在某种程度上有一个欧洲，特别是在经济和知识上④。尽管这一经济和社会上的统一欧洲，被欧洲的民族国家醉心于权力争夺与扩张所导致的第一次世界大战和随之而来的

---

① [意] 玛利亚·格拉齐娅·梅吉奥妮著，陈宝顺、沈亦缘译. 欧洲统一贤哲之梦 [M]. 北京：世界知识出版社，2004：7.

② 严双伍. 第二次世界大战与战后欧洲一体化起源研究 [M]. 武汉：武汉大学出版社，2004：37.

③ 郭华榕、徐天新主编. 欧洲的分与合 [M]. 北京：京华出版社，1999：18-19.

④ [法] 皮埃尔·热尔贝著，丁一凡等译. 欧洲统一的历史与现实 [M]. 北京：中国社会科学出版社，1989：17、23.

"20 年危机"、再一次的世界大战所打断，但是这些渊源已久的统一因素得以保留和积淀，并在适当的时机下最终开出了欧洲联合之花。

个人层面，欧洲的漫长历史中有着无数的仁人志士一直在为欧洲联合奔走呼号，自下而上地不停做着舆论和实践动员，这些都为欧洲一体化的源起提供了深厚的基础与原动力。从中世纪末起直至现代，那些"计划设计者们"拟定了许多把欧洲各国组织起来的方案以使和平降临人间①。英国公谊会教徒威廉·佩恩 1693 年发表的有关欧洲和平的短评，圣·皮埃尔的"欧洲邦联"思想，哲学大师康德 1795 年的"永久和平论"，为了欧洲理想四处奔走的库登霍夫·卡勒吉伯爵(Conte Richard de Coudenhov-Kalergi)与泛欧运动，白里安的"欧洲联盟"计划，不惜身陷囹圄的坚定的联邦主义者斯皮奈利（Alterio Spinelli)，欧洲之父让·莫内，二战后的丘吉尔、舒曼、斯巴克、德洛尔等⋯⋯

体系层面和区域层面的因素都无法单独催生区域一体化；民族国家，尤其是区域大国，是外部条件的感知和反应者，是区域统一因素的承载和实践者；个人层面上的努力最终也必须上升到国家层面才能得到完成和实现，因而民族国家，尤其是地区大国对于区域一体化的产生与发展都起着至关重要的作用。这也是这里将研究欧洲一体化的重心放在两个区域大国——法国和德国身上的原因。

第二节　法德和解与欧洲一体化之间的内在关联

如前所述，无论是共同利益、制度建设等推动区域一体化的物质性力量，还是区域认同等观念性力量，都需要依托地区大国才能真正发挥作用；体系、区域、个人层面上的因素也必须经由地区大国才能真正对区域的政治经济产生关键性的影响。

具体到欧洲一体化问题上，来自外部的推动力与压力，区域层次上利于区域统一的因素，以及区域中的民族国家，共同推动了欧洲一体化的起源与

①［法］皮埃尔·热尔贝著，丁一凡等译. 欧洲统一的历史与现实 [M]. 北京：中国社会科学出版社，1989：9.

发展，"天时、地利、人和"三者缺一不可，这也是地区主义现象产生与发展的关键要素。中国古代的思想家孟子曾经说过，"天时不如地利，地利不如人和"；"欧洲之父"让·莫内（Jean Monnet）也有一句至理名言，"无人不成事，成制方能久"（Nothing is possible without men, but nothing is lasting without institutions.）。对欧洲一体化来说，法德的和解与合作就是区域联合的"人和"要素，形成了一体化进程中的法德轴心，正是在这一"双缸发动机"的全速运转下，欧盟方能取得今天的成就。欧洲在二战后走向联合和统一的外部条件的确有其独特性。然而同样是在冷战背景和美苏两极格局之下，东亚却没能走向类似欧盟的联合道路，这是因为欧洲与东亚的区域特质中利于统一的因素千差万别。再进一步讲，区域的地理与社会历史条件尽管有横向的差异性，然而却具有纵向的稳定性，如果这一条件可以单独起作用，为什么在漫长的区域历史中，只有二战之后欧洲才真正走上了统一之路？因此，外部条件和区域因素都无法单独催生区域一体化，民族国家，尤其是区域大国，是外部条件的感知和反应者，是区域统一因素的承载和实践者，因而对于区域一体化的产生与发展都起着至关重要的作用。

表1-1　法国、德国与欧洲区域经济数据（2015）

	领土面积（千 km²）	人口（百万）	GDP（EUR biliion）	贸易额（EUR biliion）
德国	357.4（8.2%）	82.16（16.1%）	2 933（20.0%）	2144.8（70.0%）
法国	549.2（12.5%）	66.66（13.1%）	2 020（13.8%）	971.9（27.6%）
法德之和	906.3（20.7%）	144.39（29.2%）	4 953（33.8%）	3 116.7（97.6%）
欧盟（28）	4 380	510.06	14 635	3 517.2

注：括号内的百分数是德国、法国、法德之和分别占欧盟28国总额的比重。
数据来源：Eurostat（International trade, 2014－15；tet00039）.

法国和德国是欧洲无可争议的两个大国。如表1-1所示，法国和德国覆盖了欧盟28国1/5强的领土，近1/3的人口，贡献了国内生产总值（GDP）的1/3强和贸易额大半。法德轴心（Franco-German Axis）是欧洲一体化成功的秘诀与独特性所在。法德轴心不是朝夕之间一蹴而就的，而是法德两国从战争和复仇的负面历史遗产中吸取教训，并在二战后审时度势，在共同利益和相互需要之下，走上的和解与合作之路。正是以法德的和解和合作为基础，法德成为欧洲一体化进程的核心和发动机。

一、法德和解是法德关系与整个欧洲的重大历史性转折

法德间争夺权力与领土的争斗持续了近千年的时间，第二次世界大战结束之前的法德关系史一直笼罩在战争的硝烟当中。第二次世界大战同时摧毁了德国和作为战胜国的法国，整个欧洲都衰落了。处在美苏冷战的前沿，法国和德国的战后选择再次成为影响欧洲命运的关键。虽然法国在战后初期仍然抱持的是永久肢解、削弱德国的态度，但是复杂的利益需求和外在压力之下，法国和德国都向对方伸出了橄榄枝，做出了和解的尝试。后来的历史发展证明，法德和解这一革命性的尝试，扭转了法德关系乃至整个欧洲的命运。历史上第一次，法国和德国在相互摧毁的大战之后，没有继续"战争—复仇"的恶性循环，而是彻底改写了两国的关系模式，达成了谅解，并开始了长期与密切的合作。

尽管欧洲自古以来已经有过无数的合作与统一的理念与实践，但是只有在区域大国——法德两国达成和解，并作为核心创始国共同发起之后，欧洲联合事业才开始像"滚雪球"一样发展起来。欧洲老牌资本主义国家之间的争权夺利也终于告一段落，欧洲走向了联合和统一的道路，维持了战后60年的持久和平，并成为其他地区未来发展的样板和典范。可以说，法德和解不仅改写了法德两国的命运，也造就了整个欧洲的历史性转折。

二、法德和解是西欧联合的先决条件

法德和解的开始同时是西欧联合的起步，今天的欧盟始于法国和德国在关键性领域的和解举动。"舒曼计划"在解决法德之间的鲁尔纠纷的同时，形成了欧洲一体化的创始性组织——煤钢联营（ECSC）。如前所述，在欧洲绵延数世纪的战争与争斗之外，区域联合的理念和实践亦层出不穷，欧洲"联邦"的设想在17世纪就已经出现了，致力于欧洲联合与和平的思想家和活动家与欧洲的哲学大师们为欧洲联合做了长期的思想动员和实践准备，这些铺垫在二战后的特殊形势之下，通过法德的和解与合力推动得以厚积薄发。

战后初期的经济合作领域，比、荷、卢曾经尝试建立三国"关税同盟"，

法国与意大利也曾经尝试形成"法意关税同盟",英国、北欧国家也曾尝试主导一个关税同盟,为顺应马歇尔计划展开援助的需要所建立的欧洲经济合作组织,虽然囊括了大多数欧洲国家,但是并没有成为欧洲经济一体化的源组织,而是最终发展成为一个市场经济国家探讨、发展和完善经济及社会政策的俱乐部。在法德两国在鲁尔问题上实现和解,共同将煤钢部门的部分主权移交给煤钢联营之后,欧洲经济联合才有了质的飞跃。

战后初期的布鲁塞尔条约组织和西欧联盟,由于最初是针对德国的,一开始并没有成为西欧军事一体化的源组织,北约主导了欧洲防务。随着法德和解、合作与欧洲一体化的进展,法德两国在 20 世纪 80 年代联手复活了西欧联盟,以其为依托开展欧洲军事合作,并合力将其并入欧盟,两国堪称欧盟共同外交与安全政策形成中的"最大功臣"。

欧洲政治一体化也是在战后法德和解所开启的欧洲一体化进程中得以真正发展起来的,法德两国在政治一体化的议程设定、政策形成和政策实施等程序上往往形成了妥协、共同倡议与合作的三部曲,欧共体和欧盟的成员国也因此得以在外交、防务、司法和内务等主要政治领域不断加强协调与合作,在欧洲层次上尝试建立并不断发展具有超国家性质的政治结构。

三、法德和解是法德轴心形成的前提及欧洲一体化深入发展的保证

法德和解并促成西欧联合起步之后,法德和解与合作的共同偏好形成了一条共同的政策路径——法国和德国合作领导欧洲一体化,即形成了一体化进程中的法德轴心。"舒曼计划"既是法德和解的"关键节点",也是欧洲一体化事业起步的"关键节点"。从法德《爱丽舍条约》的签署开始,法德和解走向了制度化和长期化,而这为法德轴心持续推动欧洲一体化的深化与扩大提供了重要保证。这一点按照历史的脉络,通过对关键时期或者关键历史事件的观察分析可以得到验证。通过检视历史发展顺序来揭示因果关系,并以历史资料为基础展开分析,因此可以借用历史制度主义的方法。

历史制度主义所指的制度,即对行为起构造作用的正式组织、非正式规则以及相关的程序①。1963 年 1 月的《爱丽舍条约》是法德和解制度化的开始②。许多学者都承认，法德和解的制度化程度很高，拥有更为密切和正式的制度结构③。《爱丽舍条约》的条约文本包含组织机构（organizations）、项目（program，包括外交和防务）、教育和年轻人（Education and Youth）以及科学研究上的合作（cooperation on scientific research）等组成部分，为以后的法德关系和法德合作规定了相关规范、程序和相关组织。条约规定了两国领导人与政府各部门部长会晤的频度，并决定两国在欧洲、北约、东西方关系等问题上都要事先协商，形成共同立场；加强青年和教育合作，拟成立共同基金，促进两国青年互访以及学习对方语言等④。

保罗·皮尔逊（Paul Pierson）对历史制度主义思想做了较为系统的阐述，他总结了历史制度主义的三个核心概念："回报递增"（increasing returns）、"惯性"与"路径依赖"（path dependence）。无可否认，法德和解同时具备了以下三个特征。

（1）回报递增。

保罗·皮尔逊认为，政治制度和公共政策常常具有经济学家称作的"回报递增"的特点。一项成功的制度或政策往往会自我强化或产生正反馈。"惯性"和"路径依赖"都是回报递增所带来的现象。在一个回报递增的过程中，沿着同一方向进一步行动的可能性随着在那条道路上每次行动的开展而不断提高。这是因为当前活动与其他可能选择相比，其相对收益随着时间在上升⑤。换言之，退出当前道路的成本也在增加。

---

① Kathleen Thelen. Hitorical Institutionalism in Comparative Politics [J].Annual Review of Polital Science, 1999 (2): 369-340. 转引自何俊志、任军锋、朱德米编译. 新制度主义政治学译文精选 [M]. 天津：天津人民出版社，2007：142-143.

② Alice Ackermann. Reconciliation as a Peace-Building Process in Postwar Europe: The Franco-German Case [J]. *Peace & Change*, 1994, 19 (3): 242.

③ Lily Gardner Feldman. The Principle and Practice of "reconciliation" of German Foreign Policy: Relations with France, Israel, Poland and the Czech Republic[J]. *International Affairs*, 1999, 75 (2): 344.

④ Franco-German Treaty of Reconciliation[J].*Current History*,1963, 44 (260):237-239.

⑤ Paul Pierson. Increasing Returns, Path Dependence, and TheStudy of Politics [J]. *The American Political Science Review*, Jun 2000: 251-267. 转引自何俊志等编译. 新制度主义政治学译文精选 [M]. 天津：天津人民出版社，2007：193.

　　法德和解对法国来说实现了其双重目的：一方面拉住德国，另一方面使法国得以发挥超出其自身实力的区域和国际影响力。德国从法德和解中也获利丰厚：处在分裂和被占领状态的西德的国家安全得到了保障，以平等伙伴的身份融入了西方和欧洲，并成为欧洲一体化进程事实上的主导国之一。

　　（2）惯性。

　　惯性或者锁定，即尽管发生相当大的政治变动之后，现有制度仍然可能保持长时期的均衡。自 20 世纪 60 年代以来，美苏冷战形势几度变幻，德法两国领导人也多次更迭，然而法德和解却从未中断，一直得到两国政府的肯定和延续。法德之间的和解与合作保持了长时间的稳定和均衡状态。

　　（3）路径依赖。

　　"如果非要指明路径依赖是什么含义的话，那么它的意思是，一旦一个国家或地区选择了某种道路，那么从原有道路上倒退的成本就非常高昂。虽然存在其他选择，但是牢牢树立的某种制度安排阻碍了最初选择的倒退。"[1] 当法德和解的齿轮开始运转，法德双方都从这种和解与合作当中持续获益，法德之间的和解与合作也因此得以惯性延续。由于法德的和解与合作与战后欧洲联合事业的双重螺旋，法德轴心这一由法德和解所导出并保证的政策路径，也沿着法德"合作主导权"的道路一直向前发展。尽管德国统一与冷战结束后，法德轴心中的法德平衡有所变动，共同外交与安全政策领域也出现了"德、法、英"三国核心，但是彻底放弃或者扭转法德轴心，对于法德两国和欧盟来说，所要付出的成本和代价都是让人无法想象的。

　　法德是煤钢联营组织的核心创始国，并由此开始合作领导欧洲联合事业。20 世纪 50—60 年代，法德两国大力发展了彼此之间的和解与合作，"波恩—巴黎轴心"自 20 世纪 70 年代真正成为流行词汇，事实上的法德轴心也自此开始名副其实地全力运转。法德轴心对欧洲一体化的推动作用具体体现如下（图 1-3）。

　　首先，法德具有超出区域其他国家的超强的政治、经济和文化实力，对

---

① Paul Pierson. Increasing Returns, Path Dependence, and The Study of Politics[J]. *The American Political Science Review*, Jun 2000: 251-267.

地区形势发挥着主导性影响。它们曾经是欧洲历史风云变幻中的主角，也将是欧洲现实与未来的塑造者。具体到欧洲一体化问题上，他们是欧洲一体化的发起者和积极倡导者。没有二者的和解与合作，就没有发展至今的欧洲一体化。

其次，作为区域合作制度的建立者和主要维持者，法德轴心始终都是支撑欧洲一体化进程的主导力量。法德为区域制度的运营提供了强有力的财政支持。不仅如此，在一体化的收益分配过程中，这两个大国的存在也为补偿支付提供了可能，进而促进了一体化向纵深发展。

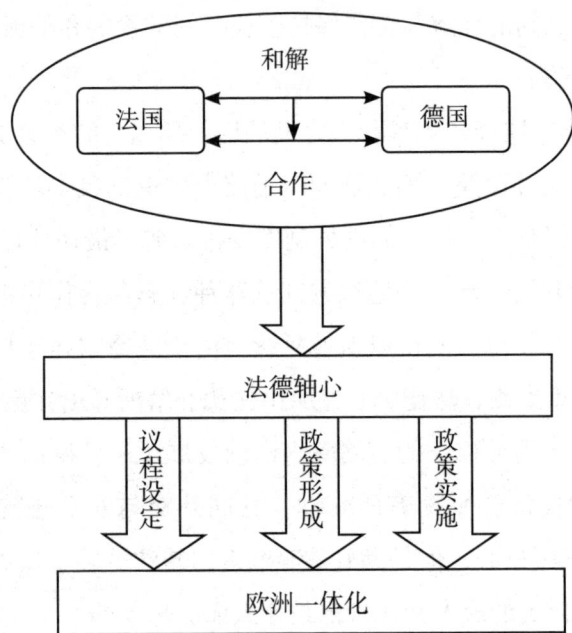

图1-3　法德和解与欧洲一体化关系简图

再者，法德轴心对欧洲一体化的发展方向、路径、发展阶段等都发挥着主导性、关键性的作用，在欧洲一体化进程中的议程设定、政策形成和政策实施的不同阶段都发挥着核心与领导作用。它们不主动、不合作，整个区域一体化进程都将停滞；而一体化进程中遭遇的困难和挑战，也需要它们积极主动的通力合作才能得到更好的解决。它们也是推动一体化制度变迁的主体。在一体化的进程中，各成员国有共同的意向获得集体行动带来的利益，但却不愿分担相应的集体行动成本，总是尽可能地采取类似"免费搭乘"的自利行为，这造成了交易成本随成员数量的增多而不断增加。由此，区域合作的成功将有赖于权力最优的国家提供一种类似"公共物品"的制度安排，并监督各成员责任的履行，平衡成员间的利益得失。而主导国从中获得的收益也将是最大的，故有最强烈的动机去建立这一国际制度[1]。法国和德国就是欧洲的一体化框架中的这种主导国，每一次深化与扩大的背后都离不开法德两国的合作与妥协。

法德和解与法德轴心对欧洲来说有着非比寻常的重要意义。对世界上的其他地区来说，这种法德关系呈现出与众不同的诸多特性。法德关系之所以是"特别的""独特的"，主要可以从以下几方面得到体现。

（1）两国政府之间的交流与协商的范围和制度化程度前所未有，比如两国首脑的频繁会晤，部长间、相关理事会之间也交流不断。因此，法德关系被称为"最亲密的双边同盟"（the closest possible of bilateral alliances），"世界上没有任何两个其他国家发展出了如此亲密的合作"（Klaiber 1998：38）[2]。

（2）德法两国将双边交流与协商放在至关重要的位置。在重要问题上它们努力缓解彼此之间的分歧与矛盾，形成共同立场。1963 年将第一次法德关系制度化的《爱丽舍条约》中便已经规定，在所有重要的外交政策领域都要"尽可能达成共同立场（common position）"。而且，比起与其他欧盟成员国的不和（fall out），法德两国对彼此不要闹翻更为在意[3]。

（3）德法关系的特殊性，更是在于法德关系与欧盟及欧洲一体化密切联系在一起。毫不夸张地说，将德法伙伴关系与欧盟事务拆分开来是不可能的（Leblond 1997：130）[4]。德法两国在欧盟事务上最为密切地相互联系在一起，对在欧盟事务上相互合作、协调立场最为关心，对欧盟事务的处理渐渐成为德法关系的重心之所在。

法德轴心是欧洲一体化与欧盟的核心，而欧洲一体化与欧盟反过来也成为法德关系与法德合作的重心。"发动机""引擎"的提法意味着法德轴心提

---

[1] 范洪颖 . 全球化背景下东亚一体化理论适用问题探讨 [J]. 东南亚研究，2007（3）：67.

[2] Douglas Webber. The France-German Relationship in the European Union [M]. London and New York: Routledge, 1999: 2.

[3] Ibid.

[4] Ibid.

供了驱动、推动一体化进程的动力（power or momentum）。这种提法没有明确地表明法德"发动机"仅仅为一体化进程提供了动力，还是也决定着一体化进程的发展方向。尽管"发动机"或"引擎"的提法可能不包含后者的含义，但是在许多人心目中，法德关系也决定着一体化进程的发展方向。对国际关系学者来说，法德作为"发动机""引擎"，在许多重要的欧洲一体化决策与倡议中都发挥了决定性作用，比如欧洲理事会、欧洲货币体系（EMS）、《单一欧洲法案》（Single European Act）、《马约》、共同外交与安全政策（CFSP）、货币联盟等。但是如果说法德在所有这些欧洲一体化进程中都发挥了"引擎"作用也是有失公允的:《罗马条约》的签订低地国家提供了主要推动力，《单一欧洲法案》的通过，欧洲委员会也功不可没。但是，必须承认，如果没有法德的同意与协商一致，这些方案将无法顺利通过。因此，不管是"引擎"还是"刹车"（brake），法德关系都决定着欧洲一体化进程的命运。就像法国总统吉斯卡尔·德斯坦所说、德国总理施密特也表示赞同的:"法德一致时，欧洲一体化就向前进；法德有分歧时，欧洲只好和时间赛跑。"（Wherever Germany and France agree，Europe makes progress；wherever they are divided，Europe marks time）①

本章小结

欧洲一体化是多重动力共同作用下的复杂进程，各种一体化理论对于这些条件和动力做了不同的阐释。概括而言，涵盖了"体系—区域—民族国家—个人"四个层次的因素，所强调的共同因素包括共同利益、区域认同、制度建设、外部因素以及地区大国的推动等。其中地区大国的推动居于核心和最重要的地位，这是因为体系层面和区域层面的因素都无法单独催生区域一体化，民族国家，尤其是区域大国，是外部条件的感知和反应者，是区域统一因素的承载和实践者，个人层面上的努力最终也必须上升到国家层面才能

---

① Douglas Webber. *The France-German Relationship in the European Union* [M]. London and New York: Routledge, 1999: 4. Gisela Hendriks. *The Franco-German Axis in European Integration*[M]. Cheltenham: Elgar, 2001: 13.

得到完成和实现，因此欧洲一体化成功的一大秘诀和关键性因素是法国和德国的共同推动，两者形成了欧洲一体化进程中的法德轴心。形成这种局面的前提和必要条件是法国和德国在二战后捐弃前嫌，实现了和解，从世仇宿敌变成了合作伙伴。

由于法德的和解与通力合作，欧洲一体化才有可能发展到今天的程度。法德和解是西欧联合的先决条件，北美自由贸易区（NAFTA）也是在美国的一手主导下产生并发展起来的。东亚的区域一体化同样不能抛开区域的两个大国——中国和日本而展开。然而，中国和日本却并没有在东亚区域合作与一体化中发挥主导性的核心作用，这也是当前东亚区域合作虽然四处开花，却一直维持松散的政府间合作，无法进一步向纵深发展的根本原因。那么，法国和德国为什么共同开启了欧洲联合进程，并在其中发挥了核心发动机的作用？这当然与区域的历史、地缘息息相关，也脱离不开外部环境和国际关系的影响，然而一个具有独特性却又至关重要的原因在于：法德和解与欧洲联合进程紧密地绑缚在一起，正是法德和解促成了欧洲一体化的起步，法德和解的进一步深化也推动着一体化进程不断扩大与深化。

（1）法国和德国历史上的权力争斗深深地影响着欧洲的命运，两者曾经是不平静的、战争不断的欧洲竞逐场上的两大主角，影响着区域的历史演变。

（2）法德和解是西欧联合的先决条件。二战结束后，这两个有着千年世仇（hereditary enmity）的国家开创性地实现了和解，并同时开启了欧洲一体化的进程，进而开创了欧洲和平繁荣的新秩序。

（3）法德和解催生了欧洲一体化中的法德轴心，并形成了路径依赖。法国与德国是欧洲一体化事业无可争议的核心（或者说轴心）与发动机。"法德核心已经成为欧洲一体化毋庸置疑的基础……地理上（德法占欧盟人口的40%），经济上（法德占据了世界贸易的17%，并占到欧盟生产总额的50%）与政治上（由经济实力与中心位置而来的重要性），法国与德国在欧洲联盟中发挥着关键作用，在很大程度上决定着欧盟的成败"。[①] 这一来自欧洲学者2001年的论断是诚实的，也是十分客观的。法国和德国作为坚实的核心和发

---

① Gisela Hendriks. *The Franco-German axis in European integration*[M]. Cheltenham: Elgar, 2001: 4.

动机，共同推动了欧洲安全、经济与政治一体化的阶段性演进，跨越了"空椅"危机、各国货币让位于欧元、两德统一等严峻的挑战，使得欧洲一体化不断得以深化和扩大。可以说，欧洲一体化进程同时是法德全面和解的过程。欧洲一体化是否能够克服困境，继续向前发展，法德合作将依然是关键之所在。

第二章 法德"世仇"的历史遗产

德国和法国不仅在地理意义上地处欧洲大陆的中心，而且在欧洲漫长的历史发展和当代的欧洲一体化进程中也得到了充分体现。法德两国被誉为欧盟的"火车头""发动机"和双马达"引擎"。然而，欧洲一体化进程中的法德轴心却不是天然形成的。法国和德国在近千年的历史中，彼此仇视与对抗，战争和冲突不断。法德两国在二战后抛开这一负面的历史遗产，实现了和解，这是法德轴心产生的基础和先决条件。

法国和德国自古至今都是欧洲的大陆强国和中心国家。在欧洲民族国家产生与膨胀的过程中，两国的地缘战略利益往往是相互冲突的，为此双方冲突不断，并将欧洲乃至世界拖入了人类历史上两次空前绝后的世界大战。在这种地缘战略利益的相互冲突中，"你之所得便是我之所失"，双方的零和博弈最终也使得欧洲在二战后丧失了世界权力中心的地位。

提起法德世仇（hereditary enmity），往往追溯到 1870 年的普法战争。诚然，普法战争不仅使法国饱受了割地赔款的屈辱，而且由于威廉一世特地在法国的凡尔赛宫加冕称帝，所以法国被迫眼睁睁地看着自己的劲敌——一个统一的、强大的德意志帝国开始兴起，法德两国自此开始势均力敌地争夺欧洲大陆霸权。然而，法德敌意的种子在三十年战争甚至更早之前就已经种下，它们之间的宿仇积怨成为法德和解的历史背景，对欧洲的命运也产生了深远影响。

第一节 法德交替上升改写欧洲权力地图

一、三十年战争之前的法国与德国

当古老的日耳曼人和高卢人分别生活在广阔的西欧平原上，他们一定不曾想到这两个民族后来分别形成的两个国家——德国与法国，会影响整个欧

洲历史进程的起起落落，更想不到两个国家之间会发生延续近千年的恩恩
怨怨。

公元前一世纪，日耳曼人已遍布于多瑙河以北和莱茵河以东的广大地区。
几支日耳曼人已经渡过莱茵河下游，与高卢人会面了。莱茵河下游的日耳曼
人臣服于罗马，其所占之狭长地带被划分成"上日耳曼尼亚"和"下日耳曼
尼亚"两郡，两者被统称为"罗马的日耳曼尼亚"，而莱茵河以东未归属罗
马的广大地区被称为"大日耳曼尼亚"，"日耳曼"这个名称后来就专指"大
日耳曼尼亚"，大日耳曼尼亚正是后来德意志的基本领土①。从公元3世纪到6
世纪开始的日耳曼"部族民大迁徙"，参加迁徙的日耳曼各部族或部落今后将
构成欧洲不同的现代民族②。

法国与德国可以说是一对"远亲"，它们共同发源于历史上的法兰克王
国，并都经历了罗马人的统治和基督教的洗礼。公元5世纪末建立的法兰克
王国，实际上包括今天的巴黎在内的法国北部和整个莱茵兰，墨洛温王朝之
后更是不断开疆拓土，查理曼帝国时期日耳曼世界与罗马世界合而为一，公
元840年开始查理大帝的三个孙子洛塔尔、日耳曼人路德维希（占有东法兰
克地区）和秃头查理（占有西法兰克地区）开始分裂帝国，日耳曼人路德维
希与秃头查理立下的《斯特拉斯堡誓约》成为东、西法兰克国家语言分离的
标志。公元843年，三兄弟签订《凡尔登条约》，查理曼帝国被一分为三。日
耳曼人路德维希获得莱茵河东部等地区，称为东法兰克王国，秃头查理分得
了西法兰克王国，二者之间的洛林王国也被两人通过《墨尔森条约》加以分
割，其中，阿尔萨斯分入了东法兰克王国，而洛林则被分入了西法兰克王国。
这次分割为将要形成的德意志王国和法兰西王国奠定了领土基础③。法德"阿
尔萨斯—洛林"的争夺可以说自此就已埋下伏笔。"法兰克"这一名词以后就
专指西法兰克人了，他们在10世纪建立了加佩王朝，法兰西王国的历史由此
开始。而公元919年，萨克森公爵亨利一世（919—1024）将东法兰克王国

---

① 丁建弘. 德国通史 [M]. 上海：上海社会科学院出版社，2007：9.
② 丁建弘. 德国通史 [M]. 上海：上海社会科学院出版社，2007：15.
③ 丁建弘. 德国通史 [M]. 上海：上海社会科学院出版社，2007：22.[法] 皮埃尔·米盖尔.
法国史 [M]. 北京：商务印书馆，1985：66.

改名为德意志王国。从此,这两个国家开始了书写、更改欧洲版图的历史。在公元 880 年的《利贝盟(Ribemont)条约》之前,西部和东部王国之间的边境约 600 年几乎保持不变。

在德意志国家出现后的前 15 年,前两任国王康拉德和萨克森的亨利一世就与西法兰克王国为争夺洛林和阿尔萨斯展开了数次战争[1]。亨利一世统治的时期,不断向东扩张,通过战争先后吞并了洛林公国和勃兰登堡等地。

公元 936 年即位的奥托一世时期,德国国力强盛,不仅向南扩张,而且于公元 962 年加冕成为"罗马人的皇帝",这是形成"德意志民族的神圣罗马帝国"的开始[2]。"神圣罗马帝国"是德意志历史上的"第一帝国"[3]。然而,他的这种加强德意志王权和霸权的努力到查理四世于 1356 年颁布"黄金诏书"时便寿终正寝了,德意志国家自此一直处于内部诸侯林立、小邦分裂的状态。公元 11—13 世纪,德国的皇权与教权之争从未间断,而同时期的法国已经成为中央集权的民族国家,德意志的分裂与落后,使得周边国家得以借机干涉德国事务。西邻法国将保持德国的分裂软弱状态和促使其衰微当作自己的目标,不断染指德国事务[4]。

1516 年,查理五世继承西班牙国王之后,哈布斯堡王朝颇有称霸欧洲之势。法国在哈布斯堡的领地包围之下感觉到了压力,两个大国之间的关系因此紧张起来。1519—1559 年,法国与哈布斯堡王朝为争夺欧洲霸权展开了决斗[5]。法国支持德国新教诸侯与天主教皇帝查理五世对抗,法王弗兰西斯一世与查理五世在 1521—1544 年进行了四次战争,英国、西班牙等国纷纷卷入。1552 年,法王亨利二世又趁查理五世与诸侯们争斗时侵入洛林,并占领麦茨、图尔和凡尔登等城市。1559 年的和约把与德国接壤的索姆河流域的城市和三个主教辖区划给了法国。此后,削弱德国,并不失时机地割占它的领土

① 邢来顺.德法关系的历史发展与欧洲联合 [J].武汉大学学报(人文科学版),2002(2):203.

② 丁建弘.德国通史 [M].上海:上海社会科院出版社,2007:28.

③ 吴友法、邢来顺.德国从统一到分裂再到统一 [M].西安:三秦出版社,2005:4.

④ 邢来顺.德法关系的历史发展与欧洲联合 [J].武汉大学学报(人文科学版),2002(2):204.

⑤ [法]皮埃尔·米盖尔.法国史 [M].北京:商务印书馆,1985:143.

一直是法国的"基本路线"①。德国由于内部的分裂割据，在与法国的争斗中基本上处于劣势。17世纪初，法王亨利四世时期，哈布斯堡王朝也干预过法国的内战。

二、三十年战争到普法战争

在17世纪中叶，枢机黎塞留（Cardinal Richelieu），这一"国家理性"的首创人，使法国"权力均衡"的外交政策在17世纪30年代浮出水面的政治家，曾直白宣称"德国弱，法国才能强"②。1618—1648年，三十年战争初期，法国忙于内战，支持和怂恿丹麦、瑞典出兵，自己在后期的关键时刻参加战争而决定性地击败了哈布斯堡王朝。德国遭到了欧洲各国军队的蹂躏，在1635—1648年遭遇了前所未有的破坏和洗劫③，甚至有学者推测，德国需要200年的时间才能恢复到三十年战争开始前的经济水平④。无可否认的是，法国是这场战争的最大赢家，而德国则是最大输家。根据1648年签订的《威斯特伐利亚和约》，法国从德国得到了阿尔萨斯大部，麦茨、图尔、凡尔登三个主教区也划归法国。德国被削弱了：荷兰、瑞士正式从德国独立出来；瑞典得到了德国北部波罗的海沿岸的大片地区；德意志各诸侯国享有内政、外交上的绝对自主权；法国和瑞典等有权参加德意志的帝国议会。尽管《威斯特伐利亚和约》被公认确定了欧洲的主权国家体系，但是这个和约之下的德国国家力量却大为削弱了，使德国长期处在诸侯的分裂割据之中。

18世纪时，在以欧洲为核心的范围内形成了三方均势：西面是法国，东面是普鲁士的两个德意志国家以及哈布斯堡帝国⑤。在18世纪普鲁士与奥地利的两强相争中，法国继续实施自己的大陆均衡政策，利用两者之间的矛盾，反对强大的那一方，结果使普奥之间的每一次战争几乎都发展为欧洲多国间

---

① [苏]波将金.外交史：第1卷（上）[M].北京：三联书店，1979：326.转引自邢来顺.德法关系的历史发展与欧洲联合[J].武汉大学学报（人文科学版），2002（2）：205.

② 胡为真.欧盟的推手——从世仇到密友的德、法关系初探[EB/OL].财团法人国家政策研究基金会 http://www.npf.org.tw/post/2/5003.

③ 丁建弘.德国通史[M].上海：上海社会科学院出版社，2007：74.

④ 吴友法、邢来顺.德国从统一到分裂再到统一[M].西安：三秦出版社，2005：11.

⑤ [美]保罗·肯尼迪（Paul Kennedy）著，蒋葆英等译.大国的兴衰[M].北京：中国经济出版社，1989：92.

的国际性战争。在 1740—1748 年的奥地利皇位继承战争中，法国站在普鲁士一边打击哈布斯堡家族，把它当作"最后解决哈布斯堡王朝的千载难逢的良机"①；在 1756—1763 年的"七年战争"中又联合奥地利打击普鲁士。

拿破仑于 1806 年终结了绵延 850 多年的神圣罗马帝国，形成了自己的莱茵邦联（Confederation of the Rhine），并重塑了仍然处在分裂中的德国诸州的政治版图。拿破仑将说德语的地区，比如莱茵兰和斯特拉斯堡，纳入他的第一个法兰西帝国当中。1806 年，德意志各邦中实力最为雄厚的普鲁士王国（The Kingdom of Prussia）因汉诺威（Hannover）归属问题，向法国宣战，结果因为溃败而遭受了屈辱：柏林地标——勃兰登堡城门（Brandenburger Tor）上的胜利女神驾驭四马车的巨大铜像，被拿破仑作为战利品搬回了巴黎。拿破仑统治德国的时期是德国近代历史上的"大改革"时期，普鲁士人开始学习法国大革命的精神，进行政治、财政、教育和军制的改革，并激起了日耳曼人的德意志民族意识②。1813 年普王与俄、英、奥同盟，在莱比锡（Leipzig）会战中，击败了拿破仑。1814 年维也纳会议后，收回了莱茵河地区。因此，现代德国的民族主义是受法国大革命的洗礼以及反对拿破仑统治下的法国的占领才开始产生的③。

法国大革命时期，在英国组织的七次反法联盟中，都有德意志邦国参加。其中，普鲁士参加了第一、四、六、七次反法联盟，奥地利参加了第一、二、三、五、六、七次反法联盟④。

法德世仇（hereditary enmity）可以说从普法战争才真正开始。19 世纪中期铁血宰相俾斯麦（Otto von Bismarck）击败了丹麦和奥地利，完成了德意志联邦的统一。面对强大的普鲁士，拿破仑三世宣称，"德意志应划为三块，永

———

① [法]皮埃尔·米盖尔. 法国史 [M]. 北京：商务印书馆，1985：236.

② 吴友法、邢来顺. 德国从统一到分裂再到统一 [M]. 西安：三秦出版社，2005：27.

③ 胡为真. 欧盟的推手——从世仇到密友的德、法关系初探 [EB/OL]. 财团法人国家政策研究基金会 http://www.npf.org.tw/post/2/5003.

④ 邢来顺. 德法关系的历史发展与欧洲联合 [J]. 武汉大学学报（人文科学版），2002（2）：204.

远不得统一"①。1870 年的色当战役，法王拿破仑三世战败，法国被迫割让阿尔萨斯—洛林地区，并赔款 50 亿法郎。普鲁士王威廉一世（Wilhelm I）特地到巴黎凡尔赛宫（Versailles）明镜厅加冕，成为统一的德意志帝国的第一任皇帝。在割地赔款的屈辱之外，法国被迫眼睁睁地看着自己的宿敌和劲敌德国强势崛起。根据 1871 年双方签订的《法兰克福条约》（Treaty of Frankfurt），法国屈辱地赔款割地，德国攫取了阿尔萨斯（Alsace）和洛林（Lorraine）。对一些德国人来说，这只是取回了被法国人抢走的土地，但数个世纪的法国的统治已经使那里法兰西化了，阿尔萨斯—洛林问题因此埋下了未来法德纷争的种子，成了两国关系中"溃烂的炎症"。在《马克思恩格斯全集》中，恩格斯评论道："兼并的结果，法兰克福和约对法国来说只不过是暂时的休战"，"法国将力图而且必然重新得到阿尔萨斯—洛林"②。斯坦利·霍夫曼（Stanly Hoffmann）评论道，"19 世纪临近结束时，活跃在世界舞台上的法国有两大忧患：忧患之一是德国，忧患之二是担心自己走向衰落"③。法国对于自己会走向衰落的忧虑，显然与普法战争中的惨败不无关系。普法战争之后，法德之间不断上演"复仇—战争—再复仇—再战争"的恶性循环，战火愈演愈烈，甚至将整个欧洲都拖入大战的泥潭。

统一后的德国成了欧洲大陆的强国，改写了欧洲的权力地图，欧洲的主权国家厉兵秣马，争权大战一触即发。1905 年，法国外交部部长表示："我们只有一个永久的敌人，那就是德国。"④ 在 1905—1906 年的第一次摩洛哥危机中，德国试图取代法国的地位，但是没有成功；1911 年的第二次摩洛哥危机中，德法再次对抗，争夺殖民地的利益⑤。德皇威廉二世的大肆扩张政策，迫

① 王绳祖．国际关系史：上册 [M]．武汉：武汉大学出版社，1983：91．转引自邢来顺．德法关系的历史发展与欧洲联合 [J]．武汉大学学报（人文科学版），2002（2）：205．

② 邢来顺．德法关系的历史发展与欧洲联合 [J]．武汉大学学报（人文科学版），2002（2）：204．

③ [美] 罗伯特·A. 帕斯特编，胡利平、杨韵琴译．世纪之旅：七大国百年外交风云 [M]．上海：上海人民出版社，2001：69．

④ 郭华榕、徐天新主编．欧洲的分与合 [M]．北京：京华出版社，1999：285．

⑤ [美] 小约瑟夫·奈著，张小明译．理解国际冲突：理论与历史（第七版）[M]．上海：上海人民出版社，2009：106．

使法国合纵连横，结成了三国协约对抗德国为首的三国同盟。1914 年第一次世界大战的爆发，法德矛盾是主要的原因之一，两国也是最主要的交战国。

第一次世界大战前，法国和德国交替上升，改写着欧洲的权力地图，无论是中世纪的皇权和教权战争，还是民族国家成立以来的彼此征战，法国和德国都是其中的重要角色。两者从未和平相处，更是埋下了仇恨和复仇的种子。

第二节　第一次世界大战与欧洲衰落的开始

一、第一次世界大战及《凡尔赛和约》对德国的过分压制

第一次世界大战经过四年的残酷战斗，同盟国战败。作为战胜国的法国遭受了重大的战争损失，丧失了 1/10 的人口，劳动力缺乏，生产减半，1/4 的产业奄奄一息，1918 年的财政赤字为 180 亿，背负了美国 160 亿、英国 130 亿的巨额外债，物价上涨，通货膨胀[①]。法国大部分舆论准备好要订立一个苛刻的"缴纳赔款的"和约，就像 1871 年俾斯麦强加于法国的一样，甚至发起了"德国佬应该赔款"的一场运动，认为德国是唯一应对冲突负责的国家[②]。

《凡尔赛和约》实现了法国对德国的复仇。在签订和约的过程中，法国总理克里蒙梭向德国代表团递交事先拟就的条约文本时宣布："清算的时刻到了……我们一定会一致决心采取我们所拥有的一切手段来得到一切我们理应得到的满足。"[③] 和约包括 15 部分、440 条约文和 1 项议定书，针对德国的主要内容介绍如下。

（1）关于德国的疆界。恢复 1870 年以前的德法边界，德将阿尔萨斯和洛林归还法国；萨尔煤矿的所有权、开采权归法国所有；萨尔区的行政管理由国际联盟负责，为期 15 年，期满后由公民投票决定其归属；莱茵河右岸为非军事区，德国无权设防，莱茵河左岸地区由协约国占领 15 年，占领费用由德国

---

① [法] 皮埃尔·米盖尔. 法国史 [M]. 北京：商务印书馆，1985：506.

② 同上，504.

③ 邢来顺. 德法关系的历史发展与欧洲联合 [J]. 武汉大学学报（人文科学版），2002（2）：205.

承担……根据和约，德国将近 1/7 的领土归还给法国、比利时、捷克斯洛伐克、丹麦等国。

（2）关于德国的海外殖民地。德国将海外属地的一切权利交与主要协约及参战各国，其前殖民地按国联委任统治制度被主要协约国瓜分……德国的海外殖民地几乎被全数剥夺，被英法日等国瓜分。

（3）对德国的军力做了严格的限制，并成立协约国监督委员会以监督严苛军事条款的实施。

（4）关于德国的经济和赔偿。德国关税不得高于他国；战胜国对德国输入货物不受限制；在 1921 年 5 月 1 日以前，德国应付清总值 200 亿金马克的现金或货物（煤、牲畜、建筑材料等）。

总体上看，这是一个掠夺性的和约，德国因和约一共丧失了 7 万多平方公里的领土和 730 万人口。特别是萨尔和莱茵河左岸地区被占领，使德国丧失了 75% 的铁矿，44% 的生铁生产能力，38% 的钢生产能力和 26% 的煤炭产量。刚刚结束战争浩劫的德国人民又遭到了协约国的掠夺[①]。1921 年 1 月的巴黎会议，协约国赔款委员会规定德国应偿付 2260 亿金马克的巨额本金赔款，对于德国代表的抗议，法国外长白里安在法国议院回应道："德国有支付能力。德国的大地主、金融巨头、大工业家都取得了巨大的财富。"据经济学家统计，自 1919—1929 年，德国平均每年都要把其全部收入的 4% ~ 5% 用于赔款，付给占领费，等等[②]。1923 年 1 月再次讨论德国赔款问题的巴黎会议后，法国出兵占领了鲁尔区。这几乎将德国的经济逼到了崩溃的境地，马克形同废纸，中等阶级和工人阶级的一生积蓄都荡然无存[③]。不仅如此，德国因此陷入了经济、政治与民族危机，政治动荡，给了激进的法西斯分子可乘之机，德国的复仇在向法国迫近，战争的阴云也再次笼罩欧洲。

二、第一次世界大战后的欧洲开始走向衰落

① 丁建弘. 德国通史 [M]. 上海：上海社会科院出版社，2007：312.

② [意] 卡洛•M• 奇波拉主编，林尔蔚译. 欧洲经济史第五卷下册二十世纪 [M]. 北京：商务印书馆，1988：46.

③ 丁建弘. 德国通史 [M]. 上海：上海社会科院出版社，2007：317-318.

第一次世界大战对欧洲的影响是深远的。从全球的观点来看，第一次世界大战的主要意义在于它开始了欧洲霸权的削弱[①]。当然这种削弱是相对的，因为在欧洲自相残杀的同时，大西洋彼岸的美国正在崛起。这可以从小约瑟夫·奈的一项战争伤亡人数统计上看出端倪（表2-1）。由于战争主要在欧洲进行，所以欧洲国家普遍伤亡惨重，法国的死亡人数是美国的13倍还要多，德国更是高达15倍，英国也要比美国多7倍。除人员的伤亡外，其他的战争损失令人更加触目惊心。

表2-1　1914—1918年的战争死亡人数

国家	死亡人数
法国	1500000
德国	1750000
大英帝国	900000
美国	112000

资料来源:［美］小约瑟夫·奈著，张小明译:《理解国际冲突：理论与历史》（第七版），上海：上海人民出版社，2009年版，第111页。

在经济上，1914年以前欧洲的经济在很大程度上依靠大规模的海外投资。然而在"一战"期间，欧洲的传统强国英国失去了海外投资的1/4，法国失去了1/3，而德国则丧失了全部海外投资。1914年时，美国欠欧洲的债务约为40亿美元，但到1919年时，它已成为一个借出款项达37亿美元之多的债权国。欧洲的工业在战争中都遭到破坏，美国的工业却因战争需求而快速发展起来。1929年时，美国的工业产量至少占世界工业总产量的42.2%，这一产量大于包括苏联在内的所有欧洲国家的产量，世界的工业和金融中心都在向大西洋另一侧转移。

在政治上，欧洲原本是近代政治思想和政治制度的发源地，然而战争却动摇了欧洲古老的秩序，英国首相劳合·乔治在1919年3月的一份秘密备忘录中写道:"……所有现存的政治、社会和经济方面的秩序都遭到了欧洲各地

[①] ［美］斯塔夫里阿诺斯著、吴象婴等译. 全球通史：从史前史到21世纪（第7版）[M]. 北京：北京大学出版社，2006：661.

广大人民的怀疑。"①

另外，在欧洲的传统强国的综合国力中，海外殖民地占了十分重要的比重。然而，战争使得欧洲的海外殖民地产生了动荡，为二战后欧洲海外殖民地的独立运动埋下了引线。

第三节　第二次世界大战与欧洲丧失世界权力中心的地位

1939 年 9 月 1 日清晨，纳粹德国对波兰发动闪电战，9 月 3 日，英、法对德宣战，第二次世界大战全面爆发。1940 年 5 月，德军侵入法国，6 月 13 日占领了巴黎，1940 年 6 月 22 日，就在 1918 年签署德国投降协定的贡比涅森林的同一节车厢内，法国签署了投降协定。这一人为的巧合，是德国对法国的复仇，也是法德之间冤冤相报的证明。协定遣散了法国军队，交出法国军舰，由德国占领主要工业区和产粮区以及包括法国整个海岸线在内的一半以上领土②。第二次世界大战期间，2/3 的法国领土被德国占领了四年之久，另外 1/3 的领土也被占领过两年；纳粹占领期间有 15 万法国人死在集中营，3 万人被枪决，4000 亿法郎被强缴，8 万台机器设备被掠走③。法国尝到了亡国的苦涩，戴高乐将军领导着"自由法国"运动试图拯救法国。

第二次世界大战破坏的范围比第一次还要广泛，大半欧洲几乎成为一片焦土，欧洲大陆的工业生产急剧下降，1945—1946 年的工业产值仅为 1938 年的 1/3，农业生产仅相当于战前的一半，城市遭到严重破坏，农田沦为战场；除了物质上的损耗，更多的军人和平民被卷入了战争，"各国几乎把自己在精神和物质上所拥有的一切投入了战争；各国'面包和黄油'问题都十分尖锐，国内政治动荡；国际贸易和支付遭到了彻底破坏，欧洲市场和贸易的

---

① ［美］斯塔夫里阿诺斯著. 全球通史：从史前史到 21 世纪（第 7 版）[M]. 吴象婴等译. 北京：北京大学出版社，2006：661.

② 丁建弘. 德国通史 [M]. 上海：上海社会科学院出版社，2007：363.

③ J. B. Duroselle. German-Franco Relations Since 1945[J]. The Review of Politics, 1952, 14 (4): 504-507.

格局被根本改变,许多方面出现了真空状态,为美国所填补:1945 年时美国的出口已猛增至近 1938 年总额的三倍"①。这一次法德间的战争和复仇不仅再次使两个欧洲大国成了废墟,而且站在这片废墟上,欧洲发现自己再也不是世界权力的中心了,超级大国美国和苏联成为新的权力中心。从"硬实力"数据库 1945 年的统计数字中也可以看到(图 2-1),美国和苏联在选取的各个硬实力基本指标中已经取得了压倒性的优势地位。欧洲丧失了大部分的殖民地,综合国力大幅下降。一位知名学者指出,第二次世界大战激发了又一波对欧洲联合的兴趣,并引发了对战前的政治状况与经济实践的负面评价与反省②。

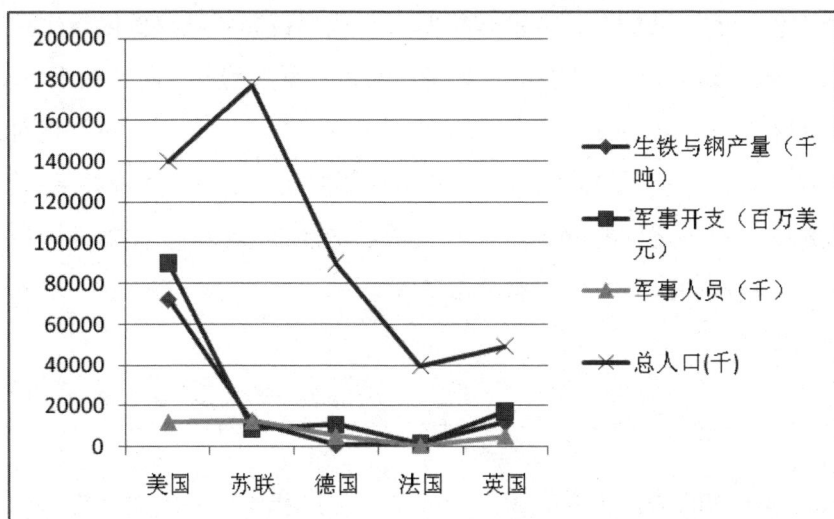

图2-1 1945年美国、苏联、德国、法国与英国的部分硬实力指标

数据来源:Correlates of War Project.*National Material Capabilities Data Documentation*(Version 4.0), Last update completed : June 2010.

虽然两次世界大战中法国都是战胜国,但是胜利的果实却无比苦涩。让·莫内在回忆录中语重心长地评论道,"无论是周期性的战争,还是如第二次世界大战中与德国同流合污的人建议的那样永远接受德国的霸主地位,都

① [英] 德里克·W·厄尔温(Derek W. Urwin)著,章定昭译. 第二次世界大战后的西欧政治 [M]. 北京:中国对外翻译出版公司,1985:26-29.

② Derek W. Urwin.*The Community of Europe: A History of European Integration since 1945*(Second Edition), London and New York: Longman, 1995: 7.

未能解决如何与紧挨着法国的德国打交道的问题"①。也就是说，无论是冤冤相报的战争还是屈服于德国的霸权都被证明不利于法德关系的良性发展。处在美苏冷战的两极体系之下，法国和德国都面临着反省过去冤冤相报的历史，重新定位两国之间关系的问题。

欧洲与欧洲国家的命运、复兴与安全不可分割地缠绕在一起。法德反省战争历史，寻求两国关系新模式与欧洲重新走向联合奇迹般地交会在了一起。二战后，一位德国记者曾写道："战争损伤了欧洲大陆的经济，使欧洲各民族，不管是胜者还是负者，都处于受两个强大的盎格鲁—撒克逊世界大国的奴役的危险处境……只要欧洲还分成碎块和充满仇恨，只要它的经济还躺在废墟上，只要贸易的通道继续被堵塞着，欧洲各民族就缺少健康生存的手段。"②法德关系再次成为关系欧洲和平与命运的重大问题，阿登纳于1949年3月23日在伯尔尼的讲话中指出："法德关系对法国、对德国，也许也对欧洲来说，如果不是最重要的问题，那也是最重要的问题之一。法德关系的解决，对持久和平具有决定性的意义。"③在二战后的复杂形势下，法德两国走向了和解，而这也成为欧洲联合的起步和契机。

本章小结

二战结束前的法德关系史留下了战争、宿仇和积怨的负面历史遗产。在欧洲民族国家诞生以前，法德就开始了对领土和权力的争夺。三十年战争和拿破仑时期，法国施加给了德国屈辱的历史记忆，也刺激了德意志民族主义的滋生；德国用普法战争和两次世界大战对法国还以颜色。两国间的历史嫌隙既深且巨，两国间的关系模式就像是建构主义大师亚历山大·温特的"霍

---

① [法]让·莫内.欧洲之父——莫内回忆录[M].北京：国际文化出版公司，1989：93.

② 邢来顺.德法关系的历史发展与欧洲联合[J].武汉大学学报（人文科学版），2002（2）：206.

③ [德]康拉德·阿登纳.阿登纳回忆录（一）1945-1953[M].上海：上海人民出版社，1976：208.

布斯文化"①的现实演绎，彼此视对方为敌手，用纯粹"现实主义"的态度和自助原则来获取权力和利益，双方处在"你之所得即我之所失"的零和博弈的怪圈当中，战争和冲突不断上演。二战前的法德关系证明，将两国的利益对立化，并一味追求自身利益最大化，只能不断重复战争的恶性循环，也会将整个欧洲拖入自我衰弱的泥潭，造成灾难性的区域后果。

法德两国的交替上升，改写了欧洲的政治版图，欧洲战乱不断，两者都是其中的主角。第一次世界大战使得欧洲开始衰落，世界权力中心已经开始悄悄地向大西洋彼岸转移。第二次世界大战完全断送了欧洲的世界权力中心地位，欧洲只能居于世界政治的"二等车厢"，被动应对美苏冷战的两极体系。

根据地缘政治学的"边际效应"理论，地理临近的两个国家如果相互敌对，将带来比相距遥远的国家更为深重的灾难；同理，两国如果相互友好，也会带来比相距遥远的国家大得多的收益②。法国一贯信奉的大陆均势战略，德国俾斯麦时期所建立的德国主导的大陆均势体系，以及德皇威廉一世与威廉二世所推行的扩张政策，都没有带来欧洲和法德之间的长久和平。法德两国在相互敌视与对抗中两败俱伤，因此，法德两国能否转变关系模式，走向和解，决定着两国关系和战后欧洲的命运。在二战后的复杂情势下，法德两国选择了和解与合作，这也使欧洲联合得以起步，并形成了欧洲一体化进程中的法德轴心。法国与德国乃至整个欧洲都因此进入了历史的新纪元。

---

① [美]亚历山大·温特著，秦亚青译. 国际政治的社会理论 [M]. 上海：上海人民出版社，2008：41.

② 叶自成. 地缘政治与中国外交 [M]. 北京：北京出版社，1998：309.

第三章 法德和解与欧洲一体化的起步 [①]

法国和德国，这两个伟大的邻国成为兄弟，是符合事物的规律的，符合历史的方向和良知的。……在经过这样多的不幸、裂痕和战争以后，这两个伟大的国家不仅是互相接近起来，而且真诚地互相伸出手来，这可能是我们这个世纪中最值得惊异赞赏的事件之一。

——戴高乐（1959 年 11 月 21 日在斯特拉斯堡师长欢迎会上的演说）[②]

法德两国在二战后实现了深度和解，千年宿敌转而成为亲密伙伴。近半个世纪以来，专家学者们从不同的角度探讨着法德和解的进程与原因以及这一经验可以带给世界其他国家和区域的启示。对战后法德和解进行研究的现有文献，可以大致归为四类：从历史的视角，制度主义方法，对政治领导人的分析以及集中研究非政府组织的作用[③]。以下将运用"体系—区域—民族国家—个人"的层次分析法，对法德初步和解的进程与原因进行层次分析。

法德两国曾是千年世仇（hereditary enemy），据历史学家统计，双方一共打了 200 多场战争，其中大战 23 场，平均 50 年爆发一场大战[④]。1870—1945 年这不到一个世纪的时间里，法德之间爆发了三次大战，巴黎两度被德国占领，两者毫无疑问是欧洲彼此积怨最深的国家。在这种背景下，法德两国实现和解几乎是无法想象的。

20 世纪中叶，法德在二战后成功实现了和解，并同时开启了区域一体化

---

① 这一部分另可见于和春红.战后法德和解：从不可能到可能 [J]. 学术论坛，2011（11）.

② 世界报（Le Monde），1959-11-24（04）.转引自国际关系研究所编.戴高乐言论集（1958 年 5 月—1964 年 1 月）[M]. 北京：世界知识出版社，1964：125.

③ YangmoKu. International Reconciliation in ThePostwar Era, 1945-2005: AComparative Study of Japan-ROK and Franco-German Relations[J]. *Asian Perspective*, 2008, 32 (3):10.

④ 吴建民."莫内构想"与中日友好 [N]. 人民日报（海外版），2005-06-16（01）.

的进程。国际体系层面提供了必要的推动力与压力，在民族国家层面上，法国
与德国的共同利益与相互需要是它们实现和解的关键因素；在个人层面上，政
府、领导人与民间的进步人士、社会团体和组织也为法德和解添砖加瓦，进而
在区域层面上出现了法德和解与欧洲一体化事业密切交织、相携共促的局面。

第一节　体系层面的推动力与压力

法德这样两个遭受战争重创的国家，在战争结束后一步步走向了和解，
并已经实现了长达半个世纪的密切合作。在极为不利的条件下如何开始和解
进程？有许多因素，以这种或那种形式，或在不同的背景下，都或多或少起
到一定的作用。其中，既有历史原因，也有现实的必要性；既有两国国内力
量的推动，也有来自外部的压力。

二战后初期，美国和苏联是综合国力相当的唯一的两个全球性大国，它
们运用经济、军事与外交手段，分庭抗礼，冷战与核对峙成为主要的行为模
式。世界上的其他国家，大多数选择加入它们其中的一方，进而形成了资本
主义阵营与社会主义阵营对峙的局面。法德和解即是在两极体系的冷战气氛
下开始的。

一、冷战与两极体系的结构性压力

1. 体系及体系的特征

彼此互动着的民族国家和其他行为者共同构成了世界体系，民族国家及
其他行为体的行为都是在一定的体系环境下进行的。体系是国际政治的重要
分析层次，通过这一层次似乎可以超脱于国际政治的行为体及事件之外，给
出宏观、总体层面上的解释。肯尼思·沃尔兹给出了判定体系属性的三个标
准：能力的分配（体系之中强国的多少）；单位的排列原则（等级制或无政府
状态）和单位的功能分化（民族国家的功能是相似的）[1]。拉西特所列举的影
响体系特征的几个变量要更为具体：①国家行为者的数量；②各个国家行为

---

[1] [美] 肯尼思·沃尔兹（Kenneth N. Waltz）著，信强等译. 国际政治理论 [M]. 上海：
上海人民出版社，2003：110.

者相对的大小；③非国家行为者的数量与种类，特别值得注意的是国家集团、区域集团或联盟；④国家行为者之间的联系或者互动；⑤把体系的各单位联系起来的互动，或相互依赖的性质和程度①。有学者将体系进一步概括和归纳为"结构"、"互动"及"过程"。结构是由单位的数量和类型以及国际体系中的权力分配状况决定的。行为体的数量以及它们的实力分配状况，可以用"极"（polarity）来描述，因此"极"是国际体系结构的直观体现。"互动"与"过程"指的是构成体系的行为体的行为模式以及它们之间的作用与反作用的互动。

体系一旦形成，便可以维持较长时间的稳定。因此，国际体系的结构看起来往往是既定的、无法操纵的因素，体系之中的行为者也保持着相对稳定的行为模式。比如，统治和服从的行为模式是单极体系的明显标记；两极体系的特征是两个行为者之间的竞争和对抗；有三个主要行为者的体系，其特点是冲突与合作方式的不断变化，三角形的三条边都既有冲突又有合作；有四个或更多主要行为者的体系，也会是不断变动的冲突与合作模式。当互动模式发生改变时，代表着体系发生了变化，成为一个新的体系②。

战后世界先后出现了两极体系、冷战后初期的美国单极体系，20 世纪 70年代以来逐渐向"一超多强"的多极化体系演变。欧洲一体化是在美苏两极体系和冷战的格局下起步的。

2. 美苏两极体系下的欧洲

毫不夸张地说，1945 年以后的新欧洲体系是超级大国的对立所派生的③。第二次世界大战摧毁了欧洲和传统的欧洲强国。在战争末期，美国和苏联在推进军事占领的过程中，已经开始划分各自的势力范围，两者俨然成为战后世界秩序的主宰。战争结束以后，国际政治的权力天平上，美国和苏联占据了压倒性的优势，形成了鲜明的两极体系。两者之间进行着竞争与对抗，欧

① [美]布鲁斯·拉西特、哈维·斯塔尔（Bruce Russett & Harvey Starr）著.世界政治（第五版）[M].王玉珍等译.北京：华夏出版社，2001：71-72.

② [美]布鲁斯·拉西特、哈维·斯塔尔著.世界政治（第五版）[M].王玉珍等译.北京：华夏出版社，2001：96-97.

③ [美]A·W·德波特著，唐雪葆等译.欧洲与超级大国[M].北京：中国社会科学出版社，1986：78.

洲成为两者争夺、角力的重心所在。正是在二者的对立争夺下，欧洲与德国均被一分为二，成为近50年的美苏冷战与两极体系的直接见证者。

（1）国家安全与区域安全结成了命运共同体。

二战后，法德两国的国家安全与欧洲的区域安全无法分割，可以说，两国的国家安全与欧洲安全结成了命运共同体。

德国的安全问题是最为突出的。因为德国在二战后被剥夺了运用自己的主权和军队维护自身安全的权力，并直接暴露在美苏冷战欧洲主战场的前沿，德国因而面临着严峻的安全压力，冷战的紧张局势甚至将德国一斩为二，被分裂为处在对立阵营中的两个国家，国家统一成为冷战的牺牲品，摆在联邦德国面前的，就是这样恶劣的安全形势。在这种形势下，西德的外交选择极为有限：一个被占领的虚弱的德国，在东西方之间纵横捭阖是不可能的，只能"一边倒"，而且分区占领的形势决定着只能倒向西方阵营这一边。联邦德国总理阿登纳融入西欧（westbindung）的战略立场，首先就是需要在安全上站好队，站在西方阵营和欧洲伙伴这一边。这一政策遗产也为后来的联邦德国领导人所继承。

法国当然也惧怕来自共产主义苏联的安全威胁，然而比共产主义首当其冲的安全威胁却来自德国。法国战后初期也曾有意延续传统政策，一劳永逸地永久肢解和削弱德国。然而，德国问题成为欧洲冷战形势下的中心问题，实力衰落的法国无法一意孤行地单独决定德国问题的解决方案。法国人通过主动提出煤钢联营提案，在德国问题上获得了一些主动，借由欧洲联合和一体化框架来牵制、束缚德国。

安全研究领域中的学术著作反映出：在很大程度上，安全问题一直是美国学者最为关注的研究领域[①]。之所以将安全结构放在首位，是因为安全与生存问题是第二次世界大战结束后世界所有国家的首要关切。安全与生存问题对于欧洲国家来说更为突出。欧洲一体化进程起步时（以"煤钢联营"为标志），欧洲、欧美之间的安全架构已然诞生，煤钢联营产生的动机和目的中，

---

① ［美］詹姆斯·多尔蒂等著，阎学通等译. 争论中的国际关系理论（第五版）[M]. 北京：世界知识出版社，2003：686.

安全考量，尤其是法国对德国的安全需求在其中占了很大比重。安全与生存问题的重要性在战后欧洲是如何强调也不过分的。米尔斯海默认为，在欧洲，建立在核威慑保障的军事力量平衡基础上的长期和平成了冷战的主要特征①。也有学者指出，两极结构有助于发展和维持同盟，使同盟成员国的行为具有可预测性，因此加强了国际体系的稳定性②。对于美国和欧洲的跨大西洋安全共同体而言，的确如此。

卡尔·多伊奇认为，存在两种安全共同体：合并型（amalgamated）和多元型（pluralistic）。前者是指原来相互独立的各政治单位组成了一个有统一政府的单一安全共同体；后者指由彼此分离并在法律上保持独立的政府组成的安全共同体。他进而总结了形成多元安全共同体的三个必不可少的条件：决策者的价值观相互包容；准备参与一体化的各单位的决策者们可以预知彼此的行为；相互响应——具备密切合作及时处理紧急问题的能力。这些一体化形成所必备的条件并不是同时具备的，也不是按照某一特定的顺序依次创造出来的，多伊奇及其同事们通过案例分析指出，只要这些条件全部具备并发挥作用，几乎可以按照任何次序将它们组合起来③。在多元安全共同体的多方面特征中，阿米塔·阿查亚认为两个特征尤为重要：一是多元型安全共同体内没有战争；二是多元型安全共同体内没有针对其他成员国的大规模的、有组织的战争准备④。二战后，欧洲与美国共同建立的北大西洋公约组织（NATO）就是一个典型的多元型安全共同体。尽管北大西洋地区距离合并型安全共同体还相去甚远，但是多伊奇认为在北约组织成员国之间已经形成了安全共同体观念，即"共同体成员间能确保不会彼此开战，而且能通过其他

① [美] 詹姆斯·多尔蒂等著，阎学通等译. 争论中的国际关系理论（第五版）[M]. 北京：世界知识出版社，2003：135.

② 同上，136.

③ 同上，559-560.

④ [加] 阿米塔·阿查亚著，王正毅、冯怀信译. 建构安全共同体：东盟与地区秩序 [M]. 上海：世纪出版集团，2004：23.

途径妥善解决彼此间的争端。"①

"1945年，在一个战争结束的同时，人们已经假想了爆发另一场更大战争的可能性"，这场虚假的战争由英国首相丘吉尔的"铁幕"演说打头阵，紧接着"杜鲁门主义"的出台正式拉开了冷战的帷幕——美国主导下资本主义的自由民主联盟与共产主义的苏联之间近半个世纪的对峙开始了。两个最先拥有核武器的国家各自据守一方，相互威慑。欧洲地处两个国家的核弹头的中间地带，不安全感尤为突出。与此同时，欧洲在战争的自相残杀中，既消耗了维护安全的军事力量，也失去了独立求得安全的经济能力。美国出于遏制苏联的战略考虑，将西欧的安全合作与对欧援助挂钩，在欧洲建立自己的安全组织的尝试失败以后，最终与西欧结成了安全防卫同盟——北约（NATO）。

法国总理罗伯特·舒曼在1949年6月批准大西洋条约前曾经说过，"不安全感并不总是来自某种明确的威胁，来自有明显准备的侵略。强国保持优势，又对弱国缺乏认真的国际保证，仅此力量的不均衡，就足以产生不安全"，有学者认为这表达出了人们起初对《北大西洋公约》的看法②：欧洲感觉不安全，需要美国提供认真的安全保证。1957年11月在欧洲进行的一次民意测验所要求回答的问题之一是："考虑到各个方面，美国的军队现在应该离开还是应该留下去？"主要欧洲国家的受访者除法国以外，几乎都以较大的比重认为美军应该留下（表3-1）。这说明欧洲国家普遍达成了共识，要借助美国的核力量和在欧洲的驻军来保卫自己的安全。

表3-1　对"美国军队现在应该离开还是留下"的欧洲民意调查（1957年）

	法国	西德	意大利	大不列颠
回答人数	802	813	807	800
立即离开	38%	22%	34%	27%
留下	26%	66%	46%	56%
不知道	36%	12%	20%	17%

① Karl W. Deutsch eds. *Political Community and the North Atlantic Area*[M]. Princeton: Princeton University Press, 1957: 5-6. 转引自 [美] 詹姆斯·多尔蒂等著，阎学通等译. 争论中的国际关系理论（第五版）[M]. 北京：世界知识出版社，2003：559.

② [法] 阿尔弗雷德·格罗塞著，刘其中等译. 战后欧美关系 [M]. 上海：上海译文出版社，1986：197.

资料来源：Richard L Merritt & Donald James Puchala，eds.*Western European Perspectives on International Affairs：Public Opinion Studies and Evaluations*，New York：Praeger，1968. 转引自［法］阿尔弗雷德·格罗塞著，刘其中等译：《战后欧美关系》，上海：上海译文出版社，1986年版，第198页。

（2）国家复兴与区域复兴的捆绑效应。冷战的形势使得法国、德国与整个欧洲的复兴迫在眉睫，然而欧洲的普遍衰落使得自救成为不可能，需要仰仗美国的经济援助，而美国经济援助的附加条件便是欧洲联合，美国也需要一个快速复兴的欧洲盟友，壮大资本主义阵营的力量。法国和德国借助这个面向欧洲整体的援助方案，才实现了战后复兴。法国与德国的战后复兴与欧洲的复兴紧密联系在一起，美国将对欧洲的援助与欧洲联合事业挂钩，这使得法国和德国没有物质条件继续相互敌对：法国别无选择，通过拉德国入欧洲联合事业，不仅可以束缚德国，而且可以在欧洲联合中发挥政治领导作用；而西德早已打定主意，融入西欧，参与欧洲联合事业不仅可以消除法国对德国的疑忌，而且有利于国家的经济复兴，又以西欧联盟为后盾保证了自身安全，一石三鸟，何乐而不为？

3. 区域成为被体系强化了的共同意识形态的集合体

法国与德国在冷战时期都属于资本主义阵营，都是西欧联盟的核心成员国，共同的价值观使得两国的和解免除了对立意识形态的障碍，两国没有必要再继续相互敌对下去。正如卡尔·多伊奇所强调的，多元安全共同体的形成有"价值观"条件。美苏冷战和两极体系之下，西欧选择与美国结成自由民主联盟，与共产主义苏联进行意识形态对抗。虽然在20世纪70年代有过缓和时期，然而意识形态对立一直是美苏冷战的主旋律。这种意识形态对立被夸大和重视的程度，甚至在冷战结束后仍然深深影响着国际政治，根据意识形态来划分敌友的思维模式也被称为"冷战思维"。

二战结束后初期，希腊、德国、意大利、法国和英国等欧洲国家国内共产党的活动和政治地位的上升[①]，使得这些欧洲国家患上"共产主义恐惧症"，都标榜"自由""民主"和"资本主义"的欧洲和美国，出于一致的价值观，共产主义意识形态的存在和影响力，使得它们迅速结成了所谓"自由民主"

---

① ［法］阿尔弗雷德·格罗塞著.战后欧美关系[M].刘其中等译.上海：上海译文出版社，1986：84—86.

的联盟。因此，除了苏联势力范围中的东欧以及中立国家以外，西欧形成了一个共同意识形态的集合体，这一集合体存在的必要性也被美苏两极体系和冷战强化了。

概言之，两极体系为法德和解提供了一种结构性环境，在塑造德国身份认同的过程中，两极格局为驯化德国的民族主义以及减轻德国对于相对收益的关切提供了语境，并因而使往昔寇仇之间的合作成为可能，它推动了联邦德国与法国——其长期的敌人和竞争者——的和解过程①。

二、冷战的大背景与两极体系是法德和解的催化剂

美国记者和政治哲学家沃尔特·李普曼于 1947 年首次使用"冷战"一词，这一词汇贴切地概括了二战后美苏之间的长期对抗。作为对直至 1989 年或 1990 年的美苏关系的一种简洁描述以及作为对这一时期美国大部分对外政策的一种阐释，该术语仍在使用②。欧洲在二战以后彻底衰落，美国与苏联成为唯一的两个超级大国，德国与法国、英国都沦为二流国家。在两极对峙的体系格局下，西德与法国均发现自己沦为了超级大国美国领导甚至主导下的经济—安全—政治阵营里的二等成员国，只有美国可以与社会主义苏联相抗衡，为了自身的安全，它们选择了与美国结盟，这是促进法德和解的基本因素③。欧洲是美苏对峙的核心地区，处于冷战的前沿，与共产主义苏联面对面，冷战这一"冷冰冰"的现实使得法德甚至整个西欧国家紧密联合起来。

一些学者指出，在二战之后的两极体系中，两个阵营的领袖国的实力比阵营内其他成员的实力强大得多，这些霸权主义的领袖国在阵营内推行等级制度的秩序和规律，从而大大减少了各自阵营内小的成员国将它们和其他成员国拖入战争的可能④。近在眼前的共产主义威胁催促着包括法国和德国在内的

---

① 周保巍、成键主编. 欧盟大国外交政策的起源与发展 [M]. 上海：华东师范大学出版社，2009：18.

② [美] 孔华润（沃伦•I. 科恩）主编，王琛译. 剑桥美国对外关系史（下）—第四卷苏联强权时）的美国（1945—1991）[M]. 北京：新华出版社，2004：219.

③ Julius W. Friend.*The Linchpin French-German Relations, 1950-1990*[M]. New York: Praeger, 1991: x.

④ [美] 布鲁斯•拉西特、哈维•斯塔尔著，王玉珍等译. 世界政治（第五版）[M]. 北京：华夏出版社，2001：99.

欧洲走向联合，而两极体系下区域战争的可能性大大降低了，也就是说，欧洲各国之间大动干戈、相互争斗的可能性微乎其微了。这给欧洲各国，尤其是法国和德国，解决双边关系问题，走向和解，提供了外部环境上的可能性。

美苏冷战的形势变化也深深地影响着以法德合作为核心的欧洲一体化进程，也因此间接影响着法德之间的合作与互动。美苏关系紧张的时期，欧洲联合与一体化的步伐也更为积极。20世纪50年代美苏之间的紧张局势：朝鲜战争的爆发、苏伊士运河危机、苏联干涉匈牙利等，使得欧洲原子能联营集团迅速建立，并开始了对《罗马条约》的谈判。

三、美国是法德和解的直接与间接推动者

二战结束前夕，战后世界就已经呈现美苏两极的格局。作为美国的铁杆盟友与美苏冷战的前沿阵地，两极格局与美国的战后政策深深地影响着战后欧洲的复兴与未来。在这一结构性压力之下，美国采取了冷战与遏制共产主义的战略；欧洲国家则一方面紧跟美国步调，另一方面利用美苏矛盾发展自己，以求在两极强权下维持自身的独立与繁荣。

二战结束后，孤立主义的美国正在淡去，罗斯福及其同僚决心要领导世界。"战后的头两年中……在欧洲政治家中仍存在两种不同的战略思想：一是……与美国结成反苏联盟；一是欧洲国家联合起来成为一支在美苏之间独立的中间力量，起缓冲和平衡作用。"[①] 因此，如果说欧洲联合起初还仅是欧洲谋求战后和平与安全的众多方案中的一种，还只是让·莫内等欧洲主义者的提议和设想，欧洲未必就会向联合与一体化的方向发展，那么美国的政策是推动这一转变的重要因素。很多学者甚至认为，"推动欧洲联合的主要因素来自于外部"。实际上，美国主要扮演了"输血"和支持者的角色，欧洲联合的动议和后来的一体化进程都是欧洲自身的选择。

1. 经济援助与安全担保：美国为战后欧洲补血输液

（1）马歇尔计划——为战后欧洲注入了新鲜血液。第二次世界大战给欧洲带来了整体性和灾难性的巨大破坏，短时期内无法自我恢复，而来自共产

---

① 资中筠主编.战后美国外交史——从杜鲁门到里根 [M].北京：世界知识出版社，1993：94.

主义的"威胁"迫在眉睫，杜鲁门主义与遏制政策已经出台的美国当机立断，开始对欧洲输血输液，助臂欧洲盟友早日复兴。让·莫内在其回忆录中提到，当时的美国国务卿马歇尔在提出"欧洲复兴计划"之前说道："欧洲所有经济组织的彻底瓦解，比明显的战争破坏严重得多。我们现在才开始明白，欧洲经济的恢复比原来想象的要困难得多，时间也将拖得更长一些。"① 艾奇逊和乔治·凯南都为援助欧洲在美国国内做了舆论和政策动员，美国的"欧洲复兴计划"最终通过马歇尔于 1947 年 6 月 5 日在哈佛大学毕业典礼上的演说，即"马歇尔计划"（表 3-2）公之于众。

对于援助的方式，杜鲁门说，"如果能够引导欧洲国家把欧洲的经济问题看作一个整体而不是看作不相关联的各个国家的问题，来寻求自力更生的办法，并实行互相合作，那么美国的援助将更为有效，同时恢复后的欧洲的力量也更能持久"②。1947 年 7 月，英国和法国牵头，与另外 14 个欧洲国家举行了巴黎会议，商谈关于"马歇尔计划"的问题，并决定成立"欧洲经济合作委员会"，向美国提出了 160 亿～ 220 亿美元的一揽子援助要求。据此，在1947 年 12 月 19 日，杜鲁门向国会提出了"欧洲复兴方案"或说"对外援助法案"，并于 1948 年 4 月正式由国会批准通过。

表3-2　马歇尔计划参与国的美国信贷分配（1948年4月至1952年1月）（部分）

单位：百万美元

国名	总额	%	补贴	%	贷款	%	有条件援助	%
各国总计:	12992.5	100	9290.2	100	1189.6	100	1517.2	100
英国	3165.8	24.4	1956.9	21.0	336.9	29.6	532.1	35.1
法国	2629.8	20.2	2212.1	23.8	182.4	16.0	61.4	4.0
意大利	1434.6	11.0	1174.4	12.6	73.0	6.4	87.2	5.7
西德	1317.3	10.1	1078.7	11.6	—	—	213.6	14.4
荷兰	1078.7	8.3	796.4	8.6	150.7	13.2	31.6	2.1
比利时 / 卢森堡	546.6	4.2	32.4	0.3	68.1	6.0	446.0	29.4

---

① [法] 让·莫内. 欧洲之父——莫内回忆录 [M]. 北京：国际文化出版公司，1989：303.
② 杜鲁门回忆录 [M]. 第二卷，中译本：129. 转引自陈乐民. 战后西欧国际关系（1945-1984）[M]. 北京：中国社会科学出版社，1987：83.

资料来源：[法] 阿尔弗雷德·格罗塞著，刘其中等译：《战后欧美关系》，上海：上海译文出版社，1986年版，第110页。根据需要选取了部分国家。

从1948年4月至1952年1月，成员国得到的援助金额共计129.925亿美元（英国24.4%、法国20.2%、意大利11.0%、联邦德国10.1%）[1]。到1950年，西欧各国生产已达到战前水平，年增长率达5%～6%，有的国家高达8%～10%。到1952年，英、法、意的工业生产分别比战前增长13%、29%和48%。西德的工业生产到1952年增长为战前的115%[2]。西欧经济实现了复兴，奠定了走向繁荣和一体化的基础。1945—1971年，美国援助西欧（军事和民用）总额达530亿美元，净值为430亿美元，其中补助金为390亿美元。这些援助使欧洲得以迅速重整工业和储备原料，将欧洲的复苏加快了10年，因此没有出现类似第一次世界大战后的那种通货紧缩时期，为欧洲20世纪50—70年代的经济繁荣奠定了坚实的基础[3]。

（2）跨大西洋安全合作与重新武装西德。

欧洲最初想通过布鲁塞尔条约（英国、法国、荷兰、比利时和卢森堡于1948年发起）来组织欧洲防务，但这个集体自卫条约被指摘所防御的对象是德国而不是苏联。形势的发展和美国的愿望使得欧美共同选择了跨大西洋安全合作，并于1949年成立了北大西洋公约组织。

美国在战后从政治和经济上都将西欧有效地组织了起来，形成了一个意识形态上反对苏联的联盟，军事上美国所采取的组织形式是北约（NATO）。《北约宪章》的第五条说明了这个条约的关键内容："各缔约国同意，在欧洲或北美，对它们当中的一国或数国的武装攻击均应视为对所有缔约国的武装攻击。因此，它们协议，如果发生这种攻击，则它们之中的每一国均将行使《联合国宪章》第五十一条所承认的单独或集体自卫的权利，单独地或与其他缔约国协同合作，立即采取它认为必要的行动，向遭到这种攻击的一国或数

① [法] 法布里斯·拉哈著，彭姝祎、陈志瑞译. 欧洲一体化史（1945-2004）[M]. 北京：中国社会科学出版社，2005：23.

② 杨生茂主编. 美国外交政策史（1775-1989）[M]. 北京：人民出版社，1991：454.

③ [意] 卡洛·M·奇波拉主编，林尔蔚译. 欧洲经济史第五卷下册二十世纪 [M]. 北京：商务印书馆，1988：67.

国提供包括使用武力在内的援助，以求恢复和维持北大西洋地区的安全"①。这是一个防御性的安全联盟，美国承诺同欧洲共同承担欧洲防务。

重新武装西德是美国在欧洲针对苏联纵深防御的重要一环。从 1946 年 9 月开始，美国开始有意扶植西德复苏，并极力主张重新武装西德。"美国领导人确信，一个重新武装和加入西方联盟的德国，对欧洲安全以及最终对美国的安全而言，都是不可或缺的"。②1950 年 9 月的北约理事会会议上，美国提出了重新武装西德的建议。法国坚决反对，英国的态度也十分迟疑。法国于 1950 年 10 月抛出了"欧洲防务集团"计划，即"普利文计划"，提出西德可以加入欧洲军，但要置于共同的最高主帅的控制下。这一计划却面临着来自法国国内的反对。美国艾森豪威尔政府的国务卿杜勒斯，以要"重新估量法国的欧洲政策"向法国施压，称美国 1954 年对西欧援助的一半是给"欧洲防务集团"的，并且前提是这个集团必须在 1954 年新年前后建立起来③。然而，1954 年 8 月，法国的国民议会否决了"欧洲防务集团"计划。这样一来，法国失去了在西德重新武装问题上的主动权，美国的意愿开始发挥支配作用。先是由美国的特别盟友英国出面召集布鲁塞尔条约组织的 5 个成员国，加上西德、意大利、美国和加拿大，在伦敦开会，决定让西德加入布鲁塞尔条约组织；紧接着北约成员国与西德签订了《巴黎协定》，决定西德作为"独立自主"的国家加入北约。正是在美国的大力支持下，西德终于在 1955 年正式加入北约，开始参与西欧的共同防务。

对于美国人给予的经济援助和安全保障，欧共体委员会首任主席哈尔斯坦在 1958 年 1 月 1 日的就职演说中便流露出了感激之情："有格言说，美国人是最好的欧洲人，这话的确不错。"④

---

① [英] 德里克·W·厄尔温（Derek W. Urwin）著，章定昭译. 第二次世界大战后的西欧政治 [M]. 北京：中国对外翻译出版公司，1985：108.

② [美] 孔华润（沃伦·I. 科恩）主编，王琛译. 剑桥美国对外关系史（下）—第四卷苏联强权时）的美国（1945-1991）[M]. 北京：新华出版社，2004：310.

③ 陈乐民. 战后西欧国际关系（1945-1984）[M]. 北京：中国社会科学出版社，1987：101.

④ Reginald Dale. Marshall to Maastricht: US-European Relations Since World War II [J]. *Europe*, Jun.1995: 12. 转引自赵怀普. 战后美国对欧洲一体化政策论析 [J]. 美国研究，1999（2）：10.

2.支持西德复兴，并使法国扭转了对德政策

（1）对西德的扶持。

二战结束前期，美国及西方各国就在思考如何处理德国问题。美国最初的想法是财政部长摩根索在 1944 年下半年制订的计划，这一计划设想通过破坏或迁移重工业的方法，永久削弱德国的力量。计划还包括将德国的领土进行分割，并且对德国的国内经济和对外贸易实行长期的控制①。然而，罗斯福实际上一方面允许盟国推行类似摩根索计划的严格政策，但又留有充分余地，以便在以后反共产主义斗争中需要利用德国时，可以修订和改变这种政策②。随着杜鲁门主义的出台，美国对德政策的基本基调是适度的惩罚而不是一味地削弱，以期有朝一日德国成为反共抗苏的欧洲堡垒中的重要力量。1946 年开始，美国已经开始有意扶持德国复兴。在德国统一问题、德国未来的政治面貌以及未来德国是否应该非军事化和中立化等问题上，美国与苏联不断拉锯、争论，彼此之间的分歧越来越明显。在此基础上，美国很快就对分区占领德国的政策做了调整。1946 年 7 月，美国首先提出了占领区实施"统一的经济政策"的要求，12 月 2 日美英两国签署了双占区协议。1947 年 5 月 8 日美国副国务卿迪安·艾奇逊在密西西比州的克利夫兰所发表的演说中提到，"欧洲和亚洲的彻底复兴，在很大程度上取决于德国与日本的复兴"③。一个月后的 6 月 5 日，国务卿马歇尔在哈佛大学发表演讲，"欧洲复兴计划"即"马歇尔计划"出台，西德赫然在援助之列。美国的这一系列举措，一方面帮助了西德的尽快复兴，另一方面变相地给法国施加了压力。

（2）促使法国扭转了对德政策。

如前所述，法国战后初期的对德政策是最大限度地削弱和肢解德国，这与美国自 1946 年开始的复兴德国的政策显然有较大出入。1946 年年底面向 6

---

① [美]C·E·布莱克、E·C·赫尔姆赖克著，山东大学外文系英语翻译组译，黄嘉德校.二十世纪欧洲史下 [M].北京：人民出版社，1984：821-822.

② [英]德里克·W·厄尔温著，章定昭译.第二次世界大战后的西欧政治 [M].北京：中国对外翻译出版公司，1985：79.

③ [德]康拉德·阿登纳.阿登纳回忆录（一）1945-1953 [M].上海：上海人民出版社，1976：120-121.

个对德参战国、题为"你还同情德国人民吗？"的国际调查问卷，以直观的方式显示了法国和美国对德态度的差异（表3-3）。从这份问卷的数据中可以发现，法国与美国对德态度的差异最为显著：对德国人持厌恶态度的法国人占据了绝大多数，而有近半数的美国人认为德国人值得同情。

表3-3　国际调查问卷："你还同情德国人民吗？"（1946年底）

	同情	嫌恶	无所谓/不清楚
法国	3	56	41
美国	45	28	27
英国	42	36	22
低地国家	29	53	18
加拿大	41	28	31
挪威	21	26	53

Translated from : J.B.Duroselle.German-Franco Relations Since 1945, *The Review of Politics*, Vol.14, No.4, 1952, p.505.

　　尽管对德国问题极为关切，法国战后初期在德国问题上却一直处于比较被动的地位。继将法国排除在外的德黑兰、雅尔塔三巨头会议之后，美国、英国和苏联三国在法国不在场的情况下，在波茨坦会议上划分了德国的东部边界，戴高乐在接受《时代》杂志采访时表达了对这一举动的不满。美国从1947年起就采取"压"和"抚"的手段迫使法国改变它的对德政策：在施压让法国同意合并西方占领区之后，美英通过默许法国完全合并萨尔予以安抚；在德国重新武装这个问题上，也通过将法国的态度与对欧援助挂钩来施压，法国的消极抵制最终也遭到失败。法国领导人在1947年年底曾私下承认，法国将不得不屈服于益格鲁——美国的压力，将法占区并入美英双占区[1]。在1948年2～3月讨论德国问题的伦敦会议之后，法占区正式并入双占区，西德得以开始经济一体化，并在西欧的经济复苏中发挥重要作用。法国对德政策的转变，除了自身的利益考虑以外，来自西方盟友的压力也是一个十分重要的方面。

---

[1] Julius W. Friend.The Linchpin French-German Relations, 1950-1990[M].New York: Praeger, 1991: 14.

3. 对欧洲一体化事业的支持

在美国广为流传的一个思想是欧洲的统一对美国自己也是有必要的[①]。美国显而易见愿意为欧洲盟友的复兴与联合做出贡献。出于援助的需要，马歇尔计划实施的条件，即要求欧洲国家必须开始经济合作，并作为一个整体提出一份共同计划。美国在提供援助时的一些附加条件，即必须通过西欧共同体的"自由贸易法规"，取消贸易数量限额，并通过欧洲支付同盟消除支付壁垒，也促进了西欧的合作[②]。

从欧洲煤钢联营的计划开始，美国就一直不遗余力地支持欧洲盟友的联合与一体化。美国国务卿艾奇逊是第一个知晓"舒曼计划"内容的外国领导人[③]，美国是欧洲经济合作组织的成员国，同时是领导欧洲共同防务的北约组织的主导国。在冷战时期，作为美国的盟友，欧洲一体化是在美国的默许与帮助下不断向前发展的；冷战结束后，在美国主导下的单极世界中，欧洲一体化得以继续发展，仍然离不开美国的默许与支持。

西欧国家与美国的盟友关系，为欧洲不断联合、发展为世界一极提供了巨大便利与外在保证，这同样间接推动着与欧洲一体化事业密切交织在一起的法德和解进程。

第二节　法德战后和解的内源性动力

一、修复创伤性的历史记忆

戴高乐将军于 1961 年 6 月 20 日在欢迎西德总统吕布克访问法国的宴会上说道，"现在这个使法国人和德国人接近的谅解，首先是因为如下事实，即他们所进行的一切战争已经一点儿也不再符合双方现在决定要达到的目的

① [法] 皮埃尔·热尔贝著，丁一凡等译. 欧洲统一的历史与现实 [M]. 北京：中国社会科学出版社，1989：59.

② [意] 卡洛·M·奇波拉主编，林尔蔚译. 欧洲经济史第五卷下册二十世纪 [M]. 北京：商务印书馆，1988：73.

③ 陈六生，严双伍. 美国与欧洲一体化（1942–1957）[J]. 武汉大学学报（人文科学版），2003（1）：70.

了"①。法国和德国历史上争战不断，鲜有和平。二者之间的战争与对抗，往往都是两败俱伤的局面，第二次相互毁灭的世界大战之后，两个国家都尝尽了战争的苦涩，希望终止战争的愿望愈加强烈。

前事不忘，后事之师。一国的历史以及如何看待自己的历史，深深决定着一国未来的走向。德国对自身纳粹统治的历史以及二战中的暴行采取了直视不讳、深刻反省的态度。一位德国老兵的后代曾经不无自豪地宣称："世界发展至今，全面正视和反省自身历史过失的民族只有德国一个。"②

一位德国学者在谈到德国与波兰的和解时提到，"从德国视角来看，主要涉及怎样摆脱自我怜悯，正视本国历史的事实。这一视角转换的诠释就是试图用别人的眼睛去看待自己本国的历史。"③战后德国为了修复创伤性的历史记忆，进而消解邻国的猜疑与不信任，做了大量坚持不懈的努力。

（1）持久、有力的战后赔偿。不仅通过了专门的赔偿法案，而且赔偿范围覆盖了几乎所有的受害国家和受害群体。1953年，西德通过了《战争受害者赔偿法》。到这一年的年底，东、西两个德国向纳粹德国的受害国所缴纳战争赔款已达到824亿西德马克④。大部分德国的战后赔偿支付是在自愿的基础上做出的。根据1967年9月的"战后时期的赔偿情况调查"报告中的统计，联邦德国境内没收的国外资产价值3亿美元。此外，联邦德国支付给个人和以色列的赔偿为52亿美元⑤。截至2000年，德国的赔偿总额超过1500亿马克。

（2）彻底、诚实的战后审判。通过纽伦堡等一系列审判，纳粹战犯被定罪并受到了应有的惩戒。在这种审判背景下所进行的讨论改变了联邦德国社会的自我认同，并通过年轻一代更加强化⑥。1994年，德国议会通过了《反纳

---

① 世界报（Le Monte），1961-06-22（06）. 转引自国际关系研究所编译. 戴高乐言论集（1958年5月—1964年1月）[M]. 北京：世界知识出版社，1964：263.

② 朱维毅. 为二战而忏悔，因为德国人反省历史 [J/OL]. 南方人物周刊，2006（15），http://news.sina.com.cn/w/2006-06-21/160410216420.shtml.

③ [德]乔格·卢尔. 战后和解——以德法、德波关系中的德波关系为例 [J]. 戴启秀译. 德国研究，2006（3）：9.

④ 朱维毅. 为二战而忏悔，因为德国人反省历史 [J]. 南方人物周刊，2006（15）.

⑤ [意]卡洛·M·奇波拉主编. 欧洲经济史第五卷下册二十世纪 [M]. 林尔蔚译. 北京：商务印书馆，1988：66.

⑥ [德]乔格·卢尔. 战后和解——以德法、德波关系中的德波关系为例 [M]. 戴启秀译. 德国研究，2006（3）：9.

粹和反刑事犯罪法》，在法律上限制了纳粹的死灰复燃。

（3）正式、深刻的忏悔。勃兰特与科尔两位德国总理分别于1970年、1995年在死难犹太人、犹太起义英雄纪念碑前面下跪，至今令世人动容。战后以来，德国的历任总统和总理都在不同场合和时机代表德国人民进行了反思、道歉和忏悔①。政府领导人的这种深刻与真诚的忏悔，不仅向欧洲邻国传达了有公信力的信号，也表明了德国整个国家与国民对纳粹历史与受害者的态度。

德国在历史问题上的这种姿态和所做的大量努力，为自己与法国以及其他欧洲国家的和解扫清了历史障碍。卡赞斯坦曾经说过，"决定德国战后政策，尤其是欧洲一体化进程中的政策的决定因素，是德国对待自己历史的看法和态度（German perceptions of its history）"②。而法德两国的战后政策，正是接下来要深入探讨的方面。

二、法德两国的相互需要与战后政策

国家利益与国际环境是民族国家制定对外政策的基本依据。一国的政策选择和对外行为，都是为了维护本国的国家利益。国家利益由于一国的地理位置、资源、人口、领土等自然禀赋以及社会、历史、文化等的差异而呈现不同的内容和侧重；国家利益也有时间和空间上的差异，处于不同的地缘环境之下以及在不同的历史时期，一国的国家利益既会表现出继承性，也会发生变化。不同的理论学派从不同的角度诠释着国家利益，对实现国家利益的途径和手段也给出了不同的答案。现实主义者对于国家利益的经典诠释，使得"国家利益"这一概念打上了现实主义的标签。然而，必须承认，没有任何一个理论流派可以否认国家的对外政策是为了满足本国的利益需求。简单而言，国家利益包含以下三项核心内容：安全、繁荣与威望。一国的安全利益需求是指，国家要确保本国的领土完整和独立自主，防止外部势力侵犯或干涉本国内政，当然新安全观里包含了更广泛的内容，经济安全以及地区、国际社会和一国境内居民及环境的安全都涵盖在安全需求以内；除了在安全

---

① 黄凤志，逄爱成.德法和解历史对中日建立战略互惠关系的借鉴与思考[J].东北亚论坛，2010（5）：14.

② Peter J. Katzenstein (ed.). *Network Power: Japan and Asia*[M].New York: Cornell University Press, 1997: 38.

上不受威胁外，国家还需要追求经济利益，改善本国的福祉，这就是一国的"繁荣"需求；在安全得到保证、国家繁荣的基础上，一国还需要赢得他国的支持与尊重，并期望在国际社会中发挥作用，捍卫并宣扬自己的价值观与文化，这便是一国的"威望"需求。

1. 满目疮痍的现状局限了可供选择的可能性

法德在二战的浩劫中都遭受了巨大的破坏。法国仅仅是名义上的战胜国，战后初期法国的领导人戴高乐曾经说过："由于战争、抢劫、入侵和投资绝迹造成的破坏和荒芜使法国的力量源泉枯竭了，它比同盟国更弱，也比被征服的集权国家衰弱。"[①]战争使法国的国民财富损失了大约45%，战争结束时的工业产值只有战争前的40%。同样，作为战败国的德国也遭受了重创，在整个战争中，400多万德国人死亡，700多万德国男子成为战俘，30多万吨炸弹倾泻在德国的161个城市和850个村镇[②]。战争使德国的经济陷入全面崩溃的境地，整个德国在1946年的工业生产只是1936年的33%，国民生产总值已经倒退到1938年的40%的水平。有人这样描述，"战败的德国已经成为一个遍地废墟的国家，一个缺乏粮食和原料的国家……一个社会混乱、前途未卜的国家。"[③]

在这种百废待兴的情境下，法德两国显然都无力卷入新的冲突，和解与合作符合两国的国家利益，因此成为最为可能、最为有利的选择。

2. 法德和解成为德国求复兴、求统一的必经之路

（1）西德战后初期的利益需求。

一位法国学者指出，"实际上，真正输掉西欧战争的只有一个国家，这就是德国"。[④]如前所述，作为战争的肇事者和战败国，战后德国满目荒凉，国土上的权力机构荡然无存，沦为被四国分区占领和管制的状态，后来更是被

① 吴仪. 二战后德法和解原因浅析 [J]. 湖北师范学院学报（哲学社会科学版），2005（1）：92.

② 朱维毅. 为二战而忏悔，因为德国人反省历史 [J]. 南方人物周刊，2006（15）.

③ 吴仪. 二战后德法和解原因浅析 [J]. 湖北师范学院学报，2005（1）：92.

④ [法]阿尔弗雷德·格罗塞著，刘其中等译. 战后欧美关系 [M]. 上海：上海译文出版社，1986：71.

人为地分裂成了两半，国家统一也沦丧了。因此，西德战后的利益需求直指一个核心，那就是实现复兴，重获主权，寻求国家统一。

第一，安全需求。战败的德国被剥夺了主权，由美国、英国、法国和苏联四国分区占领，四国代表组成了盟国高级专员署，对西德国内事务进行管制。非纳粹化、非军事化的德国几乎手无寸铁，却又是美苏大国政治面对面的试验场，东、西德国与东、西柏林冰冷对峙。西德迫切地需要重返西方联盟，恢复议会民主制，获得安全保障。

第二，繁荣需求。战后的德国损失了国土，它被夺走了1938—1940年获得的领土。此外还损失了东普鲁士和奥得—尼斯河以及东魏玛共和国的其他领土，领土几乎只剩余《凡尔赛和约》所规定的"德国"领土的1/4[①]；工业生产不足战前的1/3，国外资产化为乌有，国债高达7000亿德国马克；50个德国大城市有2/5的建筑物被毁，柏林的3/4成为废墟，数千万的德国人被迫离开家园。在整个欧洲的战后复兴中，德国的复兴显得更加艰难：没有自主复兴的权力，复兴又受到法国等邻国的疑忌和阻挠。

第三，威望需求。在战后欧洲的普遍衰落之下，德国的地位尤为尴尬：它不仅像其他欧洲国家一样成为国际体系中的二等成员国，而且在很长一段时期里都被美、英、法、苏四国分区占领，仅仅拥有十分有限并可能被随时废除的部分主权。西德的战后外交政策带有最明显的外部环境高压的印记。1949年联邦德国成立时，占领当局还对政府的权利做了严格的限制。西德威望需求的第一要义就是重新成为西方阵营里的平等成员国。西德抓住了欧洲联合的机遇，并在欧洲联合的框架下实现了与法国的和解，"欧洲的德国"成为西德在对外关系中的基本定位。

（2）联邦德国战后初期的外交政策。

正如联邦德国首任总理阿登纳所说的，"一国的对外政策总是首先以本国的实际利益或设想的利益为主导的"[②]。战后初期德国的安全、繁荣和威望需

[①] [法]阿尔弗雷德·格罗塞著，刘其中等译.战后欧美关系[M].上海：上海译文出版社，1986：72.

[②] [德]康拉德·阿登纳.阿登纳回忆录（一）[M].上海：上海人民出版社，1976：276.

求，都在外交政策中得到了体现和反映。从阿登纳到科尔，德国（西德——笔者注）对外政策的核心目标始终是重获主权，并实现德国的复兴与统一。"阿登纳的目的是要使德国作为一个平等的和受尊敬的伙伴加入到一个西欧共同体中去，而且他要使德国牢固地与西欧的文化的、宗教的和政治的传统联系在一起，以防止独裁政权再次兴起……一旦西德获得了主权……波恩就能够以欧洲一体化和西方联盟的名义，而不是以名誉扫地的德国民族主义的名义来提出德国政治上和法律上平等的要求，这个主题标志着整个战后时期中德国对外政策的特点"。① 政府基于此行事，民众也广为认同。"当人们把安全、政治上和经济上的恢复以及统一作为抽象的目标来表述时，并未引起争议，几乎所有的人都赞同"。② "德国最广大的阶层都深信，只有西欧各国的合作才能拯救欧洲"③。阿登纳在 1955 年对西德的分区占领结束的时候，高兴地宣称："我们的目标是在自由和联合的欧洲内的一个自由和统一的德国。"④ 这既表明了他一以贯之的 "融入" 欧洲（Westbindung）的政策立场，也是为了缓解欧洲盟友对重新武装、重获主权的德国的疑惧。

德国无论是想重获主权，还是要实现复兴与统一，与法国实现和解都是必不可少的钥匙。这是因为，与美国在战后不久就开始有意扶植西德的复兴不同，法国是战后最为主张削弱甚至肢解德国的国家，而且法德之间还存在着鲁尔与萨尔等有可能会激化二者矛盾的问题。因此，法德和解是德国战后政策的重要主题。阿登纳在其回忆录中毫不吝惜地表明了法德关系对于欧洲及持久和平的重要意义："法德关系对法国、对德国也许也对欧洲来说，如果不是最重要的问题，那也是最重要的问题之一。法德关系的解决，对于持久和平具有决定性的意义"。⑤

3. 法德和解是法国重拾大国地位的必要开端

---

① [美]Wolfram F. Hanrieder & Graeme P. Auton 著，徐宗士等译 . 西德、法国和英国的外交政策 [M]. 北京：商务印书馆，1989：40.

② 同上，99.

③ [德] 康拉德·阿登纳 . 阿登纳回忆录（一）[M]. 上海：上海人民出版社，1976：208.

④ G. P. Gooch. Franco-German Coexistence at last? [J].Foreign Affairs,1959, 37 (3): 438.

⑤ [德] 康拉德·阿登纳 . 阿登纳回忆录（一）[M]. 上海：上海人民出版社，1976：208.

（1）法国战后初期的利益需求。

一位法国的历史学家指出了战后初期法国人应当首先考虑的三大问题：第一，德国会继续是一个潜在的危险吗？第二，在日益增长的共产主义的危险面前，德国的危险在多大程度上可以被忽略？第三，这两重危险是否是相互抵消的？[①] 这些问题都直指一个中心或说症结，那就是德国问题。战后法国的利益需求，也因此有一个中心主题，那就是解决德国问题。

战后初期法国的基本利益需求表现如下。

第一，安全需求。第二次世界大战使法国再次蒙受了一个强大的、不受控制的德国所带来的伤痛，它比欧洲的任何一个国家都有更强烈的安全需求，需要自己的安全得到保证。如前所述，在冷战和两极对峙的结构性压力之下，苏联和共产主义的威胁是无法回避的。然而对法国人而言，首当其冲的安全威胁却来自德国。阿登纳在 1949 年 11 月 7 日对美国《巴尔的摩太阳报》的记者的谈话中也提到，"现在面对德国而产生的需要安全的思想已经左右了法国的社会舆论。而这种社会舆论本身又对法国的政策起着重大的影响"[②]。

第二，繁荣需求。战后的法国虚弱不堪，急需经济复兴和战后恢复。据统计，二战中法国大约有十六万七千名军人、40 万平民丧生，法国的平均产量水平在占领期间比 1938 年锐减了三分之二，战时的消费水平大约只有 1938 年的 45%，39 亿美元的净资产化为乌有，社会财富损失相当于战前三年的国民生产总值，国内生活水准大幅下降，又遭遇了 1946 年的严冬，320 万亩的麦田受灾，燃料奇缺，人民忍饥受冻，物价飞涨，法郎贬值，第四共和国的经济面临崩溃的边缘[③]。凭借法国一己之力，难以实现经济复苏，在欧洲的整体虚弱之下，只有美国可以提供援助。然而，美国的援助却隐藏着一个法国十分在意的附加条件：那就是德国的复兴。

① J. B. Duroselle. German-Franco Relations since 1945[J].The Review of Politics, 1952, 14 (4): 502.

② [德] 康拉德•阿登纳. 阿登纳回忆录（一）[M]. 上海：上海人民出版社, 1976：291.

③ [意] 卡洛•M• 奇波拉主编, 林尔蔚译. 欧洲经济史第五卷下册二十世纪 [M]. 北京：商务印书馆, 1988：62-63；周琪、王国明. 战后西欧四大国外交 [M]. 北京：中国人民公安大学出版社, 1992：144.

第三，威望需求。法国是老牌的资本主义强国，在欧洲历史上一直扮演重要角色。二战之后，法国的地位一落千丈，整个欧洲都落入对美国俯首帖耳的境地。法国强烈地希望恢复法兰西的荣耀，戴高乐将军更是将重拾法兰西的伟大推崇到了极致。

（2）法国战后初期的外交政策。

对于战后的法国来说，削弱、控制德国与重拾大国地位看起来两者不可得兼。布热津斯基谈到了法国在两难境地的外交选择：一是在不断削弱美国在欧洲的存在的同时，确保美国对欧洲的安全承诺，即要使美国在欧洲保留足以构成对德国潜在威胁的力量；二是在阻止德国掌控欧洲的同时，还要借助于德国永不衰竭的力量，使法德伙伴关系成为推动欧洲一体化的发动机[1]。

法国战后政策的核心是重拾法兰西帝国的"伟大"，进行政治经济重建，并获得对德国而言的持久安全。法国在制定政治复原目标时，西德自然占有突出的地位[2]。法国战后初期对德国的政策，是最大限度地削弱甚至肢解德国。然而，法国无法仅靠一己之力实现战后重建，而德国的复兴也仅是时间的问题。因此，一味压制显然不是最好的选择，加之来自西方盟友的压力，与德国的和解也成为法国战后政策必不可少的一环。

战后法国的国内政治几经变动，战时一直到 1946 年以及 1958—1969 年的法国政治与外交，都带着强烈的戴高乐将军的个人色彩。他在战后初期的外交政策可以概括为以下几点。

首先，制定了战后初期的对德政策。主旨是使德国处于尽可能软弱的地位，简而言之就是经济上高赔偿和政治上分割或肢解，分离莱茵兰，鲁尔地区实行国际共管，萨尔经济上与法国合并，政治上与法国保持特殊关系，这样德国便不可能再形成一个统一的整体；限制德国的工业发展水平，剥夺它

---

① [美] 兹比格纽·布热津斯基著，中国国际问题研究所译. 大棋局：美国的首要地位及其地缘战略 [M]. 上海：上海人民出版社，1998：84.

② [美] Wolfram F. Hanrieder & Graeme P. Auton 著，徐宗士等译. 西德、法国和英国的外交政策 [M]. 北京：商务印书馆，1989：155.

足以发动战争的实力基础①。

其次，保持对殖民地的控制。法国希望可以借助海外殖民地恢复元气，重拾大国地位。然而，这一计划进行得并不顺利。

最后，在西欧建立一个由法国领导的"第三势力"，以便使法国恢复战前一流强国的地位。这一计划没有来得及展开，戴高乐将军就暂时离开了法国政坛。

1946—1958 年戴高乐离职的这段时期，法国外交政策的主线被称为大西洋主义，其中心内容是：安全上，要依靠美国的保护以抵制苏联的威胁；经济上，依靠美国的援助重建法国经济；政治上，依靠美国的支持抵制国内共产党的影响，维护第四共和国的基本制度②。这段时期的亲美立场，使得法国在西德复兴和重新武装问题上，都有所妥协。

1958 年，戴高乐将军重新执政以后，转而通过推动法德和解，使法国在西欧联合中发挥领导作用。他找到了实现法兰西的"伟大"与处理德国问题的交叉点——那就是用欧洲合作的框架桎梏德国。故而有学者一针见血地指出，"……法国为什么支持欧洲的一体化……法国的主要动机是鼓励建立可以提供控制德国的途径的国际组织和超国家组织。"③

虽然德国问题成为法国外交政策的症结所在，但是，战后初期法国在德国问题的处理上一直处于十分被动的地位。肢解德国的政策一开始就在四国外长会议上被否决，后来在德国问题上不断向美英妥协：法占区并入美英双占区，西德加入了北约，走上了重新武装的道路。然而，在法德和解问题上，却是法国占据了主动。通过推进法德和解的进程，法国进而在欧洲联合的动议中也占据了主动地位，形成了欧洲联合的法德同盟。

---

① See J. B. Duroselle. German-Franco Relations Since 1945[J].The Review of Politics，1952，14(4): 511. 另可见于 [法] 夏尔·戴高乐著，陈焕章译. 战争回忆录 [M]. 北京：中国人民大学出版社，2005：46-47. 陈乐民. 战后西欧国际关系（1945-1984）[M]. 北京：中国社会科学出版社，1987：139.

② 周琪、王国明. 战后西欧四大国外交 [M]. 北京：中国人民公安大学出版社，1992：143.

③ [美]Wolfram F. Hanrieder & Graeme P. Auton 著，徐宗士等译. 西德、法国和英国的外交政策 [M]. 北京：商务印书馆，1989：154.

当时的美国国务卿艾奇逊曾经评论道，"欧洲一体化进展的关键在法国。依我看来，法国为了它的前途，需要迅速果断地采取主动行动……即使美国和英国同欧洲大陆结成尽可能密切的关系，法国，只有法国，才能对使西德同西欧相结合起到决定性的领导作用"。① 法德和解成为法国处理德国问题，并借以领导欧洲的理想选择和有力手段。法德和解对于法国的意义不可谓不大。戴高乐将军在1969年4月卸任之前，曾对自己的一位支持者说道，如果不是"建立在法德和解的不可逆转的基础之上，法国的外交政策将是不可想象的"。②

第三节　领导人、决策层与社会团体的推动

众所周知，历史是由人创造的。国际政治中的事件是由人来演绎的，甚至各种理论也是来自人的理解和创造。个人或者群体影响甚至决定着民族国家及其他行为者的决策。必须承认，外交政策是由人来制定的，个人能够在一国的外交政策过程中产生重要影响，政府结构和决策过程也允许个人对外交政策产生影响。个人影响着外交政策的制定，进而影响国家之间的关系，甚至影响国际体系结构③。一般而言，扮演着领导者和决策者角色的个人，比起普通民众，对国际政治会产生更大的影响。领导人与决策者的个人性格、经历、受教育程度、领导风格等都会在外交政策中有所体现。个人也会结成团体或者组织，对政治生活产生影响。

政治和解与人民的和解应当同步进行，二者缺一不可。个人层面上，领导人、决策层对于两国和解的重视与坚持，社会团体、组织机构与民间促进和解的活动，都可以潜移默化地增进两国人民的相互理解，拉近彼此之间心灵的距离。这对于两国的心灵和解，有着至关重要的意义。

一、领导人及决策层

---

① 金安. 欧洲一体化的政治分析 [M]. 上海：学林出版社，2004：98.

② Julius W. Friend.The Linchpin French-German Relations, 1950-1990[M]. New York: Praeger, 1991: 50.

③ [美] 布鲁斯·拉西特、哈维·斯塔尔著，王玉珍等译. 世界政治（第五版）[M]. 北京：华夏出版社，2001：238.

　　法德友好关系总是从高层开始。两个国家的领导人组合一如既往地坚持法德友好，两个国家的外长等高级官员也对法德友好关系发挥了重要作用。

　　1. 阿登纳与戴高乐

　　联邦德国总理阿登纳和法国总统戴高乐不约而同地采取了与对方亲善的立场。以阿登纳和戴高乐为代表，法德两国领导人都认识到了法德和解的重要性，并为之做了长期不懈的努力。阿登纳和戴高乐是毋庸置疑的法德和解的奠基人。在二者的牵手和努力之下所签订的《法德友好合作条约》(《爱丽舍条约》)，是法德和解的标志性文件，奠定了后来法德友好与合作的基调。

　　阿登纳是德国历史上担任总理时间最长的一位领导人。作为联邦德国成立以后的第一位德国领导人，阿登纳一贯重视法德和解，并在他的任期内为法德和解做了坚持不懈又卓有成效的努力。阿登纳认为，法德友好关系不仅关系着法德的美好未来，而且关系着欧洲乃至全世界的美好未来。他在 1949 年 11 月 3 日接见美国《时代》周刊记者时所作的"破冰解冻"的谈话中表态："和法国的友谊将成为我们政策的一个基点，因为它是我们政策中的薄弱环节。"[①]1950 年 3 月，在法德萨尔问题呈现胶着状态时，他这样谈到法德关系，"法国和德国之间的联盟将会赋予身患重病的欧洲以新的生命和充沛的活力，它将具有巨大的心理上和物质上的影响，并发挥力量，必将拯救欧洲。我认为，这是达到欧洲统一的唯一可能性，借此也将消除两国间的敌对思想"[②]。在阿登纳推动法德和解的搭档——戴高乐将军在法国重新执政之前，他审时度势，解决了德法接近的两大障碍：德国重新武装与萨尔问题，却并没有陷入与法国关系的紧张状态。他高度重视法德和解，将法德联盟视为"一个统一的欧洲的奠基石和朝着新的方向迈出的第一步"[③]。一位学者赞誉道，"如果没有阿登纳，与法国关系的缓和绝不会发展得如此之快，如此之远。"[④] 回看阿登纳时期在法德关系上的言论与举措，就可以知道这并不是溢美之词。

①[德]康拉德•阿登纳. 阿登纳回忆录（一）[M]. 上海：上海人民出版社，1976：287.

②同上，354.

③同上，357.

④ G. P. Gooch. Franco-German Coexistence at last? [J].*Foreign Affairs*,1959, 37 (3): 438.

阿登纳和戴高乐通力合作，共同缔造了法德和解的官方文件。有学者指出，阿登纳似乎一直在顺从、迁就戴高乐的立场[①]，他的外交路线甚至被他的反对者称为"戴高乐主义"。然而，毫无疑问，两位老人志趣相投，一见如故，虽然出于不同的利益考虑，但是不谋而合地在法德和解问题上采取了相同立场。

戴高乐也敏锐地意识到了法德和解对于欧洲的重要意义。1949 年 9 月联邦德国成立之后的第五天，戴高乐便做了有预见性的公开讲话："将来会不会有一个欧洲，就要看日耳曼人和高卢人之间会不会直接达成一个协议。"[②]1958 年 9 月，戴高乐邀请阿登纳到他科隆贝双的乡间公寓进行了私人会晤，两人在法德和解问题上达成共识，并决定两国在所有领域里建立合作关系。1962 年 7 月，阿登纳对法国进行正式访问；同年秋，戴高乐将军访问联邦德国，并特地准备了 6 篇德文演讲。在这两次访问做足了法德和解的舆论准备之后，1963 年 1 月，在阿登纳总理回访法国时，两国签署了《法德友好条约》(The Elysée Treaty)，二人作为《法德友好条约》的签订者和见证人永垂史册。

1950 年 1 月和 1951 年 11 月，德国一个研究所设计了"你认为阿登纳总理促进法德友好的举动是好事还是错误？"的调查问卷，1950 年有 68% 的人认为是好事，12% 的人认为是错误，1951 年，认为是好事的比例上升到了 75%，只有 10% 的人认为是错误[③]。这说明德国人对法德和解与友好已经有了十分正面的认知。法德两国在 20 世纪 60 年代初期，随着领导人互访，实现了完全的和解。在 1961 年的一份民意调查中，对"在国际冲突中，在多大程度上我们可以依赖（另一个国家）作为自己的盟友？"这一问题的回答，57% 的法国人信赖德国人，76% 的德国人信赖法国人，比 50 年代的调查结

---

① See John Newhouse. Europe Adrift: The conflicting demands of unity, nationalism, economic security, political stability and military readiness, now facing a Europe seeking to redefine itself[M]. Random House USA Inc, 2007: 12.

② [法] 罗歇·马西普. 戴高乐和欧洲 [M]. 上海：上海人民出版社，1973: 28. 转引自周琪、王国明. 战后西欧四大国外交 [M]. 北京：中国人民公安大学出版社，1992：153.

③ J. B. Duroselle. German-Franco Relations Since 1945[J].The Review of Politics，1952，14 (4): 508.

果分别增长了5%和20%[①]。这反映了彼时法德两国相互信任程度的不断提高。

2. 让·莫内与舒曼

（1）"欧洲之父"——让·莫内

因其对欧洲一体化事业的杰出贡献，让·莫内被誉为"欧洲第一公民"。终其一生，这个坚定的联邦主义者都在为欧洲联合事业和欧洲的和平而不断思考和努力。正是莫内的煤钢联营提案，造就了法德和解和欧洲联合事业的起步。

让·莫内看到了法德之间的症结之所在：德国人担心法国的监督将会无限期延续下去，德国人因此长期遭受凌辱；法国人则担心德国一旦强大起来，别人就更难驾驭[②]。他在自己的回忆录里称自己"带有唯一的一种忧虑，即使人们联合起来，解决分裂他们的问题，引导他们看到彼此间的共同利益"[③]。他孜孜以求一种可以消解法德双方的疑惧，实现永久的和解与和平合作的途径。他指出，"首先应当从解决某个具体矛盾出发。一个矛盾解决好，便可为解决另外一些矛盾打下基础，为全面解决德法问题创造条件。因此，德法联合将是渐进的，而且渐进的成败将取决于第一步所产生的原动力。而这第一步，则应该从阻力最大、矛盾最多的地方做起"[④]。莫内决定从德国的钢铁和鲁尔的煤炭着手，殚精竭虑地拟定了煤钢联营提案。法德两国都有和解的意愿，让·莫内的煤钢联营提案给二者提供了和解的契机与可供选择的路径。莫内这一"欧洲第一公民"对于欧洲联合的倡议不止于此。他代表了一个团队、一支力量，他和他的学生、团队，一直都在为欧洲的防务、政治、经济一体化积极奔走，提出了许多影响深远的计划和倡议。

（2）法国总理舒曼

舒曼的个人经历与法国、德国都有千丝万缕的联系，他出生于洛林，在1918年之前，这个地方还属于德国；他也曾受过德国法西斯的迫害，因此，

---

① Donald J. Puchala, Integration and Disintegration in Franco-German Relations, 1954-1965[J].*International Organization*，*1970*，24(2): 188-190.

② 周琪，王国明. 战后西欧四大国外交 [M]. 北京：中国人民公安大学出版社，1992：154.

③ [德] 康拉德·阿登纳. 阿登纳回忆录（一）[M]. 上海：上海人民出版社，1976：248.

④ [德] 康拉德·阿登纳. 阿登纳回忆录（一）[M]. 上海：上海人民出版社，1976：328.

有人说，"舒曼很有资格致力于在欧洲各国之间形成某种和解的形式"①。法国总理舒曼本人也曾经说过，"德国问题还没有解决，我们希望在和平的欧洲合作的框架中解决它"②。无独有偶，他的同僚让·莫内给出了煤钢联营的提案。舒曼在压力和阻力之下力促其通过，"舒曼计划"由此流芳百世。他意识到了法德和解与合作对于欧洲联合的特殊意义，在"舒曼计划"公之于世之时，他说道，"欧洲跳动的脉搏并不一致，也无法用一步到位的简单方法去统一，欧洲一体化需要通过具体的实际行动来实现，最主要的是行动一致！欧洲一体化首先要求德法和解，解决几百年来的对立，因此，欧洲统一大业的前提是解决德法问题。"③

3.法德两国后来的领导人组合延续了法德和解与合作的基调

一位学者曾经这样评论法德两国战后的领导人组合，"阿登纳与戴高乐是最为自然地联系在一起的领导人组合，勃兰特与蓬皮杜是最为务实的组合，施密特与德斯坦是最为志趣相投的组合，而科尔与密特朗则是最为古怪的组合"④。法德和解在二战后艰难起步，并陆续经受住了欧洲一体化进程中共同农业政策、共同市场、经济货币联盟、德国统一以及欧洲联盟的考验，这与两国领导人一直坚持法德友好是分不开的。这也会在后面的部分展开具体介绍。

二、社会团体、组织与进步力量为法德和解添砖加瓦

除了两个国家的领导人和政府成员的定期会晤之外，一些重要的组织机构，比如法德文化理事会（Franco-German Cultural Council）、被广为称道的法德历史教科书委员会（Franco-German Textbook Commission）等，以及两个国家之间的民间往来，比如教育和青年交流，也自下而上有力地支持与推动了法德和解。

---

① [英]德里克·W·厄尔温著，章定昭译.第二次世界大战后的西欧政治[M].北京：中国对外翻译出版公司，1985：116.

② 周琪、王国明.战后西欧四大国外交[M].北京：中国人民公安大学出版社，1992：153.

③ 歌德学院："德法合作的历史"，http：//www.goethe.de/ins/jp/lp/prj/wza/defr/zh2257714.htm.

④ Julius W. Friend.The Linchpin French-German Relations，1950-1990[M]. New York: Praeger，1991: x.

曾经参与过法德历史教科书委员会的一位法国历史学家指出，法德之间的历史和解可以上溯到 20 世纪 20 年代早期，当时有一位历史学家著书指出，第一次世界大战后的《凡尔赛和约》仅仅单方面责备德国是不对的。另外，有一些学者和教师曾在 20 世纪 30 年代举行会议，商议删除历史教科书中鼓吹战争的部分。1935 年以后，希特勒的法西斯政府选择用一种极端的方式解决历史冲突，法德间的历史对话也被终止。二战后法国和德国在 1950 年举行了首次教科书对话。德国的布伦瑞克（Braunschweig）市有一个国际教科书研究所，聚集了许多专家学者关注历史问题的解决[①]。

位于德国的路德维希堡（Ludwigsburg）的德法关系研究院（The Deutsch-Französische Institut，DFI）创立于 1948 年，它是一个独立的非营利性组织，致力于在欧洲范围内研究和记录当代法国和法德关系的进展。作为两国之间的对话平台，该研究所已经引导和塑造了法国和德国在政治、经济和社会等领域的合作长达 60 多年。DFI 在促进法德国之间的信息和经验交流的同时，积极推广应用研究，从而奠定了在欧洲范围内两国之间的公开对话和建设性合作的基础。它以其丰富的档案资料和对相关材料的分类整理，为政治、媒体、商业、管理和组织等领域的工作提供支持[②]。

在 1963 年《法德友好条约》签订前，法国与德国已经有 120 对姊妹城镇，这些姊妹城镇大量举办文化、学术、艺术合作以及相同职业的人互相访问等活动。1945 年战争刚结束，两国的天主教教士联合组成"国际联络档案局"（BILD），组织成百成千的青少年寄宿到对方国家的家庭长达一两个月以上，以吸收对方文化，同时，该组织还为之设计各种课程，培养友谊，并出版刊物"档案"（Ducuments — Dokumente），来记录两国的关系发展。鉴于各类法德合作协会不断增加，两国在 1984 年将大部分组织（二三百个）纳入一个系统，成立法德协会联盟（FAFA），协助促进语言教学，主办各式研讨会，对两国姐妹市镇之选择及扩大等提供建议，同时，还出版定期刊物"新闻"

---

① Andrew Horvat. Overcoming The Negative Legacy of The Past: Why Europe is A Positive Example for East Asia[J].Brown Journal of World Affairs, 2004，XI（Ⅰ）: 139-140.

② 翻译自德法关系研究院网站 http：//www.dfi.de/.

（Actuel）至今。

1963 年的《法德友好条约》序言中，明文强调加强双方青年人的交流与合作是重要的目标，因此特别由两国外长签署协定，规定两国政府每年拨款共 4000 万马克在双方首都成立青年合作办事处（Franco-German Youth Office, DFJW），以进行教育、文化、体育、学术等交流，每年各组织最多达 30 万的年轻人参加。50 年后，两国已经有 800 万年轻人参加了 30 万个合作项目和会议，被誉为法德合作的关键媒介[①]。

上自领导人、决策层，下至普通民众、社会团体、民间组织，他们所做的促进两国和解与合作的努力，证明法德和解并不是停留在表面上，而是真正符合两国人民的共同需要，法德之间的外交和政治和解与两国人民的心灵和解一起促进了法德和解的不断深化与长期化。

第四节　欧洲联合与法德和解相携互促

煤钢联营这一法国主动提议，德国双手赞成的开创性的计划，使得欧洲出现了战后联合事业的第一个开创性组织——煤钢联营组织。法德和解的开始同时是欧洲联合的起步，二者相携互促，这是法德和解与欧洲一体化的独特之处。

法德和解是一切西欧联合的先决条件。"欧洲之父"让·莫内为欧洲的联合做了长期的思考和准备。1950 年，他向法国外长罗伯特·舒曼提交了欧洲煤钢联营提案，随后在 5 月 9 日，"舒曼计划"公之于世，"法国政府建议把法德两国全部的煤钢生产置于一个共同的高级机构的管理之下，将其纳入一个其他欧洲国家都可以加入的组织之中……法德两国之间的一切战争不仅将是难以想象的，而且在物质上也全无可能。"[②] 让·莫内在 1950 年 5 月 3 日

① 50 years Franco-German Youth Office, see https://www.deutschland.de/en/topic/politics/germany-europe/50-years-franco-german-youth-office [2013.07.03].
② "舒曼宣言"文本，见 [法] 法布里斯·拉哈著，彭姝祎、陈志瑞译. 欧洲一体化史（1945-2004）[M]. 北京：中国社会科学出版社，2005：143.

给舒曼的备忘录里写道，"（煤钢联营计划）将抹去德国人对永无止境的受控状态的耻辱感，也解除了法国人对不受控制的德国的恐惧"①。通过这一提案，欧洲开始走向联合之路，一体化事业自此起步，同时也是法德和解的开端。

一、第一次世界大战后法德领土争端的初步解决同时是欧洲联合的起步

德国问题是摆在战后盟国面前的重要问题，作为德国的重要工业区，鲁尔问题是德国问题的重要组成部分。如何处置好鲁尔，不仅是法国和西德非常关心的问题，对欧洲联合事业来说也至关重要。

法国在战后初期实际控制了德国的鲁尔与萨尔这两个煤钢重工业区，以防备德国东山再起。1948 年 12 月，经过长期的争论，六国伦敦会议发布了《鲁尔国际管制条约》。然而，这一条约并没有消解法国对德国会重新获得对鲁尔区的经营和分配权的疑虑，也因为对没有主权的西德的歧视性色彩而造成了德国人的不满②。让·莫内此时不失时机地提出用一体化的方式解决鲁尔问题，这一煤钢联营计划进而由法国外长主动提出，随后得到联邦德国的欢迎和支持。阿登纳在得知"舒曼计划"的内容后兴奋地表示："法国的建议是建立在平等基础上的……我认为舒曼的建议是法德关系的一个非常重大的发展。"③法国有所让步，放弃了自己拥有的主权（煤钢部门——笔者注），而联邦德国放弃了它尚未收回的主权④。六国进而于 1951 年 4 月签署了《欧洲煤钢共同体条约》，迈出了欧洲一体化的第一步，法德间的鲁尔问题也得以初步解决。

萨尔问题随后在 1957 年也得以最终解决，两国之间的领土争端也画上了句点。

二、法德和解与欧洲联合最初的共同成功：煤钢联营

---

① Jean Monnet, Mémoires(Paris: Fayard, 1976), 345. See Julius W. Friend. The Linchpin: French-German Relations, 1950-1990[M]. New York: Praeger, 1991:17.

② 参见岳伟. 战后鲁尔问题与西欧早期一体化 [J]. 武汉大学学报（人文科学版），2008(3): 344.

③ [德] 康拉德·阿登纳. 阿登纳回忆录（一）[M]. 上海：上海人民出版社，1976：377-378.

④ [法] 皮埃尔·热尔贝著. 欧洲统一的历史与现实 [M]. 北京：中国社会科学出版社，1989：99.

由无冕之王让·莫内起草，法国总理舒曼发起官方倡议的煤钢联营提案，得到了联邦德国最热烈的欢迎，法德双方一拍即合。不可否认，法德双方都是基于各自的利益需求所做出的选择。法国愿意在煤钢联营提案上占据主动，主要是基于以下考虑[①]。

首先，德国的重新武装看起来已经在所难免，在德国重新武装之前，法国乐见一个国际组织对其进行监督，这一国际组织将可以通过对限制煤钢产量和市场的安排，来不断检验西德的战争潜力。

其次，西德在西方联盟中的影响在不断增长，鲁尔区迟早会脱离西方国家的控制，煤钢联营在某种程度上可以缓解法德在鲁尔问题上的紧张关系。

西德也有自己的考虑[②]：第一，西德作为平等的一员加入煤钢联营组织，标志着朝着恢复主权的方向迈出了重要一步；第二，阿登纳期望能在一个西欧的社会环境中寻求同法国的根本和解；第三，煤钢联营集团的建立使西方盟国放松了对西德煤钢生产的控制，西德因而获得了直接的经济好处，进一步促进了经济复兴。

《建立欧洲煤钢共同体条约》的前言中热情洋溢地写道，"（缔约国）决心以合并各国的根本利益，取代世世代代的对立；通过建立一经济共同体，为因流血冲突而长期分裂的各国人民间的更为广阔和深刻的共同体打下基础；以及为引导今后共同命运的组织机构奠定基石……"[③]，这绝不仅仅是华美的外交辞令，而是欧洲国家，尤其是法国和德国的切身感受与共同目标。煤钢共同体的"国家间的功能性合作＋超国家性质的组织机构"这一前所未有的创新合作形式，为后来的欧洲一体化所因循和发展。

三、法德和解为欧洲一体化奠定了关键性基础并提供了长久发展的保证

法德握手言和共同建立的煤钢联营组织，成为战后欧洲联合事业的创始性组织，法德两国亦成为战后欧洲一体化的核心创始国。两国进而开始了在

---

① 周琪，王国明.战后西欧四大国外交 [M].北京：中国人民公安大学出版社，1992：292.

② 同上.

③ [法]法布里斯·拉哈著.欧洲一体化史（1945-2004）[M].彭姝祎，陈志瑞译.北京：中国社会科学出版社，2005：157.

欧洲政策上的相互接触，二者之间的矛盾和妥协往往决定着一体化的前进与危机。法德作为欧洲一体化的发动机与轴心初显峥嵘。以法德之间的和解与合作为前提和基础，欧洲一体化如同"滚雪球"一样，继续向着欧洲经济共同体、欧洲共同体与欧盟不断迈进。法国与德国冰释前嫌，共同驾驭一体化这驾马车，并成为两个最主要的驭手。它们的政策与相互之间的关系，甚至可以说决定着一体化事业与欧洲的未来。法德和解的不断深化与越来越默契的法德合作，是欧盟的成功与一体化事业的各项里程碑的坚实后盾和强大保证。

阿登纳说："法德和解即使不是欧洲政治统一的一把钥匙，也是欧洲政治经济统一的一个开端。"形势的发展充分证明了这一预言的精确性。法德两国从仇视走向了和解，并成为西欧联合的起步。法德和解是西欧联合的前提条件，没有法德的和解与合作，战后的欧洲联合是不可想象的。两者的煤钢联营倡议也成为一体化进程的开始，煤钢共同体也成为后来的一体化框架丰富、扩大和深化的基础。不仅如此，法德和解的发展与深化，形成了欧洲一体化进程中的法德轴心，有力地推动着随后欧洲一体化的历次深化与扩大。

本章小结

综前所述（图 3-1），体系层面上的推动力与压力，民族国家层面上法德两国的共同利益与相互需要以及个人层面领导人、决策层以及政府与民间的团体和组织的自下而上的推动，共同导向了区域层面上欧洲一体化事业与法德和解相携互促的局面。美苏两极体系与冷战是法德两国无法跳脱的外部体系环境，外部高压加上美国提供的经济援助和安全保障，都影响着法德两国的战后抉择。法国和德国在这种体系和区域大势之下的安全、繁荣与威望需求，都指向一个交叉点：法德和解。法德的和解与合作成为两国外交政策中的共同主题与重心所在。在这种恰当的时机之下，煤钢联营的提案应运而生，使得法德和解与合作有了实质性的内容，带来了欧洲联合的起步，并获得了初步成功。而这一提案的提出与通过离不开两国领导人、决策层的通力合作；

许许多多政府与民间社会团体和组织，也都为法德和解添砖加瓦，可以说法德和解与合作拥有自下而上与自上而下的双重推动力。

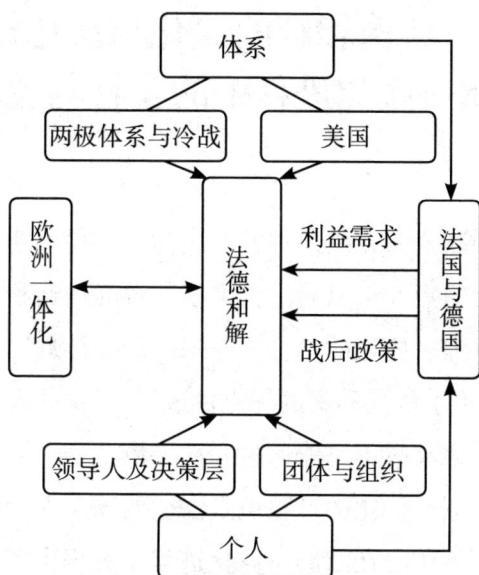

图3-1　战后法德和解的层次分析

法国与德国在二战后用和解替代了战争和复仇，它们不再是"一山不容二虎"的紧张敌对关系，也不再是"既生瑜，何生亮"的竞争关系，而是一步步成为欧洲一体化进程中的合作伙伴。虽然一开始法德两国同床异梦，互相利用，但是随着法德和解的制度化和不断深化，法德轴心自 20 世纪 70 年代起运转得越来越默契，带动共同的欧洲联合事业不断深化和扩大，这也是接下来需要探讨的课题。

第四章　法德和解的深化与法德轴心：
欧洲一体化进程中的支柱与关键

　　法德和解是欧洲联合的先决条件，并成为一体化事业起步的契机。法国和德国在二战结束后短短 5 年时间里，出于各自的战略利益考虑选择了和解与合作，并迈出了欧洲一体化的第一步——"舒曼计划"与煤钢联营，并在 20 世纪 60 年代初取得了法德和解的标志性成果（《法德友好条约》）。由于千年的宿仇与积怨，法德和解不可能通过一次妥协、一个协议就能实现。在某种意义上可以说，欧洲一体化的过程也是法德两国全面和解的过程。法德和解的不断深化使得法德核心在欧洲一体化进程中表现出了强大的生命力，这一坚实的内核在经济、政治、安全与外交的各个领域联手建设欧洲，共同实现了关税同盟、共同市场、经济与货币联盟、欧洲联盟与《欧盟宪法条约》等欧洲一体化进程的里程碑，推动了一体化的历次深化与扩大，并经受住了"空椅"危机、英国加入共同体、各国货币让位于欧元、两德统一等具体挑战。

　　俗语道"一山容不得二虎"。在"欧盟"这座山上，法国和德国就好比两虎共生。欧洲一体化固然符合它们的共同利益，但它们毕竟有各自的特殊利益。这就使得欧洲一体化的进程并不平坦，几乎每一步都饱含着法德两国之间的矛盾与斗争、妥协与合作。基本上可以将二战以来的法德和解的深化与欧洲一体化进程简单地划分为两个阶段，分界线就是冷战结束与两德统一。之所以做这样的分期，是因为冷战与两德分裂时期，法国明显在法德关系与欧洲一体化进程中占据了政治制高点，在某种程度上平衡了西德的经济优势；而随着柏林墙倒塌，两德统一与冷战的结束，在欧洲的中心重新崛起了一个统一、强大的德国，法德轴心中的法德平衡出现了微妙变动，法国的优势相对衰弱了，德国的相对力量则大幅提升。这如果在过去，会极大地改变欧洲的权力均衡，诱发法国等欧洲国家的"恐德症"，进而导致战争。法国的欧洲政策和对外关系有所调整，统一后德国的欧洲政策和对外关系也面临着转型。在这种复杂的形势下，法德轴心不但没有解体，反而获得了新的动力，继续支持与推动欧洲一体化事业向前发展。

第一节 两德统一之前的法德和解与法德轴心

法德和解不仅是法德两国人民，而且是整个西欧在 20 世纪 40 年代末和 20 世纪 50 年代的共同梦想[①]。法国历史学家阿尔弗雷德·格罗塞在 1965 年出版的《戴高乐时期的法国外交政策》（*French Foreign Policy under de Gaulle*）一书中提到，（《爱丽舍条约》之前的）法德和解呈波浪式发展，第一波是"1945—1949 年少数志愿者发起的和解活动"，第二波是由罗伯特·舒曼等"欧洲主义者"所推动的，第三波以 20 世纪 50 年代后期戴高乐"法国民族主义的复兴以及法德友好的达成为标志"[②]。《爱丽舍条约》是法德和解制度化和长期化的开始，并产生了"路径依赖"，保证了欧洲一体化进程中的法德轴心一直发挥着领导和核心作用。

如前所述，两极体系和冷战背景使欧洲以及欧洲众国面临前所未有的危机，给西欧的区域联合和法德和解提供了必要性；来自美国的安全保障和经济援助，加上区域内部的联合思想与合作提案，给欧洲一体化的起步提供了现实的可能性，也给法德和解提供了进一步深化的实质性内容：法德合作领导欧洲联合事业。

一、戴高乐与阿登纳：法德和解走向制度化与法德轴心的形成

"对于法德关系来说，最为重要的莫过于 20 世纪 50 年代末 60 年代初的这一段时期。"[③]1963 年 1 月，联邦德国总理阿登纳（Konrad Adenauer）与法

---

① Harold C. Deutsch.The Impact of the Franco-German Entente[J].Annals of the American Academy of Political and Social Science, 1963, 348 (The New Europe: Implications for the United States): 83.

② Alice Ackermann. Reconciliation as a Peace-Building Process in Postwar Europe: The Franco-German Case [J]. Peace & Change, 1994, 19 (3): 248.

③ David P. Calleoeds. Europe's Franco-German Engine[M]. Washington, D.C.: Brookings Institution Press, 1998: 22.

国总统戴高乐（Charles de Gaulle）签署的《法德友好条约》，是法德和解与合作制度化的开始。法德和解给欧洲联合带来的最初的成功是煤钢联营，这也成为欧洲一体化正式起步的里程碑。煤钢联营的构想是让·莫内等联邦主义者深思熟虑的结果，亦是源远流长的欧洲统一思想的结晶，然而必须承认，这一构想并不意味着法国与德国形成了高度一致的一体化政策。煤钢联营是法国与德国一体化合作的开始，同时也是法国与德国的一体化政策逐渐形成，并不断产生矛盾与相互妥协的过程。

联邦德国第一任总理阿登纳把大西洋联盟、欧洲联合与法德团结作为西德外交的三大支柱[1]。德国处于美苏对峙的前沿，并沦为了冷战的牺牲品，自身的军事力量受到严格限制，因此只有"一边倒"地加入西方联盟和北约，才能保障自身的安全；融入并推动欧洲联合，不仅使得西德获得了平等的"主权"，而且可以在欧洲联合中实现复兴；如果说西德的国家安全与战后复兴存在什么障碍的话，那这个障碍一定来自法国的疑忌和阻挠。因此，阿登纳主动释放善意，寻求和解。事实证明，他的以法德和解为核心的"融入西欧"（westbindung）的政策是成功和有力的。

欧洲观念作为一种政治和经济力量主要是由法国激发、倡导起来的，法国自20世纪60年代起通过与德国发展特殊关系来发展欧洲政策。欧洲政策在政治上具有至关重要的战略意义，它切合了从戴高乐一直到希拉克的法国领导人维持大国地位，发挥超出法国经济实力的影响力，在大国俱乐部和最高谈判桌上有一席之地的雄心[2]。欧洲联合事业是法国战后解决德国问题及其大国战略的重要依托。

1. 法德和解走向制度化的开始与欧洲联合法德轴心的形成

法德战后初期的相互接触，解决了德国的重新武装问题和对萨尔的领土争端。从经济上来说，自舒曼计划实施以来，两国经济联系进一步加强，签订了多项双边贸易合作协议，"到50年代中期，法国已经是德国最大的消

---

① 张锡昌、周剑卿. 战后法国外交史（1944–199）[M]. 北京：世界知识出版社，1993：69.

② Ian Manners & Richard Whitman.The Foreign Policies of European Union Member States[M].Manchester: Manchester Univ. Press, 2000: 19.

费国以及第二大商品提供国，而德国则成为法国第二大消费国及商品提供国"①。苏伊士运河危机使得法德两国对美苏两极的冷战格局有了更为深痛的认识，也促使法德合力推进欧洲联合步伐。

20世纪50年代初，法德两国领导人分别公开传递了法德对话和合作的信号，到60年代初两国签订双边条约的十年，是法德战后关系史上一段特别重要的时期，法德决心通过和解与合作，共同在欧洲一体化中发挥核心作用。20世纪50—60年代法德两国领导人戴高乐将军和阿登纳总理频繁地相互接触，最终将法德和解的成果用条约方式固定下来，使法德和解与合作得以制度化和长期化。两人在签订条约时共同发表了简短声明，声明强调了三个目标：达成有象征意义的德法和解，建立两国人民之间真正的友谊，特别是青少年之间的友谊，促进建立一个"统一的欧洲"。条约规定了两国政府和机构定期会晤的时间表，其中包括各级层面（国家和政府首脑，部长，高级官员）的会晤，以确保两个国家之间的合作能顺利进行②。戴高乐在回忆录里提到，从1958年的初次会晤到"一直到1962年中期，阿登纳和我有40次通信，会晤15次……我们之间的交谈花了100多个小时"③，"总的说来，我们所说的、所写的、所做的一切都是为发展以及跟进我们在1958年所达成的协议。当然，环境的变化也会导致意见上的分歧，但这些总是能被克服"④。

这一时期是法德和解逐渐走向制度化的开始，亦是欧洲联合事业中的法德轴心形成与奠基的时期，法德和解与欧洲联合事业呈现以下两大特点。

首先，在法德和解走向制度化的过程中，法德之间逐渐加深了对彼此欧洲政策的认识和了解，不信任和不确定性有所降低，在欧洲一体化问题上达

① Patrick McCarthy.France-Germany, 1983-1993: the struggle to cooperate[M].New York :St. Martin's Press, 1993: 9. 转引自张健. 德法关系与欧洲一体化进程研究（1945-1993）[D]. 武汉大学博士学位论文，2003（5）：43.

② 歌德学院. 德法合作的历史 [EB/OL]. http://www.goethe.de/ins/jp/lp/prj/wza/defr/zh2257714.htm.

③ Charles de Gaulle.Mémoires d'Espoir Le Renouveau 1958-1962[M].Paris: Plon，1970:191.

④ See Alfred Grosser. The Western Alliance: European-American Relations since 1945[M]. New York: Continuum, 1980: 189-190.另可参见吴国庆. 战后法国政治史（1945-1988）[M]. 北京：社会科学文献出版社，1990：182.

成了关键共识：法德和解与合作是欧洲联合的支柱，欧洲联合符合两国的共同利益和相互需要。最大的成功是《罗马条约》的成功谈判和共同执行。

其次，因为法德和解经历了走向初步制度化的过程，法德轴心也还是个蹒跚学步的新生儿，因此法德双方在欧洲政策和相关问题上有限地协调立场，也表现出了一些分歧，这也使得欧洲联合事业经历了一些挫折。法国历史学家将 1958—1969 年戴高乐执掌法国政权的这段时期总结为：国家的欧洲反对超国家的欧洲，"欧洲人"的欧洲反对"大西洋"的欧洲[①]。

（1）"邦联"与"联邦"的分歧。

"邦联"与"联邦"关系着欧洲一体化发展的终极目标，是一体化进程中贯穿始终的重要争论。"国家"与"超国家"也成为划分欧洲一体化理论流派的主要依据。联邦主义者致力于建立共同的超国家机构，最终建成一个欧洲联邦；功能主义与新功能主义者主张通过"外溢"，渐进地从经济一体化一步步发展到政治一体化，最终的目标也是实现一个欧洲联邦。而现实主义者和政府间主义者坚持一体化是主权国家之间的联合与合作，不主张超越民族国家主权的超国家机构。无独有偶，法国与德国的一体化政策，却在某种程度上反映了欧洲一体化进程的这种"目标"之争，法国一直以来希望建立一个政府间合作的欧洲邦联，而德国则更多地表现出了建立欧洲联邦的愿望。

这一时期的德国，同除法国以外的欧洲一体化创始国一起，支持欧洲向着联邦的方向发展，而法国则坚持自己的政府间合作的"邦联"立场。戴高乐外交的总目标和总政策，即戴高乐主义的核心内容，就是争取法国在国际事务中的独立自主和大国地位[②]。他对法国政治和欧洲联合事业都影响深远，后来的法国总统蓬皮杜和希拉克都表明自己是戴高乐主义者。戴高乐在任期内奠定了法德和解与合作作为欧洲联合基础的基调，然而他是一个坚定的政府间合作论者，也公开表明自己的邦联主义者身份。"多国家的欧洲""欧洲人的欧洲"都是他的邦联宣言。他认为，未来的欧洲必须是民族国家联合起

---

① [法]皮埃尔·热尔贝著，丁一凡等译.欧洲统一的历史与现实[M].北京：中国社会科学出版社，1989：215.

② 吴国庆.战后法国政治史（1945-1988）[M].北京：社会科学文献出版社，1990：177.

来的"多国家的欧洲""祖国的欧洲"，反对任何"超国家"主张和欧洲联邦主义的思想。他在 1950 年 2 月的一次讲话中说："只要法国不居领导地位，欧洲就无法形成，我所说的是一个站起来的、不受牵制的法国"；联合起来的欧洲应该以法德联合为支柱。法国和联邦德国互相需要、互相借重[①]。他还在 1962 年 5 月的一个记者招待会上直言不讳地指出，"当前，除掉'多国家的欧洲'之外，没有，也不可能有什么别样的欧洲；否则，那只能是一个神话当中的、虚构的和空谈当中的欧洲"；在"多国家的欧洲"中，法国应起中流砥柱的作用。

在戴高乐"从大西洋到乌拉尔"的欧洲构想中，"所有参加的国家都应该保持它们原来的面貌，所遵循的道路应该是国家之间有组织的合作道路，然后也许会变成一个庞大的邦联"[②]。他试图在争取东西方关系缓和与国际谅解的前景中，建立一个摆脱美国和苏联控制的、以法国为中心的、以法德合作为支柱的、由欧洲各主权民族国家联合起来的欧洲。

（2）深化与扩大的分歧。

德国是一体化机构的支持者，《罗马条约》签订以前阿登纳所给出的建议中，特别提到"一开始就要在可能范围内努力建立一些合适的共同机构"，"必须建立拥有决定权力的欧洲机构，以保证这个（共同）市场履行它的职能，同时促进政治方面的继续发展"[③]。法国这一时期在共同体的深化与扩大上，明确表示不要任何"超国家"和联邦倾向的共同体政策。正是出于政府间合作与欧洲邦联的立场，戴高乐将军坚决捍卫成员国的"一致同意"原则而酿成了欧洲一体化进程中的重大危机——"空椅"危机。戴高乐于 1960 年 9 月最先公开宣称十分有必要开展政府间类型的政治合作来延伸经济共同体，并于 1961 年和 1962 年两度推出了建立欧洲政治联盟的"富歇计划"，这一计划事先有与阿登纳协商，但是法国与德国及其他伙伴分歧太大，一方面政府

---

① 陈乐民.战后西欧国际关系（1945-1984）[M].北京：中国社会科学出版社，1987：236-239.

② 国际关系研究所编.戴高乐言论集第 3 卷（1958-1962 年）[M].北京：世界知识出版社，1962：221.

③ [德]康拉德·阿登纳.阿登纳回忆录（三）[M].上海：上海人民出版社，1976：292.

间色彩过浓，另外计划对跨大西洋安全关系的质疑也令伙伴们反感。可以说，法国太过明显地希望充当欧洲政治领导者的意图使得这一计划流产。这也从一个侧面表明，如果法德之间分歧过大，达不成共同协议，形成不了统一立场，一体化进程就很难迈开前进的步伐。

扩大方面，因为英美特殊关系以及担心英国取代自己在共同体中的领导地位，法国两次否决了英国加入共同体的申请。在1958年9月，戴高乐和阿登纳的首度会晤中，两人关于外交政策问题的协商就包括英国通过自由贸易区与欧洲经济共同体建立联系的问题，戴高乐说："只要英国在经济和政治方面继续维持现状，法国就认为应当把它排除在外。"[①] 阿登纳则指出，德国国内有很大一部分人"希望满足英国的要求"。阿登纳在其回忆录中写道，戴高乐肯定共同市场的观念，但向来不同意超国家性质，戴高乐暗示希望"法德对自由贸易区采取共同立场"。然而阿登纳接下来还要在10月初直接同英国首相麦克米伦协商这一问题，因此并没有明确回复戴高乐，他认为"麦克米伦是诚实的，他想通过这种方法来接近欧洲"[②]，显然倾向于支持英国加入共同体。英国两次申请失败表明了共同体内各成员国特别是法德两个大国不同的政治经济利益对欧洲一体化的影响，对德国来说，英国的加入可以带来政治、经济上的好处：会提供新的市场，也有利于欧洲的联合和大西洋联盟的发展；而法国则不愿意让英国这个潜在的领导权争夺者加入目前自己拥有政治优势的共同体[③]。

在法德关系发展势头良好、戴高乐和阿登纳决定签署《法德友好条约》之前，英国在1961年第一次提出了加入共同体的申请，戴高乐将军在没有提前知会阿登纳的情况下，在一次记者招待会上突然宣布了否决英国加入申请的决定。阿登纳虽然十分震惊，但是出于法德和解与合作的大局，仍然对戴高乐的这一决定表示了支持。

---

① [法] 夏尔·戴高乐著. 希望回忆录 [M]. 北京：中国人民大学出版社，2005：157.

② [德] 康拉德·阿登纳. 阿登纳回忆录（三）[M]. 上海：上海人民出版社，1976：512-513.

③ 张健. 德法关系与欧洲一体化进程研究（1945-1993）[D]. 武汉大学博士学位论文，2003（5）：72.

（3）"欧洲"与"大西洋"的分歧。

"空椅"危机是由共同农业政策引发的，1965 年委员会的一揽子提案中，决定共同农业政策基金来自共同体自有财源，而法国不准备接受这一朝着超国家性质迈进的一步。约翰·纽豪斯（John Newhouse）指出，这场危机的背后还隐藏着法国对美国发起、德国支持的多边核力量计划（Multilateral Force Project）的深层次不满。1964 年 12 月，法国总理蓬皮杜针对这一计划回应道："如果多边核力量计划要形成一个德美军事同盟的话，我们认为这不符合法德条约基础上的法德关系，也不符合欧洲防务观以及我们在欧洲防务政策上的理念。"[1] 概言之，在欧洲安全政策上，法德两国存在着较为明显的"欧洲"与"大西洋"的分歧。德国倾向于以北约（NATO）为主体的跨大西洋安全，在《法德友好条约》的前言中，还特别申明条约必须促进"欧洲和美国的特别紧密的合作"和不影响西德签订的"多边条约的权利和义务"。然而法国则尝试建立欧洲防务共同体。1950 年 10 月，普利文的"欧洲军"计划失败了，德国最终被纳入到北约的集体防务当中。戴高乐坚持发展法国独立的核力量，于 1966 年宣布退出北约军事一体化机构，仅仅作为北约政治成员，保持与北约军事机构的合作。戴高乐对此做出的解释是："我不是要使法国脱离大西洋联盟——这是我要极其小心去维持的，而是要脱离在美国指挥下的北约。"他想要的未来的欧洲应该是摆脱美苏两大国控制的独立的欧洲，即要把欧洲建成一个与美苏鼎力的独立的平衡力量，使欧洲"成为世界三大势力之一，在必要时，使它成为苏联和盎格鲁—撒克逊两大阵营之间的仲裁者"。

2. 法德两国在《罗马条约》谈判中的矛盾与妥协

从欧洲一体化的发展历程来看，《罗马条约》与《马约》都是至关重要的里程碑。《罗马条约》建立了欧洲经济共同体和欧洲原子能共同体，加上之前的煤钢共同体，这三个机构最终合并成为欧洲共同体（EC）。其中，欧洲经

---

① John Newhouse.*Collision in Brussels*, the Common Market Crisis of 30 June 1965[M]. London: Faber & Faber，1967. SeeGisela Hendriks. The Franco-German Axis in European Integration[M].Cheltenham: Elgar, 2001: 101.

济共同体凭借满满的活力成为欧洲一体化的主要发动机。《罗马条约》的重要意义还在于它开始进行对成员国的超出特殊部门的整个经济的一体化，使共同体从交换领域到生产领域的经济环境发生了重大转变，并成为日后内涵和深度不断扩大的欧洲一体化发展的基础①。从形式来看，《罗马条约》是一个融合了机构—程序—目标三个方面因素的条约框架，预先勾勒出了共同体今后将长期使用的谈判体系②。《罗马条约》是法国和德国在走向政治和解的过程中，欧洲一体化所达成的重大成果。从中可以看到，处在和解初步阶段的法国和德国，在条约谈判中开始相互接触到对方的政策与立场，并开始了矛盾和妥协的过程。

《罗马条约》的谈判过程是从 1955 年 6 月的墨西拿会议开始的，在这一会议开始前，法国与德国曾经尝试开展双边谈判，谈判主要集中在运输、航天、常规能源生产和核能四个领域，双方在 1955 年 8 月签署了一项促进工业品和农产品贸易长期发展的商业协定③。但是两者并没有共同提出一个可以作为谈判基础的共同文件。与此同时，低地国家——比利时、荷兰、卢森堡三国却不愿意在谈判还未开始的时候，就形成一个排他性的法德协定，它们也有自己的想法，并且积极展开了行动。在《罗马条约》的功臣——比利时外交部部长斯巴克的组织和斡旋下，三国提出了一个备忘录，这份比、荷、卢三国备忘录最终成为墨西拿外长会议讨论的基础④。

这里有一个颇具代表性的反映西德政策立场的事件：对于墨西拿决议中共同市场的想法，西德的经济部长艾哈德认为，共同市场有损自由贸易，因而对其持保留态度。对此阿登纳立即做出了反应，要求他的内阁同意墨西拿

① 郇庆治. 多重管制下的欧洲联盟政治 [M]. 济南：山东大学出版社，2002：166.

② Bino Olivi, L' Europe difficile, Paris: Gallimmand, 1998: 50. 转引自 [法] 法布里斯·拉哈著，彭姝祎、陈志瑞译. 欧洲一体化史（1945-2004）[M]. 北京：中国社会科学出版社，2005：50.

③ [美] 安德鲁·莫劳夫奇克著，赵晨、陈志瑞译. 欧洲的抉择 [M]. 北京：社会科学文献出版社，2008：189.

④ "Resolution adopted by the Ministers of Foreign Affairs of the Member States of the ECSC", Messina, June, 1955. See Trevor Salmon & William Nicoll. Building European Union: A Documentary History and Analysis[M].Manchester: Manchester Univ. Press, 1997: 59–61.

决议，并在写给各部长的信中，将其上升为"联邦政府政策的指导方针（根据基本法第 65 条）"。他在信中写道，"假如由于我们的反对或者拖延而使一体化失败，那么后果将不堪设想。因此，我们政策的指导方针是：我们必须坚决地不折不扣地贯彻墨西拿决议。必须比以往更加注意这一决议的政治性，它要实现的不仅是出自专业考虑的技术合作，而是要建立一个确保政治意志和行动具有共同方向的共同体，这也有利于重新统一……"[1] 可见阿登纳对于当时共同体建设的政治意义的考量远远超过了经济意义，也是他现实主义基础上的"欧洲主义"立场的写照。

工业强大的西德主要关心的是关税同盟和共同市场的问题，而法国关注的问题却要更为广泛，主要集中在以下四个方面：原子能共同体、关税同盟、共同农业政策、海外领地与共同市场的关系[2]。法国与德国，以及其他四个欧洲一体化创始成员国就这四个方面的问题展开了复杂曲折的谈判。法国和德国的分歧与妥协（表 4-1）体现在：

（1）关税同盟问题。这是法国和德国都很关心的议题。法国代表团于 1955 年 10 月 14 日向斯巴克委员会提交的备忘录中，对法国在共同市场问题上的立场做了阐述：社会政策（主要是用工政策）上要进行协调和趋同；建立投资基金；对非正常竞争行为做出明确的制度化规定，并限制国家干预行为；对内和对外关税的削减标准应为成员国现行关税的加权平均值，并且应当分阶段完成；农产品也应建立共同市场；成员国应有权采取保护性措施[3]。

西德对法国要求的六国间封闭式的高关税政策持反对意见，然而联邦德国总理阿登纳更加强调共同市场对于德国的政治意义，服从于他融入欧洲和法德接近的大政策，因此认为德国应该力促墨西拿决议的贯彻。

最终六国同意将共同体划分为法、德、意及比、荷、卢四个关税区，共同对外关税上接受了德国的要求，即遵守关贸总协定的规定，平均关税不能

---

① [德] 施特恩堡（Wilhelm Von Sternburg）主编. 从俾斯麦到科尔：德国政府首脑列传 [M]. 许右军等译. 北京：当代世界出版社，1997：408.

② 贾文华. 法国与英国欧洲一体化政策比较研究：欧洲一体化成因与动力的历史考察（1944-1973）[M]. 北京：中国政法大学出版社，2006：215.

③ 同上，221-222.

超过现有水平 [①]。也就是说法德互有妥协，各让一步。

（2）原子能联营问题。法国十分热衷原子能联营的议题，而德国却并不热心。莫劳夫奇克总结了法德在这个问题上的三个关键点：前两点来自法国的提议，一是建立一套欧洲共同的同位素分离机，二是由原子能共同体垄断铀的供应；三是禁止发展核武器的议题。德国拒绝了前两点，法国也肯定不会停止核武器的开发，断送自己的核优势。这些问题也都是最后的法德双边会谈才解决的 [②]。法德间的互不相让最终使得原子能共同体只流于简单的合作，核心内容都形同虚设。

（3）共同的农业政策 [③]。农业大国法国对农产品问题十分重视，而德国作为主要的农产品进口国，因而也对农产品价格有所关切。早在1950年6月，法国的农业部长就曾提出过一个重组农产品市场和稳定农产品价格的综合计划——弗林姆计划，然而并没有得到重视。法国于1955年10月提出的备忘录中强调了农产品纳入共同市场的重要性，并应当考虑到成员国生产和消费方面的特殊性，消减贸易壁垒的同时应形成共同的农业政策。德法之间达成了三点共识：第一，建立一个农产品共同市场体系；第二，开展农业政策的协调；第三，制定共同的农业竞争政策体系。德国最终有所让步，还是接受了法国的提案，但是要得到如下保证：任何可能减少成员国农民福利的农业方案表决时都要实施一致表决制，并且获得长达12年的过渡期，并且使得"各国接受国家财政补贴要符合欧共体竞争政策规则"这一条不适用于农业。《罗马条约》只是规划出了农业政策的雏形，诸如价格水平、财政安排以及共同农业政策要集中化到何种程度等具体与棘手的问题，后来还是经过了复杂的谈判和漫长的讨价还价。

（4）法国的海外领地与共同市场。法国的海外殖民地是法国战后恢复大国地位的重要砝码，法国本土产品占海外领地进口总额的70%，法国不仅在

---

① 贾文华. 法国与英国欧洲一体化政策比较研究 [M]. 北京：中国政法大学出版社，2006：225.[美] 安德鲁·莫劳夫奇克著. 欧洲的抉择 [M]. 赵晨，陈志瑞译. 北京：社会科学文献出版社，2008：198.

② [美] 安德鲁·莫劳夫奇克著. 欧洲的抉择 [M]. 赵晨，陈志瑞译. 北京：社会科学文献出版社，2008：201.

③ [美] 安德鲁·莫劳夫奇克著. 欧洲的抉择 [M]. 赵晨，陈志瑞译. 北京：社会科学文献出版社，2008：199. 贾文华. 法国与英国欧洲一体化政策比较研究 [M]. 北京：中国政法大学出版社，2006：226-228.

海外领地有巨大的投资，而且还不惜卷入战争，制止突尼斯和阿尔及利亚走向独立。因此，法国希望将海外领地也一起纳入共同市场。联邦德国总理阿登纳与法国总理摩勒为此问题在马提侬宫里的公园散步、讨论，荷兰外交家后来戏称"那次会谈每一分钟都至少花阿登纳先生一百万"，最终德国人愿意五年时间内提供200亿美元援助，作为回报，法国放弃排他性帝国贸易，准许德国进入法国海外市场①。1957年2月，六国最终达成了一致：第一，将法国的海外领地（以及荷兰、比利时、意大利的海外领地）也纳入共同体自由贸易区；第二，签订五年的公约，共同体与海外领地之间建立商业和金融联系，但机制如何应经过成员国一致同意；第三，成立"欧洲发展基金"（European Development Fund），五年内六国筹集5.81亿美元，其中法国和德国所分摊的比例最高。（表4-1）

表4-1　法国与德国在《罗马条约》谈判中的矛盾与妥协

议题领域	德国	法国	谈判结果
工业品贸易	支持欧共体六国建立关税同盟，对外实施低关税，赞同竞争政策和扩大自由贸易区。	拒绝自由贸易区，赞同有保护、各国拥有一票否决权的关税同盟，对海外领地实行优惠政策。重视社会规制一体化问题。不主张以货币贬值为手段进行竞争。在未进行国内改革之前，不希望充分实施协议。	建立关税同盟，有保障条款，成员国有否决权，对海外殖民地设有特惠条款。承诺社会规制一体化，但只停留在书面上，竞争政策设计得也较弱。
农业	维持现有的双边协议，不愿意搞特惠协议，除非对共同体价格的补贴很高，可以维持德国农民收入水平不变。	极其愿意谈成一项地区协议，使其剩余谷物、糖类、奶类制品、牛肉可以以特惠价格进入德国（或英国）市场。希望其海外领地生产的热带产品进入欧洲。	各方同意以一致表决制表决决定片面优惠的共同农业政策实施的最后期限。农产品共同定价，同盟外部农产品另行定价，推迟进行细节谈判。
原子能	只支持一个最小规模的项目。	愿意看到一个特惠欧洲市场的出现，支持进行高级别的研发合作。法国核项目不受影响，不妥协。	欧洲原子能共同体成立，但被限制在最低程度上。它没有购买铀的特权，只是进行一定程度的共同研发，没有禁止军事用途的条款。

① [美]安德鲁·莫劳夫奇克著，赵晨、陈志瑞译. 欧洲的抉择 [M]. 北京：社会科学文献出版社，2008：200.

（续表）

议题领域	德国	法国	谈判结果
运输	支持制定最低水平的非歧视规定，但另一方面一致要求对本国市场进行保护。	支持制定最低水平的非歧视性规定，但另一方面也一再要求对本国市场进行保护。	共同政策的相关条款力度有限，而且模糊。这些条款的解释要求以一致通过制表决，没有设定期限。
制度	支持特定多数表决制，部分工业品贸易和商业政策可以委托给超国家机构代理执行，但农产品、原子能、运输或者新政策都不能交给超国家机构，接受超国家框架。	支持有限度的特定多数表决制，超国家机构的自主性不能高。不断要求设立保障制度，国家政府拥有否决权，但它也接受欧洲半宪政的结构。	条约规定过渡期实施一致表决制。4～12年后，一些领域实施特定多数表决制，某些权力委托转让给超国家机构，最显著的领域是对外谈判和竞争政策方面。特定多数表决制不适用原子能、运输或者任何新政策。

资料来源：［美］安德鲁·莫劳夫奇克著，赵晨、陈志瑞译：《欧洲的抉择——社会目标和政府权力：从墨西拿到马斯特里赫特》，北京：社会科学文献出版社，2008年版，第117-118页。

　　曾任共同体委员会首任主席的哈尔斯坦曾经这样评价欧洲经济共同体："在六国同盟中，政治目的与经济目的处于同等优先地位，我们不是做买卖的，我们是搞政治的"，[①] "我们不仅仅是在分享我们的家具，我们正在构筑一个全新的、巨大的共同体大厦"[②]。总的看来，德法虽然并不是欧洲振兴的发起国，却在谈判中扮演了主要角色，只要它们之间能够达成妥协，其余四国往往都会接受两者妥协后的结果。《罗马条约》从根本上讲是德法两国利益妥协的结果[③]。

　　虽然这段时期当中，法国对一体化的僵硬态度所导致的"空椅"危机最

　　① 张锡昌, 周剑卿. 战后法国外交史（1944-1992）[M]. 北京：世界知识出版社，1993：58-59.

　　② Derek W. Urwin. *The Community of Europe: A History of European Integration since 1945*[M]. London and New York: Longman, 1991: 76.

　　③ ［法］皮埃尔·热尔贝著. 欧洲统一的历史与现实 [M]. 丁一凡等译. 北京：中国社会科学出版社，1989：190.

为引人注目，法国在欧洲合作问题上的不合作也使得欧洲经济共同体经历了一段长期停滞不前的时期，然而这也证明了法国的态度对于一体化进程的重要意义，也掩盖不了法德和解合作、通过并实施《罗马条约》的重大贡献。正如阿登纳在 1963 年 1 月 23 日签订德法条约时的电视讲话中所指出的，"要是没有法国和德国的真正和解作为先导，就不会有欧洲；要是没有法国和德国的合作，而能出现我们迄今已经创建的所有这些欧洲的机构，那是不可思议的"①。

战后以来，阿登纳与戴高乐首先开创了法德和解，并做了法德合作领导欧洲联合的初步尝试。之后德法两国的领导人组合勃兰特与蓬皮杜，施密特与德斯坦，科尔与密特朗，施罗德与希拉克，到"默克齐"都坚持了法德和解的基调，并合力推动欧洲一体化进程不断地深化与扩大。

二、蓬皮杜与勃兰特：平淡的法德轴心与欧洲一体化进程

1. 法德和解与合作得到了延续，并仍然是共同体发展的动力和基础

当法德两国的领导人组合蓬皮杜（George Pompidou）和勃兰特（Willy Brandt）接替戴高乐和阿登纳之后，法德关系史方面的研究学者，往往都评论这一时期的法德关系有所淡化。勃兰特与蓬皮杜的确是"最为务实的组合"，蓬皮杜在任期内积极谋求法英接近，勃兰特则着力于"新东方政策"（Ostpolitik），与东欧、苏联对话，因此这一时期的法德关系有所松弛。然而二人依然延续了法德合作的基调，在二人的任期内，共同体赢得了"扩大"和"深化"。蓬皮杜坦言，法德条约所固定下来的"法德和解和法德协调是欧洲建设和欧洲稳定所必需的根本因素"②。

两国首脑按照 1963 年法德合作条约的规定仍然每半年例行会晤一次，据勃兰特计算，加上三次共同体首脑会议，两人会晤、会谈达 14 次之多③。勃兰特在 1969 年 7 月访问法国时，向蓬皮杜建议召开一次首脑会议，并在 8 月派出了一个德法合作协调代表，与巴黎协商首脑会晤和英国的加入问题，在会前德法两国还就首脑会晤的议程安排等问题做了交流，德国外交部评论说，

---

① [德]康拉德·阿登纳.阿登纳回忆录（四）[M].上海：上海人民出版社，1976：240.

② 张锡昌，周剑卿.战后法国外交史（1944-1992）[M].北京：世界知识出版社，1993：304.

③ 同上，299.

"就几乎所有问题都达成了广泛的一致",在 1969 年 12 月海牙欧共体首脑会议召开前几天,勃兰特说道,"西欧需要海牙的成功……而获得成功要依靠波恩和巴黎",高调强调了法德轴心的作用[1]。在 1969 年 12 月 1 日六国海牙首脑会议的当晚,蓬皮杜和勃兰特就进一步发展共同体并同时扩大共同体采取决定性的步骤取得一致意见。对于蓬皮杜十分关心的、对法国内政十分重要的共同农业政策(CAP)问题上,两人首先就解决共同农业政策财源问题,然后确定同英国谈判的日期达成谅解[2]。尽管会议期间二者在具体政策问题上仍然存在一些分歧,然而最终双方都做了妥协和让步。

在当时德国的国会讨论中,两个问题占据了对联邦德国至关重要的优先地位:一是向着一个完全的经济和货币联盟迈进;二是在扩大问题上有所进展。勃兰特开门见山地向蓬皮杜确认是否有在扩大共同体上向前迈一步的可能性,在两人会议之前的私人谈话中,蓬皮杜希望西德保证法德合作不会因为(共同体)扩大而受损,并且关乎法国国家利益的农业财政问题必须得到保证。作为回报,蓬皮杜为共同体扩大开了绿灯,将其纳入了著名的"完成、深化和扩大"的三连画(triptych)[3]。

2. 共同体的深化与扩大

20 世纪 50—60 年代由于法国的强硬态度使得一体化遭遇了曲折和停滞,然而乔治·蓬皮杜上台以后,却又是法国的主动行动带来了欧洲一体化的振兴。继戴高乐和阿登纳之后,法国总统蓬皮杜与德国总理勃兰特时期,法德关系虽然有所降温,但是法德合作的重要性却受到了重视,也被继承了下来。"巴黎和波恩一致同意以建成和深化求得扩大"[4]。在二人的任期内,英国、爱尔兰、丹麦加入了共同体,"达维农报告"等三个报告尝试进行了欧洲政治合作,并通过两易其稿的"维尔纳报告"尝试建立经济和货币联盟,这是两

---

① 张健. 德法关系与欧洲一体化进程研究(1945-1993)[D]. 武汉大学博士学位论文, 2003(5):81.

② 张锡昌,周剑卿. 战后法国外交史(1944-1992)[M]. 北京:世界知识出版社,1993:304.

③ Gisela Hendriks. The Franco-German Axis in European Integration[M]. Cheltenham: Elgar, 2001: 146.

④ [法] 皮埃尔·热尔贝著,丁一凡等译. 欧洲统一的历史与现实[M]. 北京:中国社会科学出版社,1989:313.。

人在六国首脑会议之前以及通过法德首脑会议进行沟通和协商的结果。虽然经济货币联盟没有在这一时期成立，但是法德沟通、协调了彼此的经济、财政政策，并做了推动欧洲经济和货币联盟建立的努力，可以说共同体赢得了"扩大"，也有所"深化"。需要指出的是，这个时期的"深化"更多的指的是政策而不是制度①。

三、德斯坦与施密特：紧密的法德轴心与欧洲一体化的进展

1. 法德和解的进一步深化与紧密有力的法德轴心

法国总统吉斯卡尔·德斯坦（Valéry Giscard d'Estaing）与德国总理施密特（Helmut Schmidt）的密切合作消除了从 20 世纪 60 年代中期到 70 年代中期的欧共体领导赤字②。二人的确堪称"最为志趣相投的组合"。两人的任期一致，都是在 20 世纪 70 年代的后半段。二者担任政府首脑之前都担任财政部长，发展了良好的个人和工作关系，仅仅在 1974 年就有三次会晤。二者凭借维护共同体的共同意志和密切的政策协调，使法德结成了牢固的联盟③。德斯坦在其回忆录中写道："赫尔穆特和我定下了一条规矩，在每次重大会议，特别是一年一度的经济首脑会议之前，我们俩都要先会晤一下。我们认为有必要确定一个法德共同立场……因为我们绝不愿出现下述局面：法国和德国发生分歧，需由外人——美国或我们的欧洲伙伴——来仲裁。在我任总统的 7 年当中，这种情况从未发生过。"④

在这一时期，法国和德国对彼此政策的不确定性和不信任感比前一段时期有了极大改善，表现出高度的一致和相互信赖。德国总理施密特于 1996 年出版的回忆录中提到了法国对德国的利益诉求："法国在德国的利益在于并依然在于将德国纳入一个更大的（西）欧联盟并且保持密切的法德政治合作。

---

① Gisela Hendriks. *The Franco-German Axis in European Integration*[M].Cheltenham: Elgar, 2001: 146.

② Thomas Pedersen. *Germany, France and the Integration of Europe: A Realist Interpretation*[M]. London & New York: Pinter, 1998: 84.

③ 周琪、王国明. 战后西欧四大国外交 [M]. 北京：中国人民公安大学出版社，1992：224-225.

④ [法] 吉斯卡尔·德斯坦. 德斯坦回忆录——政权与人生 [M]. 北京：世界知识出版社，1991：89.

这是法国自让·莫内和舒曼以来欧洲一体化政策的首要动机，而不是同时存在的宽泛的'欧洲理想主义'。这一首要动机在德国统一之后依然发挥着作用。"他也很清醒地意识到了法德合作的重要意义，"与法国的密切合作以及德国统一也符合德国的核心利益，德国和法国的政治领导层在这一关键点上达成了共识"，"从 1974 年 5 月开始，二人都意识到了法德合作的战略合理性，两国的合作是建立在两国的共同利益和长期的相互友好以及两国共同融入欧共体的基础上的。"①

在 1975 年 7 月的法德首脑会议上，施密特和吉斯卡尔都对美国不负责任的货币政策提出了批评，这预示着两人会在货币政策合作方面协调立场，同心协力。除了双方领导人的密切会晤之外，为了扭转 1973—1974 年石油危机之后欧洲低迷的经济形势，法德两国还决定，德法两国的财政和经济部长每三个月就会晤一次，这就为欧共体经济政策的协调奠定一个良好的基础，为欧洲货币体系的建立创造了条件。德斯坦与施密特不仅在经济上高度协调一致，而且针对社会主义阵营形成了两个长期的战略：有能力形成共同防务，有意愿进行协商和防务合作②。

希思政府在英国成功加入共同体之后的第二年，便被工党政府所取代。由于刚刚加入共同体，英国尚没有在共同体中发挥戴高乐所担心的领导作用，而是首先希望将共同体做一些符合英国自身利益的改变。英国的这种立场却使得法德轴心作为现有共同体的代言人而变得更加紧密。工党政府上台以后，认为加入共同体时的条件有损英国的利益，因而提出重新谈判，所涉及的主要问题是英国在欧共体内的预算摊款问题和共同农业政策问题，在这一问题的谈判和解决过程中，德法态度日趋一致，在很大程度上强化了施密特—德斯坦的德法轴心。经过长期的讨价还价，在 1980 年 5 月，欧共体就英国预算问题及与此相联系的农业问题达成了一揽子协议。英国对法国在农产品和羊

---

① Helmut Schmidt, Weggefährten. *Erinnerungen und Reflexionen* (Fellow Travellers.Memories and Reflections) [M]. Berlin, 1996: 257-269.German History inDocuments and Images,Volume 9,Two Germanies1961-1989, Franco-German Friendship in the 1970s (retrospective account, 1996).

② Ibid.

羔价格上做出让步、对德国在渔业问题上做出让步而换取两国在预算问题上的支持。对于新预算安排，德法两国分摊份额都有较大增加，德国承担了其中的绝大部分。此外，英国对德法两国提议的欧洲货币体系并不热心，对其谈判进程采取观望的态度，并且拒绝参加欧洲货币体系，这也使得法德占据了建立欧洲货币体系的主导地位。

国际形势对法德轴心的日趋紧密也发挥了重要作用。"德法两国的决心应被看作（20 世纪）70 年代中期日益紧密联系在一起的德法两国关系的一个重要象征，就像在过去一样，在某一特定条件下的外部压力成为两国一体化的动力。"① 这主要表现在，这一时期德国与美国在一系列问题上产生了矛盾，如卡特政府的人权政策、核不扩散政策、货币政策等，经济实力更加强大的德国不再对美国的发号施令唯命是从（施密特语），这也使得法德两国更为接近，比如二者在 1979 年苏联入侵阿富汗以后，都没有跟随美国对苏联进行贸易制裁。德法两国还共同倡议以一种非正式的、小范围的、私人性质的"炉边谈话"方式来举行西方大国首脑间的对话，由此发展出了后来的西方七国首脑会议（G7）。

这一时期德法会晤的频率远高于欧洲理事会，德法之间的磋商和合作在形成欧共体决策方面的作用尤为突出。实际上，"欧洲理事会的成功在很多方面都依赖于德法两国利益的相容性"②。

施密特在 1981 年 1 月 27 日引用法国总统在电视访谈中的话，说道："法国与德国是欧洲的核心（nucleus），这不仅仅是单纯的双边关系问题，而且法德和解已经在过去的几十年中彪炳史册。法国与德国密切合作，这一点在过去的一段时间里从未改变"③。

2. 名副其实的法德轴心所带来的一体化成果

德斯坦将法国的大国地位放在西欧联合中加以考虑，他与德国总理施密

① Haig Simonian. *The privileged partnership:Franco-German relations in the European Community 1969~1984* [M]. Oxford: Clarendon Press, 1985: 272.

② Derek W. Urwin.*The Community of Europe: A History of European Integration since 1945*[M].London and New York: Longman，1991: 176.

③ See Peter J. Katzenstein. *Network Power: Japan and Asia* [M]. Cornell University Press, 1997: 27.

特不仅发展了密切的个人关系，而且在二人搭档时期，法德轴心与法德合作发展到了前所未有的高峰。二人真正践行了法德合作条约中"双方就一切外交政策问题进行磋商，以求采取一致行动"的条款，在重大会议之前都要进行会晤，确定法德共同立场，当时的《泰晤士报》甚至评论道："这两个国家对外政策的配合已达到了两个主权国家间罕见的程度"①。它们的通力合作也给欧洲一体化事业带来了许多成果②。

第一，欧洲理事会的成立，在部长理事会之上设立这样一个最高决策机构，加快了共同体决策的过程，提高了共同体决策的权威性。让·莫内评价道，"设立欧洲理事会是自《罗马条约》签署以来，我们为实现欧洲联合所做的最重大的决定"③。

第二，法德在 1978 年 7 月 7 日的不来梅会议上提出了创建欧洲货币体系（EMS）的共同建议，向经济和货币联盟迈出了重要一步。酝酿和建立欧洲货币体系的提议和谈判，至少在这一欧洲理事会议之前，完全是施密特和德斯坦两人的运作，两人就此问题展开了多次双边会晤④。对此有学者评论道，"欧洲货币体系这一方案虽然主要源于德国，但如果没有法国的激励，没有法国的最后修饰，这一方案的进展也不会如此顺利"⑤。欧洲货币体系是欧共体各国走向经济货币联盟的重要一步，它加强了各国在经济和货币政策上的协调与合作，为各国的经济发展和相互贸易提供了稳定的汇率环境。尤为重要的是，这一体系的约束使欧共体各国特别是法国的经济政策与德国日趋一致，

---

① 张锡昌、周剑卿. 战后法国外交史（1944~1992）[M]. 北京：世界知识出版社，1993：364.

② See Helmut Schmidt. *Weggefährten.Erinnerungen und Reflexionen (Fellow Travellers. Memories and Reflections)* [M].Berlin, 1996: 257-69. German History in Documents and Images,Volume 9, Two Germanies 1961-1989, Franco-German Friendship in the 1970s (retrospective account, 1996).

③ 参见张健. 德法关系与欧洲一体化进程研究（1945~1993）[D].武汉大学博士学位论文，2003（5）：103.

④ 参见张健. 德法关系与欧洲一体化进程研究（1945~1993）[D].武汉大学博士学位论文，2003（5）：103.

⑤ Haig Simonian. *The privileged partnership:Franco-German relations in the European Community 1969~1984*[M]. Oxford: Clarendon Press, 1985: 281.

而这种一致是建成经济货币联盟不可或缺的前提条件。

第三，欧洲议会的直选谈判中，法德协商所确定的方案成了欧共体成员国的谈判基础。1972年4月的欧洲理事会上没有就议会的席位分配做出决定，波恩和巴黎展开了一系列的外交活动。在7月5—6日的德法双边会谈中，施密特与德斯坦基本上取得一致意见。1976年7月的欧洲理事会上，德国提出的一项折中方案为理事会所接受，该方案既照顾到了法国比例制的要求，也考虑到了小国所要求的公平原则。这促成了1976年9月《关于以直接方式选举欧洲议会代表的法案》的签署，实现了欧洲议会1979年6月的第一次普选。尽管欧洲议会当时还是一个没有实权的咨询性议会，但是其政治和心理上的象征意义对于欧洲一体化意义重大。

这一时期的法德轴心发展到了空前紧密的程度，双方也真正贯彻了两国间的立场协商与政策协调，虽然这一时期法德两国的合作有浓厚的政府间合作色彩，但是两人也合力推动了欧洲一体化的深化：向着欧洲货币联盟又迈进了一步；成立了欧洲理事会；并至少在表面上增强了欧洲议会的权力。

研究欧洲一体化的专家海伦·华莱士（Helen Wallace）通过分析指出，在欧共体谈判之前、之中、之后，德法已经表现出了密切的双边合作与协商，《爱丽舍条约》的长期投资开始在欧共体的政策议程和法德各领域的部长之间得到回报。到20世纪70年代末，两国已经多多少少自发地在欧共体首脑会议之前、之中、之后，询问对方的立场，并努力去调适、适应。在已经建成的共同体甚至整个20世纪70年代，法德亲密关系已经在确定议程并为共同体行动提供解决方案中发挥了压倒性的决定作用。另一位学者（Middlemas）也做出了相似的评论，认为在20世纪70年代，德法关系更为强化和制度化了，表现出了极强的适应性（densely resilient）[1]。

---

[1] Douglas Webber. *The France-German Relationship in the European Union*[M].London and New York: Routledge, 1999: 10.

第二节　德国统一前后与后冷战时代的法德和解与法德轴心

一、德国统一没有成为法德合作与欧洲一体化的绊脚石

20 世纪 80 年代末开始，欧洲局势风云变幻，东欧剧变，苏联解体，战后延续了半个世纪的两极体系土崩瓦解，这一国际格局巨变给欧洲带来的最为直接的冲击，便是德国的统一。"德国问题"卷土重来，再次成为欧洲国家尤其是法国所密切关注的焦点。

随着两德统一，德国战后 50 年的"统一"之梦终于实现。对德国而言，两德统一意义重大。

首先，德国统一之后，自身的实力大为增长，真正成为欧洲的第一大国。德国统一之后的人口有 7850 万，居西欧之首；经济实力也成为当之无愧的欧洲第一大经济强国①。德国成为世界上第二大贸易国；拥有欧盟货币储备的 40%，一直并仍然是欧盟的最大认捐国，而且是除美国以外的第二大北约的出资国，是联合国（UN）的第二大认捐国②。

其次，两德统一使得德国终于真正收回国家主权，开始摆脱"经济上的巨人，政治上的侏儒"的状态，成为一个走向正常化的大国。统一了的德国地处欧洲的中心，并且成为联系东、西欧的桥梁，这大大扩展了德国的外交和政治空间。

最后，两德统一极大地改变了欧共体内部的力量对比，不仅仅是人口和国土面积，而且德国的国民生产总值（GNP）在欧共体内所占的比重从原来的 25% 一跃提高到 30%，1990 年的国民生产总值约为 1.7 万亿美元，相当于英国与法国的总和③。统一与强大了的德国可以依托自身的经济实力，更为自主地主导和控制欧洲经济共同体。

德国统一之后面临着外交转型，但因为两极体系和两德统一突如其来，

---

① 萧汉森，黄正柏.德国的分裂、统一与国际关系 [M].武汉：华中师范大学出版社，1998：441.

② Gisela Hendriks. *The Franco-German Axis in European Integration*[M].Cheltenham: Elgar, 2001: 44.

③ 张锡昌，周剑卿.战后法国外交史（1944-1992）[M].北京：世界知识出版社，1993：554.

德国外交与欧洲政策的转变不可能马上发生。不仅如此，德国从现有的欧洲一体化框架当中也获利丰厚，这意味着德国不会根本性扭转或者放弃一直以来的欧洲政策。

科尔继续担当着统一后的德国的总理职务，也继续表现出了一个坚定的欧洲主义者的立场。1991 年 1 月 30 日，科尔总理在第一届全德政府施政纲领中重申："德国是我们的祖国，欧洲是我们的未来。对我们来说，我们想使之扩大成为欧洲联盟的欧共体仍然是欧洲统一的核心和基础。" 1994 年 10 月 16 日，科尔在赢得全德第二次大选后的首次记者招待会上再次指出："我们仍然是欧洲发展的发动机"，"'建造欧洲大厦'仍是一个主要目标。"[①] 德国的 "欧洲宣言" 当然有着自己的考虑。

首先，继续留在欧洲框架内，使得德国可以专注于统一之后的国内建设。东德重新归入德国虽然增强了德国的整体实力，然而也使德国面临着进行国内建设与整合的紧迫任务。为了东部德国的政治经济体制转轨，德国付出了巨大的财政支出。1990 年向东部拨款 1400 多亿马克，占德国国民生产总值的 5.5%，1991 年这一数字就增加到了 1700 多亿马克，占德国 GNP 的比重也上升到 6.5%。

其次，德国的利益仍然与欧洲一体化和欧盟联结在一起：德国依然感觉自己的政治前途与欧盟紧密联系。另外，德国也无法忽视 15 国共同市场带来的巨大贸易收益[②]。

再次，在欧洲屋檐下，才能缓解欧洲邻国的恐惧和忧虑。德国早已是欧共体内经济实力最强的国家，随着政治统一的完成，德国重新获得了政治新生，成为名副其实的欧洲 "超级大国"。德国会用自己的超强国力称霸欧洲吗？这恐怕是其他欧洲国家都极为关心和忧虑的问题。而选择继续留在欧洲框架内，无疑可以极大地缓解这种恐惧和疑虑。

最后，德国可以依托欧洲一体化现有的多边制度框架，对欧洲东部发挥更

---

① 萧汉森、黄正柏.德国的分裂、统一与国际关系 [M].武汉：华中师范大学出版社，1998：454.

② Gisela Hendriks. *The Franco-German Axis in European Integration*[M].Cheltenham: Elgar，2001：47.

大的影响，一个统一强大的欧洲是德国发挥大国作用的强有力的后盾与支撑。两德统一，冷战结束，为德国和欧洲打开了通往东部的大门。德国如果单枪匹马与东欧发展经济与政治关系，有被东欧国家和其他欧洲伙伴质疑动机的风险。通过推动欧盟东扩，进而扩展德国对东部的影响，显然是更合理的选择。在德国的积极倡导下，波兰、匈牙利、捷克、斯洛伐克、罗马尼亚和保加利亚等东欧国家先成为欧盟的"联系成员国"，并在 21 世纪初最终成为欧盟的成员国。

德国的欧洲政策使得自身统一成为可能，欧洲与欧洲一体化事业仍然关系着统一后德国的重要利益，建立欧共体的关系与政策的基本框架对于统一后的德国来说依然有极大吸引力。因此，统一后的德国仍然坚持了"欧洲的德国"的政策立场，"持续性、稳定性、节制（moderation）与可预测性以及与法国的重要政策合作依然是统一后的德国的政策标识（hallmarks）"[1]。

统一后更为强大了的德国，是否会再次重演历史，寻求欧洲霸权？是否会挣脱现有的欧洲一体化框架？这一问题是欧共体成员国，尤其德国的西邻法国重要关切的问题。

第一，德国统一使得欧共体内部的力量对比发生了不利于法国的改变，1989 年德国的国民生产总值相当于法国的 125%，两德统一后上升为约 140%。1990 年和 1991 年，德国的 GNP 增长幅度为 4.5% 和 3.1%，法国仅为 2.2% 和 1.3%[2]。随着德国成为名副其实的大国，两国经济实力的差距还会进一步拉大。

第二，德国政治和外交影响力的相对增长，意味着法国会逐渐失去战后以来在欧共体内的政治优势。在以往的欧洲一体化进程中，德国都有意采取了一种低姿态（low profile），往往由法国主动提出一体化倡议，德国跟随或者根据自己的利益讨价还价。随着德国收回主权，德国很有可能会改变这种"低姿态"，更为高调与自主地表达自己的欧洲主张。

两极体系坍塌和两德统一的突发性，无疑是对法国的双重冲击。法国

① Gisela Hendriks. *The Franco-German Axis in European Integration*[M].Cheltenham: Elgar, 2001: 46.

② 张锡昌、周剑卿. 战后法国外交史（1944-1992）[M]. 北京：世界知识出版社，1993：554-555.

很快就意识到了一个联合起来的、法国在其中一直占据优势地位的欧洲，是法国手中有力的砝码和可供利用的战略手段。密特朗提出的德国统一的条件中，除了让德国保证东部边界之外，另一条就是德国做出深化欧洲一体化进程的承诺和保证。法国独立自主的大国战略尽管面临挑战，但是调整却需要时间，因此，一体化框架仍然是法国独立自主的大国战略的有力载体。

东欧剧变、苏联解体与德国统一是欧洲自二战以来所面临的最重大的地缘政治变动。然而，德法合作却经受住了这一突发性的严峻挑战，而且法德轴心继续推动欧洲一体化的深化与扩大，取得了里程碑式的进展，使欧共体发展成了欧盟，最终建立了经济货币联盟，政治联盟也展开了宏伟的蓝图。这充分说明，法德已经实现了深度和解，法德轴心也成为法德两国欧洲政策中一以贯之的核心政策。

二、密特朗与科尔：经受考验的法德轴心与欧盟的建成

20世纪80年代的法国总统密特朗和德国总理科尔时期，"波恩—巴黎轴心"成为一个欧洲词汇。密特朗（François Mitterrand）与科尔（Helmut Kohl）不仅大力地支持欧洲一体化事业，在二者的任期内通过了《单一欧洲法案》，而且二人——绝对不仅是在表面上——延续了法德和解的基调。

1. 德国统一之前的最后一届"波恩—巴黎"轴心

学者们普遍认为，密特朗与科尔发展出了比以往更加亲密的德法关系，法德结成了"最亲密的双边同盟"（the closest possible of bilateral alliances），"世界上没有任何其他两个国家发展出了如此亲密的合作"（Klaiber 1998：38）。据统计，1982—1992年，德法首脑会晤高达115次（Boyer 1996：243），也就是说，德法首脑几乎每个月都要会晤一次；两国外交部部长及其他部长也进行着有规律的频繁接触，法德防务合作、经济与财政事务理事会也都全力运转，在波恩和巴黎的议事日程上几乎每天都有一次法德会议（Klaiber 1998：38）①。密特朗与科尔有意识地做了许多具有外交象征意义的互动举动：1984年9月22日，在第一次世界大战的凡尔登之战68年之后，密特朗与科

---

① Douglas Webber. The France-German Relationship in the European Union, London and New York: Routledge, 1999: 2.

尔以携手悼念两军死者的方式向世界表明了两国和解的诚意。同年 10 月的德法定期协商会议上，密特朗总统赠送给西德拿破仑曾经缴获的德国大炮，科尔则回赠了普鲁士 1792 年缴获的法国军旗，寓意二者要将历史宿怨一笔勾销[①]。1989 年 9 月 26 日，密特朗与科尔在第一次世界大战的重要战场杜奥蒙共同庆祝法德历史性和解，两人在共同声明中说道，"法国和德国，已经吸取历史的教训，欧洲是我们的共同祖国，欧洲联合是我们的唯一目标。我们正以友好的精神致力于实现这一目标"[②]。

法德两国还在《法德友好条约》签订 25 周年之际，为其添加了建立法德防务安全理事会与法德财政经济理事会的两项补充议定书。法德财政经济理事会（Franco-German Economic and Financial Council），由主管财政、经济的部长及中央银行行长参加，每年举行两次会议，讨论财经问题，包括在各自国会讨论下年度的预算前，先讨论彼此的财经形势及货币政策。另外，还换文设立了法德文化会议（Franco-German High Council for Cultural Affairs），增进两国文化、艺术了解及合作。两国文化交流的重要成果——法德电视文化频道阿尔特（ARTE）也在 1992 年开播；还设立了法德环境理事会（Franco-German Environment Council），在环境问题上进行合作；自《爱丽舍条约》缔结 25 周年以来，两国政府做出特别的嘉奖承诺，每年的 1 月 22 日都给来自德国和法国的促进法德合作的两位名流或两大机构颁发"阿登纳—戴高乐奖"（Adenauer-de Gaulle Award）[③]。

两人在任期内都表现出了对欧洲政策的极大重视，都称得上是欧洲主义者。二人有相似的名言，法国总统密特朗曾经说过"法国是我的祖国，欧洲是我们的未来"[④]，而科尔在德国统一之后第二天的政府声明中也讲出了相似的、被广为

---

① 周琪、王国明. 战后西欧四大国外交 [M]. 北京：中国人民公安大学出版社，1992：368-369.

② 同上，248.

③ 胡为真：《欧盟的推手——从世仇到密友的德、法关系初探》，财团法人国家政策研究基金会 http://www.npf.org.tw/post/2/5003；歌德学院："德法合作的历史"，http://www.goethe.de/ins/jp/lp/prj/wza/defr/zh2257714.htm.

④ Elizabeth Haywood. The European Policy of Francios Mittrrand[J].*Journal of Common Market Studies*，1993，31 (2): 282.

流传的名言："德国是我们的祖国，统一的欧洲是我们的未来"①。两人任期内，"波恩—巴黎"轴心从以下三个方面继续在推进一体化进程中发挥了核心作用。

第一，两人都希望破除西欧联合的困境，推动欧洲一体化继续发展。德国外长、自民党领袖根舍（Hans Dietrich-Genscher），率先于 1981 年 1 月 6 日在斯图加特自民党大会上发表了一篇重要演讲，提出了德国推进欧洲一体化进程的主张。这一主张得到了意大利外交部部长科隆博（Emilio Colombo）的支持，并共同冠名提出了一个"根舍—科隆博"计划。法国和丹麦等国一起，反对这个深化政治一体化的提案，并于 1981 年 10 月 8 日公布了自己关于重新启动欧洲的备忘录，提出要在经济和社会领域进行更密切的合作。虽然法德两国的主张再次体现了"邦联"与"联邦"的争论，但是二者显然都有继续推进欧洲一体化进程的共同意愿。

第二，在解决欧共体内久拖不决的老大难问题（英国预算案及农业问题、欧共体的扩大问题等）上，法德立场相近。在 1984 年 6 月召开的枫丹白露欧洲理事会上，这些问题都得到了较为满意的解决。

第三，法德两国在防务合作问题上形成了共同立场，认为应将防务合作纳入欧洲一体化，由欧洲理事会来承担防务责任，西欧联盟最终应当与政治联盟合并。英国、意大利等国则倾向于依赖北约，在这两派的交锋中法德获得了胜利，使西欧联盟重获新生。在法德国防和安全理事会（DFVSR）框架下 1987 年成立了法德旅，迈出了两国防务合作的坚实一步；1993 年，欧洲军团由此应运而生。

科尔，这一当时欧洲最强有力、最"欧洲"、经验最为丰富的领导人 ②，将法德的和解和合作看作欧洲统一和"大西洋联盟的欧洲支柱"的基石。他曾经说过，"德法友好才是欧洲联合的原子弹"，并多次强调，"法国和德国这两个过去曾相互敌视的邻国的和解，已成为实现欧洲统一的必要的先决条件。应当说，不仅仅是法德合作的历史，而且是法、德两国的潜力和地理位置赋

---

① 萧汉森、黄正柏. 德国的分裂、统一与国际关系 [M]. 武汉：华中师范大学出版社，1998：454.

② See John Newhouse. *Europe Adrift*[M]. Random House USA Inc, 2007: 115.

予了我们一种特殊的责任。"①

密特朗与科尔的外长杜马斯（Roland Dumas）与根舍（Hans-Dietrich Genscher）也私交甚好，经常在欧盟和北约的集会中面对面交流，既不需要记录员，也不需要翻译，因为法国外长本人可以说一口流利的德语②。二者也是法德和解与合作中的见证和佳话。

法国总统密特朗和西德总理科尔这对领导人组合虽然经历了国际格局与地缘政治的重大转变，但是依然十分有力地推动了法德合作和欧洲统一事业。在法国 1984 年担任共同体主席国时，法德紧密合作通过了对困扰共同体前进的共同农业政策改革、共同体"自有财源"和英国回扣的一揽子协议；共同体纳入了西班牙和葡萄牙，实现了第三次扩大；1986 年 2 月通过了《单一欧洲法案》，欧洲统一大市场呼之欲出；1989 年 4 月，欧共体委员会主席德洛尔提出了《关于欧洲共同体经济与货币联盟》的报告，随着紧锣密鼓的谈判，1992 年 12 月欧洲一体化的重要文件《马斯特里赫特条约》获得通过，欧洲向着经济和货币联盟迈进。也是在这一时期，法德合作扩展到了安全和防务领域。

为了进一步深化欧洲一体化，密特朗和科尔四度提出联合倡议：1985 年 6 月 28 日欧共体首脑会议前夕，密特朗和科尔联合提交了《欧洲政治联盟条约》草案，由于英国、丹麦和希腊的反对而搁置；1990 年 4 月 19 日，两人又联名致函欧洲理事会轮值主席，建议欧洲经济货币联盟和政治联盟应于 1993 年 1 月 1 日起实施；同年 12 月 6 日，两人再次提出联合声明，使得欧洲政治联盟提上了议事日程；1991 年 10 月 14 日密特朗和科尔再次联名致函欧共体主席国荷兰首相，对共同外交与防务政策提出了具体建议，为政治联盟定基调。这些努力都最终促成了《马约》即《欧洲联盟条约》的诞生。

2.《马斯特里赫特条约》谈判之前的法德互动

在柏林墙开放之前，德国的形势已经使欧洲伙伴们意识到德国统一已经

---

① 周琪，王国明．战后西欧四大国外交 [M]．北京：中国人民公安大学出版社，1992：368–369．

② John *Newhouse.Europe Adrift*[M].Random House USA Inc, 2007: 122.

箭在弦上。在1989年11月9日柏林墙开放之后的数天与数周中，联邦德国总理科尔和其他政府高官都纷纷在不同场合表示德国将留在欧共体和西方阵营[①]。11月16日科尔在德国国会大厦的演说中指出，德国统一的前景不会削弱德国对欧共体的热情，而且如果在此时放慢欧洲一体化的脚步将是一个"致命的错误"（fatal error）；在两天后的巴黎欧共体峰会上，科尔再次声明深化欧洲一体化有着"前所未有的至关重要性"（now more than ever of prime importance）；11月22日在斯特拉斯堡的欧洲议会讲话中，又一次强调德国统一进程应该与欧洲一体化紧密联系在一起。科尔一再强调统一后的德国不会离开欧洲框架，而且仍然会力促欧洲一体化的深化，希望能借此缓解欧洲邻国的疑虑，为两德统一铺平道路。科尔将深化欧洲一体化、建立货币同盟作为欧洲伙伴接受德国统一所应付出的代价。

在发表"留在欧洲""继续支持并推动欧洲一体化"等声明的一周后，科尔在1989年11月28日公开提出了德国统一的"十点计划"。欧洲国家，尤其是法国，对于没有被提前知会这一德国统一纲要的内容而大为恼火。科尔不断信誓旦旦地表示，德国统一与欧洲一体化不是互相矛盾的，而是相互补充、互相促进的过程，他承诺将与法国的友好关系放至关重要的位置，并以此作为德国欧洲政策的基础。

随着1989年柏林墙的开放，"德国问题"再次成为欧洲国家最为关注的问题：一个统一后的强大的德国，会转变外交政策，离开战后发展至今的欧洲一体化框架吗？法国显然对此最为关切。密特朗在1989年11月初访问波恩时，公开表达了对两德统一的支持，宣称"我并不害怕（两德）统一"。然而实际上，密特朗私下里仍然做了一些阻挠两德统一的动作：访问苏联，警告德国不可以武力统一，也不能改变现有边界；紧接着访问东德，成为柏林墙开放后访问东德的第一位西方领导人。在1989年11月法德首脑会晤中，密特朗就向科尔明确提出，德国统一"不能损害和平与欧共体"。在1990年2月18日与科尔的会面中，密特朗更是直言不讳地提出了德国统一的附加条

---

① See Michael J. Baun. The Maastricht Treaty as High Politics: Germany, France, and European Integration [J]. *Political Science Quarterly*, 1995-1996, 110 (4): 611.

件：统一后的德国要承认与波兰的东部边界，奥得—尼斯河线应当作为德国东部边界永远确定下来。法国对德国统一的另一个附加条件便是德国应当以明确的方式加速欧洲一体化。据科尔透露，密特朗曾同他达成协议，法国支持科尔统一德国的努力，而把德国统一作为"加快实现欧共体一体化的催化剂"。密特朗催促科尔尽快实现欧洲政治联盟和经济货币联盟，强调德国统一问题不能代替共同体建设问题，两者应当同步进行①。

共同体成员国达成了广泛共识，希望将德国纳入一个更为强化或深化的欧洲制度框架。法国是这一观点的最大支持者。在过去的40年里，通过对德国主权的国际限制，法国在法德双边关系中拥有对德国的政治优势，然而德国统一以后，真正收回了主权，法国因此想通过深化欧共体结构保持对德国这一强有力的邻国的影响和控制，因为欧共体如果仅仅保持为一个简单的贸易区的话，将会被经济实力更为强大的德国所主导和控制。欧盟委员会主席德洛尔也在1989年10月的一次演讲中说道，建设一个欧洲联邦是"对德国问题唯一令人满意和接受的回应"。一位巴黎官员在讨论建立欧洲货币联盟的峰会之前也警告道："发展至今，西德、法国与欧洲委员会都早已经是一体化的发动机，现在就看德国如何表现了。如果不能往前推动，欧洲将会面临糟糕的后退。"②

3. 法德两国在《马约》谈判中的分歧与妥协

对《马约》的签署学术界分为三种解读：政治经济学侧重于指出《马约》之后的欧洲经济联盟将成为多极化世界中美国强有力的竞争对手；新功能主义则将其视为20世纪80年代以来"单一欧洲法案"的外溢效应；现实主义则认为，《马约》的签署主要是欧共体成员国对德国统一所做出的政治反应③。

20世纪80年代，共同体经历了通货膨胀和汇率动荡，施密特和德斯坦时期所建立的欧洲货币体系（EMS）已经不足以克服经济滞涨，并应对来自

① 张锡昌、周剑卿.战后法国外交史（1944-1992）[M].北京：世界知识出版社，1993：551.

② Michael J. Baun. The Maastricht Treaty as High Politics: Germany, France, and European Integration [J]. *Political Science Quarterly,1995-1996*, 110 (4): 609-612.

③ Ibid,.605-606.

美国和太平洋地区的经济挑战。1988 年 1 月法国率先提议建立一个欧洲中央银行（European Central Bank），德国附和，于是 1989 年 4 月"德洛尔计划"（Delors Plan）出台，倡议分三阶段建立欧洲货币同盟：第一阶段，加强国家货币政策合作，取消对共同体内资本越境流动的限制；第二阶段，缩小汇率机制内国家货币的浮动范围，建立一个欧洲央行体系；第三阶段，欧洲中央银行发行统一的货币，欧共体机构将获得指导成员国经济和财政政策的更大权力①。随后的马德里领导人峰会上决定发起一个特殊的政府间会议，专门讨论欧洲货币联盟的问题，但是没有确定具体时间表。

德国国内对于推进欧洲货币联盟（EMU）产生了争论，许多人认为放弃马克会对国内的经济、政治造成冲击，希望能推迟甚至放弃欧洲货币联盟的谈判。外长根舍赞成确立建设欧洲货币联盟的确切时间表，因为这样波恩就信守了承诺，而欧洲货币联盟会议即使中断也只能归咎于法国或其他成员国的反对。科尔在峰会前几天给密特朗的信中说，可以确定一个开始货币联盟会议的确切日期，但所给出的欧洲货币联盟的时间表却比法国要求的要慢；而且信中科尔表示德国的进一步合作和让步需要同欧共体政治机构改革以及强化欧洲议会的权力挂钩，而这些都是法国不愿看到的。在峰会前几小时，德国政府最终接受了法国在 1990 年下半年开始货币联盟会议的要求，法国也做出让步同意将谈判推迟到德国 12 月初的大选之后。真正的谈判最终在1991 年初开始，即在德国赢得法国和其他欧共体成员国对德国统一的承认之后。法德达成了妥协，密特朗欣然说道，"德法破裂的危机解除了"，科尔也表示这一结果相当成功②。

自 1990 年 3 月起，法德轴心这一欧洲一体化的"双缸发动机"，马力全开，推动着欧洲一体化向前发展。法国想要一个货币联盟，而德国相应地要求一个更为强有力的欧洲议会和加强在共同外交与安全领域中的合作。这不仅符合德国一直以来的联邦诉求，而且可以使德国统一得到多边主义的保护，

①　A Summary of the Delors Report [N]. *The Economics*, 1989-04-22: 45-46.

②　Michael J. Baun. The Maastricht Treaty as High Politics: Germany, France, and European Integration [J]. *Political Science Quarterly*,1995-1996, 110 (4):613-614.

并增强自己在欧洲的权力地位 [①]。在几周的双边谈判后，1990 年 4 月 19 日，密特朗与科尔联名致信给欧洲理事会主席，既建议加速货币联盟的建立，又提出了关于政治联盟的新倡议：与欧洲货币联盟会议同时专门召开一个政府间会议讨论政治联盟问题，这两个会议应在 12 月召开，并在一年内完成工作，1993 年达成并通过相关协议。欧洲理事会接受了这一建议，并快速展开了工作。这是科尔的外交胜利，法国和其他欧共体成员国也得到了德国坚定地参与欧洲货币联盟的保证。因此，欧共体领导人在当月的峰会上热情洋溢地称赞道："德国统一……将是欧洲作为一个整体，尤其是共同体发展的一个积极因素。" [②]

然而，德国央行（Bundesbank）对此表示不满，反对确立欧洲货币联盟任何确切的时间表，认为应当由经济状况比较好的小部分国家（比如德、法、低地国家）率先建立，其他国家在经济条件符合标准之后方可加入。欧洲委员会主席德洛尔通过对德国提出批评催促德国尽快展开谈判，他认为确定欧洲货币联盟的确切时间表是检验德国融入欧洲经济和货币联盟的途径，这对"不可逆转地将德国与欧洲联系在一起"也是十分必要的，他还严肃地质问："德国真的想要一个经济和货币联盟吗？坦率地讲，我常常怀疑（这一点）。" [③]《马约》中关于经济货币联盟争论的焦点主要集中在以下三个方面 [④]（表 4–2）。

第一，第二阶段的性质以及新欧洲货币组织的权力与职能；

第二，向第三阶段过渡的性质、时机，究竟在什么条件下、哪些国家可以完全加入欧洲货币联盟？

第三，第三阶段的性质，欧共体机构在成员国预算和财政政策上的权力角色，是会产生一个共同货币，还是将成员国货币的币值永久固定？

在法德发出联名倡议半年之后，12 月 7 日密特朗与科尔又共同提出了政治联盟谈判的倡议，核心是共同外交与安全政策，建议扩大欧洲议会的权力，

① Michael J. Baun. The Maastricht Treaty as High Politics: Germany, France, and European Integration [J]. *Political Science Quarterly*,1995-1996, 110 (4):616.

② Ibid.,617.

③ Ibid.,618.

④ Ibid.,619.

提出了"欧洲公民权"（European Citizenship）一词，建议增强欧共体在环境、健康、社会和能源政策上的权力，并在内部安全和警察事务上加强政府间合作。对于法德两国政府来说，这一共同提案的象征意义更为突出：二者都认为，这可以有力地证明法德伙伴关系成功经受住了德国统一的考验，法德轴心仍然是欧洲一体化的主要发动机。

另外，在政治联盟的谈判（表4-2）过程中，12个成员国对下列问题也展开了争论。第一，共同安全与防务问题上"欧洲"与"大西洋"的碰撞。德法在这一问题上立场一致，先是两国外长于1991年2月推出的"根舍—杜马斯"文件，再就是10月14日密特朗与科尔的联名信，希望建立欧洲共同防务，英国、意大利等国则更愿意依赖北约。第二，机制问题。是否应该扩大欧洲议会的权力，扩大欧洲委员会的职责范围，扩大有效多数表决制的投票范围，德国的"联邦"与法国的"邦联"立场再次产生了碰撞。第三，条约结构问题，法国、英国、丹麦等国支持"三根支柱"的条约结构（欧共体加上经济货币联盟为第一支柱，共同外交与安全政策为第二支柱；在内务和司法事务方面的政府间合作为第三支柱），欧共体委员会主席德洛尔倾向于一个联邦性质的更为统一的结构，德国、低地国家、意大利、西班牙、爱尔兰、希腊等国也持同样的观点。

对于成员国之间的争论不休，荷兰中央银行的轮值主席Andre Szasz在11月末提醒说，马斯特里赫特峰会很可能是欧洲牢牢地将一个统一的德国与西欧绑在一起的最后机会，"机不可失，时不再来"。科尔也不断公开表示，如果不能达成最终协议，将是欧共体的悲剧，而且可能意味着"我们这个共同体解体的开始"。他还表示，"货币联盟与政治联盟不是分开的，而是一枚硬币的两面"①。

---

① Michael J. Baun. The Maastricht Treaty as High Politics: Germany, France, and European Integration [J]. *Political Science Quarterly,1995-1996*, 110 (4):620-621.

表4-2　法德两国在《马约》谈判中的矛盾与妥协（1988—1992年）

经贸联盟议题	德国	法国	谈判结果
单一货币（经贸联盟）	希望看到一个没有"选择例外"（opt-out）的经贸联盟，但"选择加入"（opt-in）时要经过议会表决。	希望看到一个没有"选择例外"的经贸联盟。	建立了一个不包括英国和丹麦的经贸联盟。德国单方面进行了"选择加入"的表决。
严格的趋同标准（"双速"经贸联盟）	希望建立经贸联盟前先灵活地实现宏观经济趋同，设定标准；先实现各国中央银行自主管理；实现充分的资本自由化。	没有。	采用了德国的建议。
过渡期的设置和程序	希望1999年自动生效，用特定多数表决制决定谁是合格的参加国。在过渡期应建立一个权力有限的欧洲货币局（EMI），指定一名中央银行的官员担任局长。	希望1997年或者之前就快速推进到经贸联盟阶段，只要采用简单多数表决制决定即可。在过渡期应建立一个权力较大的欧洲货币局，局长应由欧盟的官员担任，该局应从1993年开始运作。	如果多数国家达标，过渡期截止到1997年结束，1999年经贸联盟自动生效，用特定多数表决制决定谁可以成为参加国。在过渡期内应建立一个权力不大的欧洲货币局，指定一名中央银行的官员担任局长。
欧洲央行的自主程度，获得授权和投票的程序	希望建立一个有自主权的央行，但是多边汇率政策应由成员国控制。欧洲央行获得有力的反通胀的授权，而且采用简单多数表决制决定事项。	希望欧洲央行受到成员国的政治控制，特别是在汇率政策方面。成员国的授权有一定的限度，采用简单多数表决制决定事项。	采用了德国的建议。
欧洲央行所在地，货币名称	法兰克福；欧元。	巴黎或布鲁塞尔；埃居。	法兰克福；欧元（后来决定）。
内部预算控制和制裁	可以，通过简单多数表决制即可。	不可以。	可以，通过特定多数表决制（后来决定）。
财政转移支付	不能优先为债权人解套（bail-outs），不进行财政转移支付。	不进行财政转移支付。	不能优先为债权人解套，不实施财政联邦主义。不过结构基金临时得到一些增加（后来决定）。

（续表）

政治联盟议题	德国	法国	谈判结果
整体结构	单一结构。	三根支柱。	三根支柱。
共同外交与安全政策（CFSP）	希望采用特定多数表决制，希望欧盟委员会扮演主要角色。	只在实行时采用特定多数表决制。欧盟委员会没有正式地位，设置独立的秘书处。	英法的立场胜出。
西欧联盟和防务合作	希望西欧联盟成为西欧和北约之间的桥梁。	希望西欧联盟从属于欧盟。	西欧联盟只象征性地对欧盟发挥一些建议作用。
司法和内务合作	希望采用特定多数表决制，在此领域推出一些有力政策，欧盟委员会发挥较大作用。	不希望采用特定多数表决制，不希望这一领域的政策太有力度，不愿意欧盟委员会发挥作用。	决定创立共同司法和内务政策，但是特定多数表决制只在少数几个领域实行，欧盟委员会没有正式参与此领域。
社会政策	在不涉及财政问题的议题上赞同推行有力的共同政策。	在不涉及财政问题的议题上赞同推行有力的共同政策。	英国没有参加，其他11国同意在不涉及财政问题的议题上推行较弱的共同政策。
其他的新政策或者扩大多数表决制范围	希望在经济问题（包括环境和研发问题）上普遍推行特定多数表决制。不过产业政策、职业准入、间接税等问题例外。希望限制教育和文化政策。	希望设立新的产业政策，在研发领域实行特定多数表决制，但是在文化和环境政策中增设限制性条款。	添加了消费者安全，一些环境和与公共安全有关的条款（它们中的大部分已经在第100项条款下施行）。增加了文化和教育方面的限制性条款，这些政策领域的一体化受禁。
欧洲议会的权力和立法过程	希望欧洲议会代替欧盟委员会拿到动议权，建议实行"共同决策"，限制委员会修改和撤回提案的权力。	反对任何增加欧洲议会权力的举措。	在同合作程序和共同决策有关的事项上，议会权力稍有增加。委员会的权力未变，只是增加了一条，由议会投票决定委员会的人选。
加强欧洲法院	同意。	同意。	同意。
对欧盟委员会的监督（"共同体事务委员会"	维持现状。	维持现状。	维持现状。

资料来源：[美]安德鲁·莫劳夫奇克著，赵晨、陈志瑞译：《欧洲的抉择——社会目标和政府权力：从墨西拿到马斯特里赫特》，北京：社会科学文献出版社，2008年版，第517—520页。

　　尽管条约通过的时候遭遇了重重困难，但《马约》仍然在 1993 年 11 月 1 日生效，比原定计划晚了 10 个月。科尔将《马约》的签署视为巨大的成功，认为这意味着"通往欧洲统一的道路是不可逆转的了"①。《马约》是实现法德两国各自至关重要的国家利益的手段，对德国来说可以消除邻国对统一后的强大德国的恐惧，使它们相信德国仍然会毫不迟疑地留在共同体内支持欧洲一体化；对法国来说，货币联盟可以让德国更深地融入欧洲的制度和机构中，从而保持自己对统一后德国的控制力和影响力。这一条约的谈判与成功表明，法德两国的领导人都将保持积极的双边关系作为至关重要的课题，《马约》被视为在后冷战时代的欧洲一体化中仍然保持法德轴心的途径和手段②。

　　曾任德国总理的德国社会民主党（SPD）主席勃兰特在这一时期也曾经指出，"巴黎—波恩"轴心仍然是欧洲统一事业的核心，二者之间的分歧不应当掩盖法德友谊对欧洲联合和欧洲发展的至关重要性，并认为德国统一后，应当更为密切地与欧洲伙伴联结在一起③。

三、一体化框架仍然符合法德的共同利益和相互需要

1. 德国、法国都无法单独成为多极化世界中的一"极"

　　无论是冷战结束后初期美国独大的单极体系，还是渐渐形成的美国、俄罗斯、日本、德国与中国的"一超多强"格局或多极化格局，都已经不足以描述国际社会的现状。但是有一点是确定无疑的：20 世纪 90 年代以来，大国力量均衡化的发展使国际社会没有一个大国或国家集团具有单独左右世界全局的战略能力。联邦德国的第一任总理阿登纳，在《罗马条约》签订之后深谋远虑地讲道："在战后世界形势的发展中，一个欧洲国家的经济单靠自己的力量是不可能永葆健康的，因为单独一个欧洲国家的经济活动范围本身是太小了。没有一个欧洲国家，不管是哪一国，即使重新统一后的德国也一样，是不能单独在世界经济或世界政治中起作用的，因为单独一个国家在这方面

---

　　① Michael J.Baun.The Maastricht Treaty as High Politics：Germany, France, and European Integration, *Political Science Quarterly*, Vol.110, No.4（Winter, 1995-1996）, p.622.

　　② Ibid.,623.

　　③ CVCE. Centre Virtuel de la Connaissance sur l'Europe. Policy of Peace and German Unification (1975–1992).

力量过于单薄。只有合并为一个共同的欧洲经济区域，才能使欧洲国家与世界其他经济地区进行竞争，并保持这种竞争能力。"[①] 这一有预见性的判断，也能从 20 世纪 90 年代初的国家基本数据上得到反映（表 4-3）。美国的国民生产总值几乎是法国、德国、英国的六倍，军费开支也分别比三个国家多出两倍。法国和德国都无法单独称为一极，在国际社会中发挥作用。"多极化的世界"中，欧洲作为一个整体，才能称为其中的一极。在经济全球化的今天，法德两国都清醒地认识到，只有以欧盟为依托，才能在国际舞台上立足，而要使欧盟的依托靠得住，首先要加强法德合作[②]。

表4-3　20世纪90年代初主要国家的基本数据（1991—1993年）

国家	人口 （百万）	面积 （千平方千米）	GNP （百万美元）	人均 GNP （美元）	军事开支 （百万美元）	军队 （千）
法国	57.7	547	1120716	19440	42.00	542
德国	80.8	357	1694534	20980	43.96	457
英国	58.0	244	1030210	17750	36.83	301
美国	258.1	9363	6387059	24750	286.11	2115
俄罗斯	148.5	17075	778334	5240	—	—

表注：人口与国民生产总值（GNP）为 1993 年数据，其他的均为 1991 年数据。

数据来源：[美]布鲁斯·拉西特、哈维·斯塔尔（Bruce Russett & Harvey Starr）著，王玉珍等译：《世界政治（第 5 版）》，北京：华夏出版社，2001 年版，第 444-450 页。根据需要选取了部分国家的部分数据。

2. 法德两国在共同体框架内密切相互依赖

德国的经济依赖于出口和世界市场。2011 年德国是世界第七大出口国和第五大进口国，分别占到世界出口、进口总额的 0.82% 和 2.3%。如表 4-4 所示，2001—2010 年，德国的贸易额占到了国内生产总值（GDP）的 65% ~ 88%，其中与欧盟国家的贸易差额一直占据总贸易差额的五成至六成。法国也是农产品和一些高级消费品的出口国，如表 4-5 所示，2001—2010 年，法国的贸易额一直占国内生产总值的半数以上，其中与欧盟 27 国的贸易额一直

① [德]康拉德·阿登纳. 阿登纳回忆录 1955-1959（三）[M]. 上海：上海人民出版社，1976：306.

② 周保巍，成键主编. 欧盟大国外交政策的起源与发展 [M]. 上海：华东师范大学出版社，2009：48.

占到总贸易额的 65% 以上。在与区域组织的贸易中，欧盟一直是法德两国最大的贸易出口组织及继经合组织（OECD）之后的最大贸易进口组织。

众所周知，两个国家的相互贸易和投资等经济活动的增加，意味着两国经济相互联系水平的不断加深以及相互依赖的不断强化。经过半个多世纪的发展，法国和德国的经济在共同体统一对外关税的保护下，"你中有我，我中有你"，法德两国一直是对方的首要出口国和前两位的进口国。2001—2010年，德国与法国的贸易差额一直占到德国贸易总差额的 1/3 以上，法国对德国的贸易额也一直占到贸易总额的 1/4 以上。这种经济上的密切相互依赖进一步为法德两国在共同体框架内的经济合作以及进一步推动欧盟贸易金融的一体化提供了强大动力。

表 4-4　德国的主要贸易结构（2001—2010年）

年份	总额（百万€）	占GDP的比重（%）	同比（%）	与欧盟27国的贸易差额	占比（%）	对法贸易差额	占比（%）
2001	95495	67.6	1.0	55547	58.2	18709	33.7
2002	132771	66.8	4.7	72147	54.3	19950	27.7
2003	129904	67.5	22.6	77797	59.9	19623	25.2
2004	156078	72.1	19.7	94524	60.6	22235	23.5
2005	155808	77.4	7.4	98946	63.5	24855	25.1
2006	160419	85.4	15.6	101218	63.1	22500	22.2
2007	194259	87.3	18.4	126577	65.2	27010	21.3
2008	177525	90.0	11.8	109896	61.9	28892	26.3
2009	138868	78.9	−21.6	71799	51.7	26369	36.7
2010	153963	88.2	14.1	67982	44.2	26953	39.6

表4-5　法国的主要贸易结构（2001—2010年）

年份	总额（百万€）	占GDP的比重（%）	同比（%）	与欧盟国家的贸易额	占比（%）	对德贸易额	占比（%）
2001	727989	55.6	−1.9	479651	65.9	122343	25.5
2002	699007	53.5	1.3	467274	66.8	120123	25.7
2003	699151	51.0	19.8	478726	68.5	122317	25.6
2004	742063	51.9	16.6	503413	67.8	127415	25.3

（续表）

年份	总额（百万€）	占 GDP 的比重（%）	同比（%）	与欧盟国家的贸易额	占比（%）	对德贸易额	占比（%）
2005	777713	53.4	4.8	510145	65.6	131388	25.8
2006	826527	55.1	7.4	557328	67.4	142997	25.7
2007	868642	55.3	12.7	587597	67.6	151240	25.7
2008	905246	56.0	11.5	597695	66.0	158898	26.6
2009	749680	48.5	−22.3	495274	66.1	133403	26.9
2010	854727	53.3	7.9	554441	64.9	150096	27.1

表注：德国的贸易数据是贸易顺差的差额（trade balance），法国因为对欧盟和德国的贸易逆差，因此计算的是贸易总额。最后一列的百分比值分别指的是对法、对德贸易额分别占两国对欧盟贸易额的比重。

数据来源：根据世界银行（WB）和欧盟统计局（Eurostat）的统计数字计算并整理。

Trade（% of GDP）in World Bank Data；

Eurostat：External and intra-EU trade（A statistical yearbook，Data 1958-2010），http：//epp.eurostat.ec.europa.eu/portal/page/portal/product_details/publication？p_product_code=KS-GI-11-001。

3. 欧洲作为一个整体才能在全球化的深化中占有一席之地

关于全球化的起源，至今众说纷纭。一般而言，世界经济呈现全球化联系的初始阶段可以回溯到 16 世纪初的西方资本主义国家的殖民扩张，但引起国际广泛关注并形成世界潮流的具有现代意义的经济全球化现象则是 20 世纪 80 年代中期出现的，与此相应的是"全球化"这一概念于 80 年代末 90 年代初逐渐被国内外学术界所广泛接受和使用[1]。"全球化"在 20 世纪 90 年代成为一个流行词汇，正如在 70 年代流行"相互依存"一样[2]。对于全球化，无论是理论层面还是实践层面，都还存在诸多争议；而且，全球化与反全球化的声音一直以来此起彼伏。然而，不容否认，全球化经历了一个从经济全球化开始，向政治、社会与文化领域不断扩展的过程，它以摧枯拉朽之势，裹挟着世界上的大多数国家投入其中，全世界都在亲历这种进程。

全球化包含着几个独立又相互联系的进程：国际贸易与金融市场的自由

① 王鹤. 经济全球化与地区一体化 [J]. 世界知识，1999（1）：17.

② [美] 约瑟夫·S. 奈、约翰·D. 唐纳胡主编，王勇、门洪华等译. 全球化世界的治理 [M]. 北京：世界知识出版社，2003：1.

化，生产与服务的国际化，关键领域的工业与技术进步，社会流动性与文化多元性的增强，需要在国际层面上解决的问题大量增加，比如环境、移民等问题。尽管全球化是如此纷繁复杂的多维度进程，然而全球化有以下几个明显的标识[①]。

第一，全球化使得经济、政治与社会活动超越了民族国家的现有边界，跨国活动和交往大量增加；

第二，全球化通过新的交通与通信手段，加速了人员、商品和资本的全球流动，然而新的信息和观念也加速了社会与文化的解构进程，并且越来越难以控制；

第三，经济全球化带来了生产、贸易、投资、金融等经济行为跨越民族国家的界限与壁垒，在全球范围大规模活动，生产要素得以在全球配置与重组，使得世界各国的经济呈现高度相互依赖和融合的景象；

第四，全球化使得世界出现了"牵一发而动全身"的局面，世界上某一国家或地区的某一问题，都可能产生巨大的全球后果，比如全球金融危机。

在全球化这一时代背景下，全球性大国美国自二战结束，便开始着手打造自由主义的全球经济秩序，借助世界贸易组织（WTO）、世界银行（WB）和国际货币基金组织（IMF），在全球推广自由贸易。"自由贸易"和"美国化"几乎成了全球化的代名词。WTO 发起了多个回合的全球贸易谈判，推动着成员国消减关税壁垒，加速自由贸易。2005 年，非歧视性贸易协定的贸易额就已经占到了全球贸易额的半数以上。在这些背景之下，处于相同或者相近地域中的两个或两个以上的国家，受"邻里效应"（neighborhood effects）提高生产效率和竞争力的激励，纷纷通过协商和谈判建立地区贸易协定（Regional Trade Agreements，RTAs）。据统计，至 2003 年，世界贸易组织的 140 个成员中，只有中国澳门和蒙古没有参加某一个或多个区域贸易协定。世界贸易组织中的第 24 条（Article ⅩⅩⅣ）、第 5 条（Article Ⅴ，服务贸易条款）和对发展中国家商品贸易的授权条款（Enabling Clause）促进了这些区域贸易协定

---

① See Jens-Uwe Wunderlich. Regionalism, *Globalization and International Order*: *Europe and Southeast Asia*[M].Ashgate, 2007: 44-45.

的大量涌现。2003 年初的 179 个有效的地区贸易协定中，135 个是在第 24 条（Article XXIV）原则下进行的，25 个是在第 5 条（Article V，服务贸易条款）下进行的，19 个是在对发展中国家商品贸易的授权条款下进行的 ①。

　　二战后欧洲一体化的起步，顺应了全球化背景下的上述国际政治经济形势的外在推动力与压力，美国的战后对欧经济援助也促使欧洲进一步削减贸易障碍，增强自由贸易。不仅如此，在全球化的浪潮中，欧洲的民族国家与欧洲这一区域都面临着全球化所带来的全球竞争压力与挑战。自 20 世纪 70 年代，欧盟的经济就受到了来自日本的竞争压力，90 年代亚洲的经济腾飞也进一步威胁到欧盟的经济优势。20 世纪 80 年代中期以来欧洲一体化的复兴是对全球化的回应，是积极参与全球化的表现。当时的欧盟委员会主席雅克·德洛尔（Jacques Delors）就曾说过，加速欧洲一体化进程是一个"生存还是衰弱"（survival or decline）的问题，如果欧洲不加速一体化，将会被美国人和日本人所吞没。对德洛尔来说，建成统一大市场和欧洲货币联盟（EMU）等都是为了使欧洲更有效地应对国际环境的变化。欧洲面临着来自世界其他地区和区域集团的压力与挑战，尤其是在竞争力上。欧洲（当时的）经济表现已经越来越落后于其他发达资本主义国家和地区。欧洲内部统一市场的建成可以使欧洲国家享受到规模经济效应，具有更宽广的战略视野和更强大的竞争力。欧洲的大商业组织也都赞同德洛尔的这种观点 ②。

　　1996 年的欧盟政府间会议着重指出："世界经济的全球化及其对就业、竞争力和就业创造的影响"，是欧盟"在 21 世纪的门槛上"，所"面临的一系列令人生畏的挑战"之一。在 1997 年的经济报告中，执委会又明确将"全球化"和"技术进步"并列为对欧盟的"两大结构性挑战"，并分别加以论述（主要是从影响就业的角度）。执委会进一步强调说，这种挑战不但具有"普遍性"和"永久性"，而且具有深刻性，因为它已直接触及西欧福利国家、社会生产模式等更深层面的问题。对此，欧盟高级官员曾明确承认，全球化造成了发

---

　　① John Ravenhill.*Global Political Economy*[M].Oxford University Press, 2005: 117.

　　② George Ross. European Integration and Globalization.inRoland Axtmann. Globalization and Europe: *Theoretical and EmpiricalInvestigations*[M].London and Washington: Pinter, 1998: 173.

达国家"深深的不安全感",因为西欧已感觉到对其"就业、生活水平、社会特性和共识的威胁"。欧洲是贸易和金融全球化中的重要行为体,欧盟扮演了民族国家应对全球化挑战的有力庇护者的角色①。

除此之外,面对全球趋同和地区分异的挑战,国家权力被削弱了。由于金融和技术领域形成了全球性网络,在税收、提供社会保障、组织生产和贸易、控制媒体、护卫边界、应对非传统安全等诸多方面,诸多国家的能力比以前更容易遭受质疑②。1995年卡尔·凯泽尔(Karl Kaiser)在与汉斯-彼得·施瓦茨(Hans-Peter Schwarz)共同主编的《新全球政治》(Die neue Weltpolitik)一书中指出,德国应主要面对全球主义时代的挑战③。2010年欧盟出台的未来十年发展的战略报告——"欧盟2020年战略"(Europe 2020-A strategy for smart, sustainable and inclusive growth)中,为应对全球化所带来的严峻挑战,设计了一系列应对战略④。面对超越传统国家边界的安全与社会问题,欧盟及其现有的社会安全框架为欧洲各国,包括法国和德国,扩展了在这些领域的行动能力,并张起了一张欧洲"屋檐"或说"保护伞"。

第三节 《马约》签署以来的法德轴心与一体化进展

一、微调中的法德轴心

德国统一与冷战结束、两极体系瓦解的结构性巨变,改变了法德两国的力量对比和所面临的国际战略环境,但是法德合作与法德轴心并没有在这种结构性压力下拆解、摧毁,而是为两国重新定位双边关系和合作提供了新的动力。统一之后的德国与法国继续共同推进欧洲一体化,迎来了又一重要里

---

① See Michel R.Gueldry.France and European Integration: Toward a Transnational Polity? [M]. Westport: Praeger Publishers, 2001: 176.

② [美]彼得·卡赞斯坦著,秦亚青、魏玲译.地区构成的世界:美国帝权中的亚洲和欧洲 [M].北京:北京大学出版社,2007:16-17.

③ Karl Kaiser & Hans-Peter Schwarz (Hrsg.). Die neue Weltpolitik, Baden-Baden: 1995, S.509. 转引自连玉如.新世界政治与德国外交政策——"新德国问题"探索 [M].北京:北京大学出版社,2003:361.

④ 参见陆军.欧洲2020战略:解读与启示 [J].欧洲研究,2011(1):85.

程碑——《欧洲联盟条约》，法德两国在各自的偏好范围内与欧洲伙伴一起对欧洲一体化进行了深化和扩大。与此同时，法国和德国的欧洲政策也都根据新的区域现实与国际战略环境进行了适应性调整。

1."欧洲的德国"还是"德国的欧洲"

经历了统一与地缘政治变动的德国，外交与欧洲政策势必会做出调整。然而，正如一位学者所指出的，尽管德国经历了战略环境与国家实力根本性的重大变化，德国的对外政策却有显著的连续性[①]。德国统一之后外交政策的转型主要有两派观点：一种是以国家利益为重的国家主义政策（national policy），另一种是一体化政策（integration policy），强调将德国的超国家、多边以及跨国的一体化放在至关重要的位置，建议德国在欧洲内外强化合作与一体化结构[②]。比如德国外长根舍（Genscher）和克劳斯·金克尔（Klaus Kinkel）便坚持统一后的德国应当继续建设"欧洲的德国"而不是"德国的欧洲"[③]。这两派争论用"欧洲的德国"与"德国的欧洲"来概括恰如其分：前者与一体化政策的内涵是一致的，后者则是对国家主义政策更为鲜明的提法。德国文学家、诺贝尔文学奖获得者托马斯·曼（Thomas Mann）在二战结束后曾经提出："我们要的是一个欧洲的德国，而不是德国的欧洲"（"There must exist an European Germany in order not to have a German Europe."）[④]。联邦德国自第一任总理阿登纳开始，无论是口头表达与实际行动，都秉承了"欧洲的德国"这一理念。这一欧洲政策的选择又是"高级"政治与理性考虑德国现实利益的结果。随着德国回归真正的大国地位，这样的欧洲政策是否会发生根本性改变？

德国著名资深国际政治学者厄恩斯特－奥托·琛皮尔（Ernst-Otto Czempiel）

---

① Ian Manners & Richard Whitman.*The Foreign Policies of European Union Member States*[M].Manchester: Manchester Univ. Press, 2000: 65.

② Josef Janning.A German Europe-A European Germany?On the Debate over Germany's Foreign Policy [J].*International Affairs*, 1996, 72 (1):36.

③ Gisela Hendriks. *The Franco-German Axis in European Integration* [M]. Cheltenham: Elgar, 2001: 44.

④ P. Terrence Hopmann. French Perspectives on International Relations after the Cold War [J]. *Mershon International Studies Review*, 1994, 38 (1):79.

在 2000 年的一篇论文中期望德国在"欧洲的德国"的政策立场之上有所作为，他认为德国未来外交政策的决定因素有三：一是深化欧洲政治联盟，辅之以东扩；二是大西洋联盟必须具有政治指导机制，以防联盟解体，并平衡美国优势；三是欧盟同俄罗斯合作必须机制化，必须重新致力于欧洲安全与合作组织的建设。其中加强欧盟建设是中心环节，平衡大西洋联盟的美国优势的同时强化欧洲支柱，欧盟的深化与扩大是 21 世纪德国外交政策最高层次的任务①。

曾经担任过德国前总理科尔的外交政策顾问、德国保守派历史学家汉斯·彼得·施瓦茨（Hans-Peter Schwarz）是"德国的欧洲"论者，他曾在 2005 年撰文批评施罗德政府的欧洲政策，并建议从以下几个方面进行更正：第一，必须重振德国的"治国之道"，先德国后欧洲，爱国主义是最高准则；第二，欧洲仍是德国最重要的国家利益之所在，但必须置于德国的"治国之道"之下，对欧盟应只注重其"功能性"作用，而不是沉湎于"海市蜃楼似的欧洲准联邦国家"的远大理想②。但同时他也认为，德国应当在国家主义和一体化政策中寻求控制和平衡，无论哪种外交政策都应当反映和指导德国所处的相互依赖的现实。无论是在现实主义者还是制度主义者看来，20 世纪 50 年代以来的西德的一体化政策都是卓有成效、令人印象深刻的。自施罗德政府开始，德国一直寻求国家主义和一体化政策之间的平衡，在强化、稳固当前一体化框架的同时，寻求更大的本国行动的灵活性，并更多地向本国的国家利益倾斜。

然而，国家主义与一体化政策这两派观点都没有涉及德国外交政策转型的一个重要方面：德国安全政策的"行为模式"和"角色定位"，尤其是对武力使用的态度问题。这也关系着德国的跨大西洋政策。科尔时期的国防部长沃尔克·茹黑（Volker Rühe）从德国的权力与责任的角度指出，德国不寻求任何独立于欧洲一体化之外的其他安排，不会也不应当单独行动，但德国至少应当获得与欧盟（EU）、西欧联盟（WEU）以及北约（NATO）等各种双边

---

① 参见连玉如. 新世界政治与德国外交政策——"新德国问题"探索 [M]. 北京：北京大学出版社，2003：369.
② 连玉如. 德国默克尔政府的外交与欧洲政策辨析 [J]. 德国研究，2006（1）：17.

和多边安排中的成员国相当的行动能力①。菲舍尔（Joseph Fischer）在 1994 年出版的书中全力支持德国继续融入欧盟和北约，认为这符合德国的国家利益。他支持德国成为一个平民大国（civilian power），放弃使用任何形式的硬实力，这与社会民主党的观点不谋而合。

德国欧洲政策的选择也受到邻国和其他欧洲伙伴的影响。德国的偏好是与伙伴们相互矛盾的诉求紧密联系在一起的，它既希望一体化的深化，也支持扩大。一方面，德国的政治精英们渴望一体化的深化，他们乐见一个以法德轴心为政治方向盘和发动机的强大的欧洲联盟；在机构改革上，德国倾向于扩大欧盟机构的权力，提高它们行动的合法性，这比法国要更靠近欧盟权力机构的立场。另一方面，欧盟东扩又是德国欧洲政策的重大关切，东邻是德国的核心利益之所在，这关系着统一后的德国能否真正扩大外交空间的问题。法国在自己的偏好范围内支持欧洲一体化的深化，但对于一体化的扩大也有自己的利益需求：欧洲一体化的扩大可以把德国绑缚在欧盟中，而且可以使得欧盟在整个欧洲发挥至关重要的作用。

《马约》之后，德国的欧洲政策的确有所调整和变化：第一，单边行动有所增加，比如单方面取缔金融市场中的短期抛售；第二，政党之间对于有实质性内容的欧洲政策产生了尖锐的分歧；第三，对于公众舆论对欧盟的悲观态度，政府采取了保护性姿态②。德国一方面坚持"欧洲的德国"，继续留在欧洲框架内，通过推动欧洲一体化获取利益；另一方面在实际行动中也带上了越来越浓的"德国的欧洲"的色彩，在欧洲一体化框架中更为自主和灵活地维护自身的利益需求。

新时期德国的欧洲政策应当做何选择？基本上有以下三种建议③：

第一派是温和的政府间主义者（moderate intergovernmentalists），以汉斯·

---

① Josef Janning. A German Europe-A European Germany?On the Debate over Germany's Foreign Policy [J].*International Affairs*, 1996, 72 (1):39.

② Simon Bulmer& William E. Paterson. Germany and the European Union:from 'tamed power' to normalized power?[J].*International Affairs*, 2010, 86 (5): 1051.

③ Josef Janning. A German Europe-A European Germany [J].*International Affairs*, 1996, 72 (1):40-41.

阿诺德（Hans Arnold）和施瓦茨（Hans-Peter Schwarz）为代表，他们建议修正《马约》以来的超国家方法，在内部市场的基础上建立一个政府间的欧洲，不要货币联盟或其他的一体化深化结构；扩大应当只限于四个维谢格拉德国家（Visegrad states），如果俄罗斯允许的话，可以将波罗的海国家囊括在内；覆盖拉丁欧洲即可，东南欧应当被排除在外；德国推动超国家主义容易造成邻国对德国欧洲政策的误解，建立一个统一的欧洲应当立足于利用本国的力量，而不是超越民族国家之外。

第二派可以称为核心推动者（core protagonists），顾名思义，这一派观点认为：无论一体化的深化还是扩大都对德国的利益至关重要，欧洲建设应当依靠有共识、共同利益、积极正面的历史又有决心向前推进一体化的几个核心成员来推动，这样就可以完全实现《马约》里的所有目标。具体而言，核心推动者包括法国、德国和低地国家（荷兰、比利时、卢森堡）。有学者还给出了这一方法的结构模式：低地国家联盟加上法德轴心。这一观点在 1994 年9 月的朔伊布勒—拉莫斯文件（Schäuble/Lamers Paper）中得到了充分体现。

第三派的新一体化主义者（the new integrationists）希望可以找到能够统合成员国间差异和分歧的方法，他们倡导一种"差异一体化"（differentiated integration），将更为深化的一体化，成员国承担更大责任与高级一体化政策领域如货币、安全一体化中的"部门核心"（sectoral cores）理念三者结合起来。

20 世纪 90 年代以来，德国欧洲政策的一个核心变化是在欧洲政治中发挥作用的强制性需求（compelling demands）的兴起[①]。统一与走向正常化的德国毫无疑问会开始光明正大地追求自身的国家利益，在欧盟事务中采用一种更为"算计"（calculating）的态度，对欧盟政策进行"成本—收益"分析。然而，不管德国的欧洲战略作何选择，都必须以法德合作发挥作用为基础和核心。无论发展还是停滞，法国与德国的欧洲雄心都将不可避免地会集在一起。四大顶级研究所在 20 世纪 90 年代末对法德合作的综合性研究表明，只有在如何维持对欧洲一体化的完美领导权上，法国和德国有着最多的共同观

---

① Simon Bulmer& William E. Paterson. Germany and the European Union:from 'tamed power' to normalized power?[J].*International Affairs*, 2010, 86 (5): 1057.

念、利益、理解和行动①。

2. 法国欧洲政策的调整

德国统一与冷战结束所带来的地缘政治变动，法国首当其冲。法国一直以来坚持的是独立自主的大国外交战略，并依托与借助欧洲一体化来实现大国抱负和解决德国问题。与德国的力量对比以及国际格局的变动，并没有从根本上改变法国独立自主的大国外交战略，在这一基本立场的基础上，法国的欧洲政策做了一些灵活性的改变。

（1）谨慎的深化与扩大。

东欧剧变与苏联解体之后，东欧出现了权力真空，经济崩溃，政治混乱。欧洲急于填补这一真空，并希望重建中东欧地区的民主体制与市场经济。基于它们所认为的经济自由化与民主之间的关键性联系，欧洲不遗余力地推动中东欧的经济改革，这对中东欧国家来说自然是十分有利的，而欧洲也可以从中获得利益：西欧国家可以因此将贸易和投资扩大到这一地区。然而，这一巨大、耗时的工程却不能指望再一次"马歇尔计划"的援助了，欧洲需要自掏腰包。法国并没有向中东欧国家提供经济援助的迫切需要：东欧只占法国出口的 2.6%，而且在能源等领域还存在对东欧地区的贸易逆差。学术界和观察家们似乎达成了一个共识：德国会从东扩中获益最大②。法国一度抵制，或至少是拖延着东扩问题，在德国发出"单独行动"的警告之后才调整了立场。

欧洲的地缘结构变动，也给了欧共体扩大的必要与可能：一些之前中立和不结盟的国家纷纷提出了加入共同体的申请，比如奥地利、芬兰、瑞典等国；中东欧国家也都有加入共同体的强烈意愿。然而，中东欧国家首先要尽快与旧的体制与政策决裂，又要循序渐进地与欧共体实现整合，既要将这些国家囊括在内，又要对这些国家的政治经济改革设定加入标准与程序，这无疑对欧共体的深化与扩大都提出了较高要求。戴高乐将军的"从大西洋到乌

---

① Josef Janning. A German Europe-A European Germany[J]. *International Affairs*, 1996, 72 (1): 41.

② M. Baun (1997), "Germany and EU enlargement to Eastern Europe".SeeGisela Hendriks. *The Franco-German Axis in European Integration*[M].Cheltenham: Elgar, 2001: 148.

拉尔"的欧洲眼看就要变成现实。然而，相对于德国"先扩大，再深化"的表态，法国则更为迟疑和谨慎。统一后的德国毫无疑问会发挥更大的作用与影响，会在未来的欧洲中心逐渐发挥主导性作用，但问题的关键是：德国要将中东欧地区"德国化"还是"欧洲化"？后者显然更为符合法国的利益和需要。

法国依然有支持与推进欧洲一体化深化的意愿。法国总统萨科齐 2007 年 9 月在匈牙利的讲话中便信誓旦旦地宣称，"欧洲必须实行政治一体化，否则，欧洲将不成其为欧洲"[1]。

（2）德国的地位与作用。

德国统一使得法国渐渐失去一直以来在欧洲一体化框架中的政治优势，打破了法德之间的"不平衡的平衡"，法德因而都面临着重新定位法德轴心的问题。法国对德国的东方政策和德国统一为其带来的政治和经济的灵活性大为不安，它担心德国会采取"中立主义"或重新走上"德意志特殊道路"（sonderweg），担心法德轴心能否在欧洲事务上继续发挥影响。换言之，法国真正担心的是，欧洲新的权力平衡会使法国在欧洲事务中被边缘化。因此，法国依然理智地采用了其经典战略：将新成员入盟与一体化进程的深化联系在一起[2]，"一个扩大的共同体需要更为强有力的制度"（密特朗语）。无论如何，对法国来说，"德国问题只能在欧洲屋檐下才能得到解决"（German problems can be resolved only under the European roof）。保持并维护德法的"理性联姻"（marriage of reason），这一由让·莫内、舒曼和阿登纳所确立的，戴高乐、施密特、科尔与密特朗进一步确认的基本政策，应当是法国对统一后的德国的政策的基石[3]。

（3）欧洲与跨大西洋安全。

① 李永群. 欧洲政治一体化的新希望 [N]. 人民日报, 2007-10-22. 转引自房乐宪. 欧洲政治一体化：理论与实践 [M]. 北京：中国人民大学出版社, 2009：287.

② Gisela Hendriks. *The Franco-German Axis in European Integration*, Cheltenham：Elgar, 2001, p.151.

③ P. Terrence Hopmann. French Perspectives on International Relations after the Cold War [J]. *Mershon International Studies Review*, 1994, 38 (1):80.

　　法国在跨大西洋安全关系上所做的调整与变动是最为明显的：戴高乐时期法国于1966年退出了北约，希拉克曾经在伊拉克问题上与美国叫板，然而萨科齐时期法国却正式重返北约，萨科齐也因而被称为"第五共和国时期最亲美的法国总统"。从与北约的若即若离，到重返北约，法国在欧洲与跨大西洋安全上的政策调整是显而易见的。

　　法国学者认为，虽然美国没能在新的国际秩序中扮演一个更具主导性的全球领导者的角色，但是欧洲仍然在以下三个方面需要美国的存在：第一，战略上，欧洲需要美国的军事力量来平衡苏联所遗留的军事力量，尤其是防备依然威胁着西欧安全的俄罗斯；第二，政治上，欧洲需要美国来平衡德国在欧洲大陆，尤其是在欧共体内部的"霸权"；第三，心理上，美国也是欧洲维护自身民主与价值观的必要伙伴，可以帮助保护欧洲的民主体制，应对民族主义和排外势力的挑战[①]。因此，尽管法国一直以来游离于北约组织之外，但是却有广泛的共识认为，北约（NATO）将在未来的欧洲安全中发挥重要作用：北约可以拉住美国，避免美国将视线完全转往国内或者其他地区，保证美国的军事存在；北约东扩，等于是给中东欧的政治、经济与体制改革上了保险，便于应对任何突发危机；北约无形之中可以遏制统一后的德国的过分膨胀。除了北约，欧洲尚没有出现具有同等威力的替代性选择，西欧联盟和欧安会也在欧洲安全中发挥着不同功能，但是在综合性与高度制度化的集体防卫上却无法与北约相提并论。但是法国学者也指出，北约应当有所调整，以适应新的国际战略环境[②]。参与北约结构与政策的调整，也是法国重返北约的考虑之一。

　　法国也会继续致力于在法德合作基础上发展有欧洲自治能力的集体防卫，将中东欧国家也都包含在内，形成一个法国可以在其中发挥核心关键作用的、与北约紧密联系在一起的欧洲安全轴心。

二、欧盟成立以来的法德轴心与欧洲一体化

---

　　① P. Terrence Hopmann. French Perspectives on International Relations after the Cold War [J]. *Mershon International Studies Review*, 1994, 38 (1):73.

　　② Ibid.,89.

1. 略有波动的法德轴心

1995 年，希拉克（Jacques Chirac）接替密特朗成为法国总统，在他与科尔搭档的时期以及与施罗德（Gerhard Schröder）搭档的初期，似乎是对德国统一与两极体系瓦解的略显滞后的回应，法德关系经历了一段时间的低潮和波动。有人认为英国首相布莱尔的前 5 年任期，恰好是法德合作非常无效甚至是不存在的时期。

冷战和两极的结构性压力消失，加之德国统一之后从"受压制的国家"（tamed power）变成"正常化大国"（normalized power），法德之间的微妙平衡开始向德国一侧倾斜。法德交流的密度降低了，对对方的公共舆论也变得有些冷漠，除了在单一货币问题上的相互猜疑（mutual misgivings）之外，有一种普遍的不信任的气氛（对法德合资的空客的未来、对北约、对核威慑、对欧美关系等）。但与此同时，两国的公共讨论增加了，公共行动也增多了，比如在导向《阿姆斯特丹条约》的政府间会议上的共同战略，法国总统与德国总理共同的华盛顿之行，对合作网络的全面检视，高层公务员之间的频繁交流，交换大使，改善政治家在对方国家的媒体形象，在对方国家互驻军队等①。

希拉克上台以后，法德亲密度有所减弱，两国防务部长之间也一度关系紧张（Volker Rühe VS Charles Millon）②。希拉克与科尔之间的互动更多的是在象征意义上的：希拉克上台后首先与科尔会晤，两人在形式上都延续了法德之间的定期会晤和立场协调。但这也说明，法德两国至少在表面上都依然延续一直以来的和解与合作，都有意表明法德合作的延续性和重要性。1996年 9 月 2 日，刊登在法国《解放报》上的一篇题为《希拉克和科尔互相影响》的文章指出，1996 年，希拉克和科尔在波恩进行的三次会晤中，都表达了在建设欧洲货币联盟、共同农业政策以及为当时受疯牛病打击的养牛者提供赔偿的问题上的共同立场，希拉克总结说，"每一次会晤过后，两国关系都进一

① Le Monde, 22 May 1997. See Gisela Hendriks. The Franco-German Axis in European Integration[M].Cheltenham: Elgar, 2001: 112.

② Gisela Hendriks. The Franco-German Axis in European Integration[M].Cheltenham: Elgar, 2001: 110-111.

步密切了"①。

德国总理施罗德的外交政策被称为一种"德国戴高乐主义"（German Gaullism），他在《抉择：我的政治生涯》中坦率承认："我在担任总理初期曾认为德法关系可以通过英国的加入而得到充实，并由此发展成为一种三角关系"，但很快他便意识到"这种设想只是个幻想"，因为英国仍然优先选择在跨大西洋关系中充当中间人，而不是积极推动欧洲一体化进程②。他还试图扩大德国在欧盟中的领导权，使其成为推动欧洲一体化的"大脑和心脏"。而同一时期的法国总统希拉克则以戴高乐主义者的姿态推行法国的大国战略，他试图在法德同盟之外，与英国、意大利等国建立侧重点不同的"多重联盟"③。二人搭档初期明显缺少了以往法德领导人之间的"化学反应"，在大多数欧盟政策问题上，法德一开始往往会各执一端，并分别代表欧盟内部针锋相对的两派观点，这并没有令欧洲政策制定者们感到放松，而是不安：欧盟的扩大强化而不是弱化了他们对于欧盟清晰的发展方向的渴望④。

1998年11月11日，德国总理施罗德拒绝了法国的邀请，没有出席法国纪念第一次世界大战80周年的活动。此外，他有意识地加强英德合作，还要求改革欧盟的共同农业政策，以减轻德国的负担，而法国正是欧盟共同农业政策的明显受益者。施罗德政府的这些行动引发了法德舆论的敏感反应。比如法国《费加罗》报发表了《必须为德国担心》的文章，德国《明镜周刊》则发表了《正在破碎的瓷器》的文章等，都表达了对法德关系的担忧⑤。

偏离法德合作领导权的尝试反而让法德两国重新意识到了对方的重要性，法德两国不约而同地在2003年1月22日《爱丽舍条约》签订40周年纪念日

① 参考资料，1996-09-04：61-62.

② [德]格哈德·施罗德著，徐静华、李越译. 抉择：我的政治生涯 [M]. 上海：译林出版社，2007：180.

③ 王燕阁. 希拉克的外交战略 [J]. 现代国际关系，1997（5）：8. 伍贻康. 法德轴心与欧洲一体化 [J]. 欧洲，1996（1）：40.

④ See Thomas Klau. France and Germany: A re-marriage of convenience, The Brookings Institution: U.S.-France Analysis Series, January 2003.

⑤ 惠一鸣. 欧盟轴心的裂痕——论新形势下的法德关系危机 [J]. 吉林大学社会科学学报，2000（1）：75-76.

之前重拾默契。希拉克访德期间于 2000 年 6 月 27 日在德国议会发表了题为"与德国和法国共同组成'先锋队'"的长篇演讲。他在演讲中突出强调"法德合作"对欧洲一体化的核心作用,支持德国作为一个"世界大国"①。2002年 10 月,德法在欧盟扩大后的农业补助金额度问题上达成了妥协,成为法德重修旧好的开始。紧接着这一重大突破,两国还形成了关于公平和国内事务、防务、经济政策和机构改革等四项重要的政策文件,并且都赶在《爱丽舍条约》签订 40 周年纪念日之前完成②。

沉寂了一段时期的法德轴心终于重新崭露头角:2003 年 1 月 22 日,法德两国隆重举行了《爱丽舍条约》签订 40 周年的庆祝活动,德国国会全体议员与法国国会进行共同会议以作纪念;在 2003 年 10 月的一次欧盟首脑会议上,希拉克受施罗德委托,有史以来第一次替德国发言;同年 11 月,两国在欧盟理事会上联手阻止了制裁两国违反稳定公约的决议的通过;2004 年 6 月,希拉克主动邀请施罗德出席诺曼底登陆 60 周年纪念活动③。

1997 年,两国政府共同出资设立法德大学(U.F.A),总部设在法德历史上争夺不休的萨尔邦首府萨布吕根(Saarbrücken),以促进两国教育的合作。希拉克与施罗德在 2003 年 1 月间在巴黎发布友好条约 40 周年联合宣言,回顾了四十年来该约的履行及增强,并带来的欧盟的成立与扩大;他们矢志持续两国的共同外交及安全政策,修订彼此国内法律,使两国社会更融为一体,并列举在财政、经济、教育、体育、新闻媒体、环境发展、科技研究、司法、伦理、对外援助各方面还要再加强合作,其目的为强化欧盟内部的凝聚力与统合基础;二人还倡议每年元月 22 日为法德友好日,并分别在两国外交部设立德法合作执行长一职,选择德高望重人士出任,直接对两国总理负责;同时期望减少两国边界的管制,设法把两国打造成双方人民的共同生活圈,希望将来两国人民都有双重公民权。两人强调,法德关系较两国与任何其他的

---

① 刘立群 . 德法对欧洲一体化目标之争评析 [J]. 德国研究,2001(3):6.

② See Thomas Klau. France and Germany: A re-marriage of convenience[J]. *The Brookings Institution: U.S.-France Analysis Series*, January 2003.

③ 周保巍,成键主编 . 欧盟大国外交政策的起源与发展 [M]. 上海:华东师范大学出版社,2009:48.

欧盟国家的关系还要密切①。

施罗德的德法关系顾问布里吉特·索泽，一直担任从蓬皮杜到密特朗的首席翻译官，她与哥廷根的现代历史教授鲁道夫·冯·塔腾于 1993 年在根斯哈根建立了柏林—勃兰登堡德法欧洲合作研究院②。德法政府在这一时期也从官方着手培养两国青年人的历史观。2003 年两国共同聘请专家十人，开始撰写 1945 年以来的历史，于 2006 年 5 月由法国教育部长戴罗边（Gilles de Robien）与德国萨尔邦（Saarland）邦长穆勒（Peter Mueller）共同对外宣布从此两国高中学生学习共同的历史教科书。

如前所述，结构性压力和法德轴心的内部失衡使得法德关系出现了一段时期的波动，然而并没有从根本上撼动法德轴心的现有路径。虽然法德合作领导权中出现了一些不和谐音，但是法德同盟条约的合法性依然被很好地维持着。这为欧盟成立之后欧洲一体化的进展提供了强大动力和有力保证。

2. 欧洲一体化继续深化与扩大

经济货币联盟是欧盟发展最为成功的领域。按照《马约》所规定的实现经济货币联盟的三个阶段，1994 年 1 月—1998 年 12 月，成员国按照进入第三阶段的五个标准，基本实现经济与货币政策趋同；1999 年 1 月，经济货币联盟进入了第三阶段的建设时期，逐步建立独立于各国政府和其他共同体机构的欧洲央行体系。1998 年 12 月，实现了永久固定汇率，1999 年 1 月 1 日决定启用单一货币，随后 2002 年 1 月 1 日共同货币——欧元发行，经济货币联盟基本建成。

东欧剧变与苏联解体之后，1990—1996 年，先后有十余个中东欧国家向欧盟提出加入申请。欧洲快速行动起来，1993 年 6 月的哥本哈根峰会上便确定了欧盟向中东欧国家扩大的原则，同意"中东欧期望入盟的联系国将成为欧洲联盟的成员"③。欧洲理事会确定了入盟标准，申请国需要达到政治（具

① 胡为真. 欧盟的推手——从世仇到密友的德、法关系初探 [EB/OL]. 财团法人国家政策研究基金会 http://www.npf.org.tw/post/2/5003.

② [德]格哈德·施罗德著，徐静华、李越译. 抉择：我的政治生涯 [M]. 上海：译林出版社，2007：199.

③ "关于欧盟扩大的哥本哈根入盟标准"（1994-05-20），转引自 [法]法布里斯·拉哈著，彭姝祎、陈志瑞译. 欧洲一体化史（1945-2004）[M]. 北京：中国社会科学出版社，2005：166.

有确保民主、法治、人权和尊重与保护少数民族稳定的制度）、经济（具有行之有效的市场经济和应对联盟内部竞争压力和市场力量的能力）上的各项标准，并接受现有的共同体的成果，承担相应的义务。经过长期的酝酿与艰难的谈判，2000 年尼斯首脑会议上通过的《尼斯条约》开始绘制未来进一步扩大后的欧盟机制体制的蓝图，2002 年 12 月的欧盟哥本哈根首脑会议完成了欧盟与波兰、匈牙利、捷克、斯洛伐克、斯洛文尼亚、爱沙尼亚、拉脱维亚、立陶宛、塞浦路斯和马耳他 10 国的入盟谈判，10 国最终于 2004 年正式加入欧盟，罗马尼亚和保加利亚在 2007 年正式加入，欧盟发展成为拥有 27 个成员国的超级国家联盟。

中东欧国家（CEEC）拥有一亿六千万人口和 110 万平方千米的领土，代表了欧盟 29% 的人口和 33% 的幅员，但是却仅贡献了 4% 的欧盟国民生产总值，10 国的国内生产总值仅为欧盟平均水平的 1/8。环境污染、公共交通、能源和电信网络匮乏，虚弱的政府机构，并且对自由市场经济毫无经验[①]，这势必会冲击欧盟现有的财政和社会政策。

不仅如此，这个庞大的新欧盟要正常运转，欧盟现有的机构体制也面临巨大压力，欧盟层次的决策和运转的难度大大增加了，这就对欧盟的机构改革与一体化的进一步深化提出了迫切的要求。

欧盟成立之后欧洲一体化进程在加速前进，在 1997 年 6 月的阿姆斯特丹峰会上，通过了修订版的《欧洲联盟条约》，15 国一致决定再次扩大欧洲议会的权力，强化了其共同立法者的角色；同时决定把某些合作制度化，以便某些国家可以在一些政策领域先行一步；一些一直属于司法和内务合作的重要活动领域转移给共同体管辖；共同外交与安全政策有了一样新工具——"共同战略"，设定共同外交与安全政策高级代表使欧盟的对外形象变得更为具体[②]。2000 年年初，欧盟委员会发表了《塑造一个新欧洲》的报告。欧盟委员会主席普罗迪强调，"到目前为止，一体化主要体现在经济领域，如建立内部

---

① Gisela Hendriks. *The Franco-German Axis in European Integration*[M].Cheltenham: Elgar, 2001: 153.

② 参见 [法] 法布里斯·拉哈著，彭姝祎、陈志瑞译. 欧洲一体化史（1945-2004）[M]. 北京: 中国社会科学出版社，2005：104.

市场、引入欧元等。今后这将是一个越来越政治化的过程。一体化的新领域是司法和内政、共同外交与安全政策、防务合作和基本政治价值等关键问题。这些问题触及国家主权的核心，需要比八九十年代更高的政治协调"①。2000年12月的尼斯峰会为即将开始的扩大做了制度上的准备，重新分配欧洲议会的议席，加强了欧盟委员会主席的权力；重新定义了部长理事会的绝对多数表决制，在大多数成员国的同意之外，成员国还可以核实这一多数是否代表了欧盟总人口的62%；扩大了欧洲议会和部长理事会的共同决策范围；宣布了《欧盟基本权利宪章》，并且为阿姆斯特丹峰会引进的条文补充了一项预防性条款，成员国连续严重违反基本权利时，将会受到处罚。从准备《欧洲联盟条约》到通过《尼斯条约》，在不到十年的时间里，共同体召开了不下三次政府间会议，出台了一个条约并对它进行了两次修改②。

欧盟准备通过深化欧洲政治一体化与开启制宪进程来建设扩大了的欧洲。自2001年起到2007年《里斯本条约》（Treaty of Lisbon）的签订，欧盟开始了长达6年的宪法之路。德国前外长菲舍尔于2000年5月12日在洪堡大学的演讲拉开了欧盟宪法争论的序幕。菲舍尔在自传中提到，因为在这一点上与法国很难达成共识，德国决定单枪匹马行动（go it alone）。欧盟的宪法蓝图并不是出于法德的共同倡议。但是2003年1月，施罗德与希拉克协商之后仍然给出了共同提案，并包括一些政府间倡议，比如德国并不想看到的强化欧盟理事会的决议③。

欧洲制宪开始的实质性标志是2001年12月在比利时皇家城堡莱肯宫举行的欧盟首脑会议，通过了《莱肯宣言》，对欧盟制宪进程做了一系列的安排，决定设立制宪筹委会。2002年2月，欧盟制宪筹委会正式启动，经过三个阶段紧锣密鼓的工作，制宪筹委会于2002年10月提交了宪法条约草案。在漫长的讨价还价和谈判过后，2004年6月，欧盟25国通过了《欧盟宪法

---

① 杨志清. 欧盟能成为"政治大国"吗？[N]. 光明日报，2000-03-14. 转引自房乐宪. 欧洲政治一体化：理论与实践[M]. 北京：中国人民大学出版社，2009：268.

② [法]法布里斯·拉哈著，彭姝祎、陈志瑞译. 欧洲一体化史（1945-2004）[M]. 北京：中国社会科学出版社，2005：104-105.

③ Simon Bulmer& William E. Paterson. Germany and the European Union:from 'tamed power' to normalized power?[J].*International Affairs*, 2010, 86 (5): 1065.

条约》的最终文本，这是欧洲一体化进程中的首部宪法性条约。条约提出，要设立欧洲理事会常任主席和欧盟外交部部长；改革欧盟委员会，扩大欧洲议会权力；欧盟理事会与欧盟部长理事会均以"有效多数表决制"进行决策。然而，欧洲一体化的创始成员国——法国和荷兰却先后在 2005 年 5 月、6 月的全民公投中否决了《欧盟宪法条约》，欧盟遭遇了"宪法危机"。

在欧盟"宪法危机"之下，法德轴心表现出了反应力与行动力，积极行动起来缓解宪法危机所带来的负面冲击。法国否决《欧盟宪法条约》以后，法国总统希拉克当机立断改组了法国政府，并表示反对批准条约"将不可避免地"损害法国在欧洲的利益。德国总理施罗德也表示，法国的否决"无疑是一种倒退"，呼吁各方保持冷静。法德两国首脑于 2005 年 6 月 4 日在柏林举行紧急会晤，就欧盟宪法危机进行协商①。6 月中旬召开的欧盟首脑会议最终做出了延缓宪法批准程序的决定。

2007 年上半年，德国担任欧盟轮值主席国，在推动欧盟走出制宪危机方面发挥了关键作用。2007 年 1 月，18 个《欧盟宪法条约》的批准国在马德里召开了"欧盟宪法之友"的会议，强化彼此间的重要共识；2007 年 3 月欧盟各国首脑发表了《柏林宣言》，承诺在 2009 年欧盟议会选举前结束欧盟制宪危机，给新的政府间谈判注入了动力，为欧盟走出制宪危机迈出了重要的一步，发出了积极的信号②。2007 年 6 月的欧盟布鲁塞尔首脑会议，决定以一部新条约取代失败的《欧盟宪法条约》，确定了走出宪法危机的路线图。12 月，欧盟首脑会议于里斯本签署了《里斯本条约》，宪法危机暂时走出困境。

《里斯本条约》对以往的条约做了修订，它旨在使欧盟更加民主、高效和透明，从而能够解决诸如气候变化、安全和可持续发展等全球性挑战。条约的核心内容包括③以下内容。

机构上，常设欧洲理事会主席职位，代替每半年轮换一次的欧盟主席国轮换体制，增加欧盟政策议程的连续性；改革欧盟委员会，加强欧盟委员会

---

① 房乐宪. 欧洲政治一体化：理论与实践 [M]. 北京：中国人民大学出版社，2009：272.

② 同上，279.

③ Full Text of Treaty of Lisbon, see http://eur-lex.europa.eu/JOHtml.do?uri=OJ:C:2007:306:SOM:EN:HTML.

主席的地位与作用，除了共同外交与安全政策及条约规定的其他情况外，委员会对外代表欧盟；加强欧洲议会的权力，进而提高欧盟的民主合法性和政策透明度。欧洲议会将与欧盟理事会共同行使立法和预算权力，并负责选举欧盟委员会主席；设立欧盟外交与安全政策高级代表，合并了欧盟共同外交与安全政策高级代表和欧盟委员会负责外交的委员这两个交叉职位，欧盟有了一个发出"一个声音"的最高代表。

程序上，扩大有效多数表决制（Qualified Majority Voting，GMV）的适用范围，简化决策程序，提高决策效率，欧盟部长理事会的特定多数表决制扩大到 50 个新的政策领域，并引入了"双重多数表决制"这一新机制。

目标上，设定了欧盟共同防务建设必要的机制安排。欧盟将在欧盟之外地区维和、预防冲突、加强国际安全。将逐步形成欧盟共同防务政策，最终导致一种共同防务；进一步明确了欧盟司法与内务合作的政策条款，建设欧盟自由、安全与司法区域。

另外，对原宪法条约中欧盟的主权国家性质的内容做了具有灵活性的修改。不再命名为"宪法条约"，删除了盟旗、盟歌等方面的内容，并增加了"个案处理"的灵活性规定。

《里斯本条约》中的以下条款反映了德国的利益偏好：竞争力问题，区域委员会有限制的附加权力（这是德国州政府的愿望），警察与司法合作，强化了欧盟理事会的有效多数表决制以及与欧洲议会的共同决策[①]。

爱尔兰在 2008 年的全民公投中再次否决了《里斯本条约》，但在 2009 年 10 月的第二次全民公投中终获通过，随后捷克作为最后一个批准国完成了条约批准程序。11 月 19 日在布鲁塞尔召开的欧盟特别峰会上，比利时首相赫尔曼·范龙佩当选为首位欧洲理事会常任主席，同时选出英国籍贸易委员凯瑟琳·玛格丽特·阿什顿女士出任负责外交的"高级代表"。2009 年 12 月 1 日，《里斯本条约》正式生效，欧盟宪法危机至此暂告一段落。

欧盟制宪危机刚刚得到缓解和初步解决，从希腊开始，欧元区国家就被

---

① Simon Bulmer& William E. Paterson. Germany and the European Union:from 'tamed power' to normalized power?[J].*International Affairs*, 2010, 86 (5):1066-1067.

债务危机笼罩，主权评级机构甚至要将欧元区的所有国家降级，欧盟与欧洲一体化进程面临着又一重大危机。

三、法德轴心的领导与核心作用不足以支撑欧盟了吗?

欧盟发展成为拥有 27 个成员国的庞大超国家联盟之后，出现了许多对法德轴心能否继续发挥核心作用的质疑的声音。许多学者都不约而同地指出，法德串联（tandem）与法德伙伴关系的威望、影响力与能动性有所下降[1]。一位欧洲学者指出，欧盟已经发展成为具有 27 个成员国的、有着超国家特征的庞大组织，仅仅依靠法德两国的力量，已经不足以在欧盟中形成一个建设性的多数了。也有学者更为具体地指出，在政府间合作的政策领域法德轴心依然十分重要，但是在其他领域，欧洲委员会等欧盟机构显然发挥了更大作用[2]。那么，在现有的欧盟的重要政策领域中，法德轴心是否还发挥着至关重要的核心作用?

第一，在货币政策（monetary policy）领域，法德轴心依然发挥着至关重要的作用。自 20 世纪 70 年代法德就一直在尝试建立欧洲经济货币联盟，并且是这一联盟成立的最积极倡议者和推动者。这是由法德两国尤其是德国的经济与财政实力决定的，德国央行（The Bundesbank）在货币与金融政策方面更是发挥着极其重要的主导性作用。

第二，对 2010 年以来的欧元区危机的应对[3]。法德两国为了应对危机的不断蔓延，最初给出了一个"经济管治"（economic governance）的应对方案。然而这一方案被爱尔兰等一些国家认为忽略了共同体方法，指摘法德轴心应当更为尊重欧盟条约和欧盟机构。许多国家和学者都更看重应对危机中欧盟机构的作用，尤其是欧委会（European Commission）、欧盟经济财政理事会

---

[1] See John Newhouse.Europe Adrift[M].Random House U.S.A. Inc., 2007: 293. Also see Karin L. Johnston. Franco-German Relations: Leadership in a Changing World, AICGS Issue Brief, December 2004, American Institute for Contemporary German Studies (The JohnsHopkinsUniversity). William E. Paterson. Does Germany still have a European vocation? [J].*German Politics*, 2010, 19 (1): 47.Simon Bulmer& William E. Paterson.Germany and the European Union:from 'tamed power' to normalized power?[J].*International Affairs*, 2010, 86 (5): 1027.

[2] Theseus. Workshop Report: The Franco-German couple-leadership malgré nous et vous? Franco-German relationship seen from the outside, 17-18 February 2011, Brussels: 1.

[3] Ibid., 2.

（ECOFIN Council）的重要作用。比如，在惩罚措施的可信度方面的未完成任务目标中，欧委会将会起领导作用。另外，德国在这次欧元区危机中的作用，似乎比国内事务缠身的法国要关键、重要（pivotal）得多。

第三，在欧盟继续扩大问题上，法德产生了"扩大疲劳"（enlargement fatigue）。在西巴尔干国家和土耳其申请加入欧盟的问题上，法德立场一致，都不太想让它们马上入盟。默克尔在 2005 年的《施政声明》中就保守地提到，"欧盟同土耳其的入盟谈判是一个开放进程，没有自动时间表，也不预先保证其成果"[①]。

第四，共同外交与安全政策领域（CFSP），法德两国依然是当之无愧的核心，但是法国、英国、德国的核心集团（core group）也开始崭露头角，甚至有学者将德、法、英（D，F，UK）三国核心视为欧洲一体化共同外交与安全政策中的决定性力量。这是否意味着法德轴心在这一政策领域的影响力正在下降？欧洲一体化扩展到共同外交与安全政策，来自法德两国的共同倡议，并复活了西欧联盟。在共同外交与安全政策（CFSP）上，有学者依然将法德两国视为"没有垄断的发动机"（a motor without monopoly）[②]。《里斯本条约》是法德合力的结果，条约建立了欧盟高级代表（high representative）一职，决定实施永久结构化的合作（Permanent Structured Cooperation），并深化了有效多数表决制。然而，法德也在一些具体方面存在分歧：比如地中海联盟（the Mediterranean Union），欧盟与俄罗斯双边关系，共同外交与安全政策在非洲的使命等。

第五，在欧盟的预算问题上，形成了"净支出国"（net payer）与"区域发展基金依赖国家"（cohesion group）之间的对立[③]。法德在这一问题上也有共同立场，都代表着前者的立场，都很有可能会对共同农业政策、欧洲预算的一些改革说"不"。在 2014—2020 年的财政展望中有两个核心问题：一是欧盟中的"净支出国"达成了共识，都不希望欧盟预算大幅增长，因为这意味着它们要支出更多；二是某些具体财政问题需要做出改革和调整，比如共同

① 连玉如. 德国默克尔政府的外交与欧洲政策辨析 [J]. 德国研究，2006（1）：19.

② Theseus. Workshop Report: The Franco-German couple-leadership malgré nous et vous? Franco-German relationship seen from the outside, 17-18 February 2011, Brussels: 3.

③ Ibid.,4.

农业政策（CAP）、地区凝聚力基金（the cohesion funds）以及英国的预算回扣（the British Rebate）等问题。有些学者对欧盟预算的必要改革持悲观态度，认为欧盟的团结有所削弱，成员国之间的谈判与协商都笼罩着"我们能得到什么回报"（what will we get back）的阴影，这就使得共同农业政策等领域不会发生任何真正的改革，而且法国和德国还可能是改革的阻挠者。

在上述五个欧盟的重要政策领域当中，法德两国都依然有共同的立场，但是也必须承认，在欧洲一体化在不到半个世纪的时间发展到具有超国家特征的欧盟以后，法国与德国的二重奏（duo）需要消化与落实欧洲一体化深化与扩大的现有成果，并共同应对欧盟机构僵化（institutional stalemate）等问题。

德国科隆大学（University of Cologne）的沃尔夫冈·韦塞尔（Wolfgang Wessels）教授认为，在危机时期，法德轴心依然至关重要，并常常提出关键性的新倡议。他曾预测了法德轴心的两大前景：比较悲观的前景是法德将会试图维持欧洲一体化的现状，不再给予一体化新的推动力；比较乐观的前景是经过类似这次的欧元区危机这样更高强度的压力测试后，法德两国将会建设性地应对挑战[1]。显然，法德两国在欧洲主权债务危机中的表现验证了比较乐观的前景。法德两国仍然是欧洲一体化许多政策领域中的坚实核心，当前和未来的新挑战需要两者不断适应并发展它们的角色与作用。

四、"默克齐"合力应对欧债危机

2009 年 10 月初，希腊政府突然宣布政府财政赤字和公共债务占国内生产总值的比例预计将分别达到 12.7% 和 113%，远超欧盟《稳定与增长公约》规定的 3% 和 60% 的上限。全球三大评级机构随即下调希腊主权评级，欧债危机拉开序幕。葡萄牙、西班牙、爱尔兰跟随其后成为摇摇欲坠的"多米诺骨牌"，加上冰岛，深陷债务危机泥沼的这几个国家被称为"欧猪"（PIIGS）五国。整个欧元区的经济形势岌岌可危，标普甚至要下调欧元区 15 国的主权评级，欧洲一体化事业也因此蒙上了厚重的阴影。

虽然债务危机是当时欧盟所面临的巨大挫折与严峻挑战，然而没有从根

---

[1] Theseus.Workshop Report：The Franco-German couple-leadership malgré nous et vous ? *Franco-German relationship seen from the outside*，17-18 February 2011，Brussels，p.4.

本上动摇欧洲一体化与欧盟的根基，欧盟国家采取一系列措施共渡难关。

面对当时"欧盟历史上最严重的危机"，法德轴心表现出了高度的默契和一致，默克尔与萨科齐密切协调立场，寻找对策控制债务危机的恶化和蔓延。法国和德国作为欧元区经济实力最为强大的国家，既有需要也有义务在这场危机保卫战当中承担起领导责任。

首先，经济货币联盟是法国和德国一直以来共同促成的，而且堪称欧洲一体化程度最高、最为成功的领域。两者毫无疑问是欧元区最为重要的"挑大梁"的国家。根据欧盟统计局（Eurostat）的统计，2010 年与欧盟 27 国的贸易额占到德国贸易总额的 63.5%，占到法国贸易总额的 68.3%；在与欧盟 27 国的内部贸易中，德国和法国的贸易额最高，分别占到了 20.7% 和12.7%，与欧盟 27 国以外的贸易额中，德国最高，占到了 19.4%，法国次于意大利居于第三位，占到了 9.6%[①]。

其次，欧元区高度的经济一体化水平使得区内国家"一荣俱荣，一损俱损"。法国和德国合力救助希腊等债务危机"重灾区"，实际上也是一种自救，而且德国和法国本身也面临着主权债务问题（图 4–1）。德国财政部长瓦格尔（Waigel）最先建议经贸联盟成员国之间签署一项"稳定公约"，强调坚持控制公共财政赤字在 3% 以下。1996 年 12 月的都柏林峰会上，欧盟各国批准了《稳定公约》，并应法国的要求增加了"增长"一词，以削弱这一公约可能造成的通货紧缩的后果。《欧洲稳定与增长公约》（The European Stability and Growth Pact）在《阿姆斯特丹条约》当中得到了确认[②]。但是法德也曾经双双违背控制公共赤字在 3%以下的诺言。虽然法德都同意加强"财政纪律"，但要在这方面树立良好榜样对两国也并非易事。据德国《明镜周刊》报道，德国政府未能完成 2011 年财政紧缩目标，原计划 2011 年削减 112 亿欧元的开支，目前仅削减了 47 亿欧元[③]。

① 欧盟统计局 http：//epp.eurostat.ec.europa.eu/portal/page/portal/eurostat/home/.

② [意] 翁贝尔托·特留尔齐（Umberto Triulzi）著，张宓、刘儒庭译. 从共同市场到单一货币：欧盟的一体化政策 [M]. 北京：对外经济贸易大学出版社，2008：225.

③ 中国证券报. 欧债危机按下葫芦浮起瓢 [N/OL]. http://www.chinadaily.com.cn/hqcj/2012-03/14/content_14830346.htm [Accessed:Mar.14. 2012].

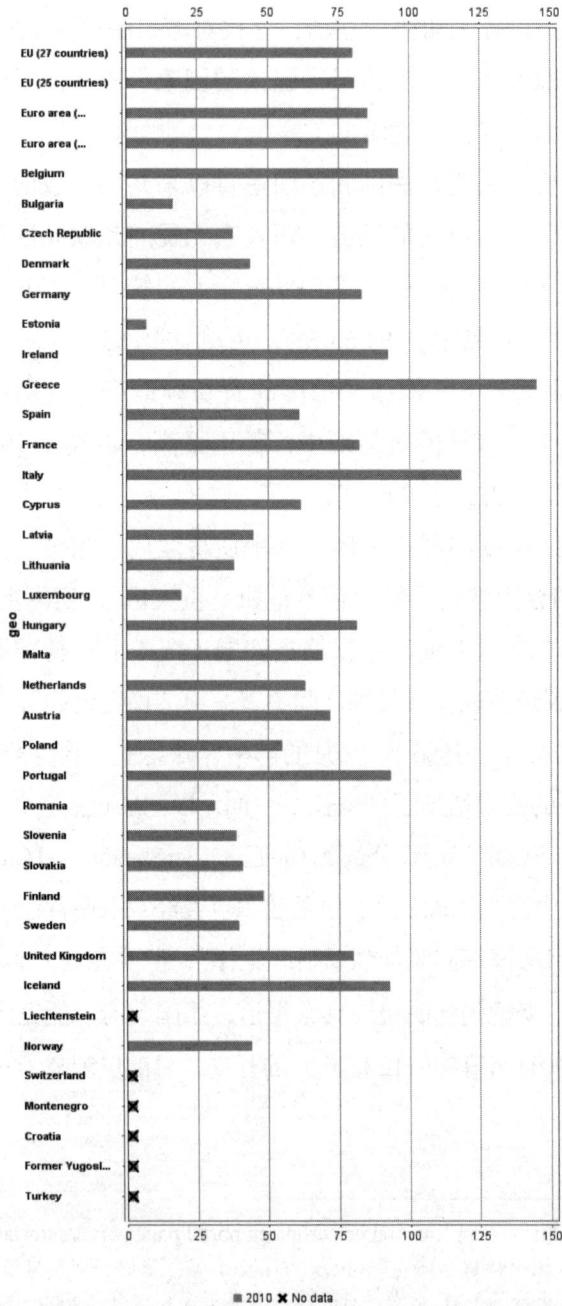

General government gross debt
Percentage of GDP and million Euros
Percentage of GDP

图4-1　2010年欧元区国家债务占GDP的比重

资料来源：Eurostat（code：tsieb090）.

最后，希腊、意大利、西班牙、冰岛和葡萄牙五国所欠的债务当中，法德两国占据了较大的比例（图4-2、图4-3）。在图4-2显示的2010年的欧洲债务网中，法国和德国持有希腊债务的50.8%、意大利债务的50.1%、爱尔兰债务的28.1%、西班牙债务的41.6%，葡萄牙债务的31.1%。其中希腊、意大利的债务情况对法国影响较大，希腊、西班牙、爱尔兰的债务状况对德国也是很大的考验。在图4-2、图4-3的债务网中，法国持有的外债占GDP的87.6%，德国持有的外债占GDP的76.5%。因此，抑制债务危机的继续恶化关系着两国的经济形势和切身利益。

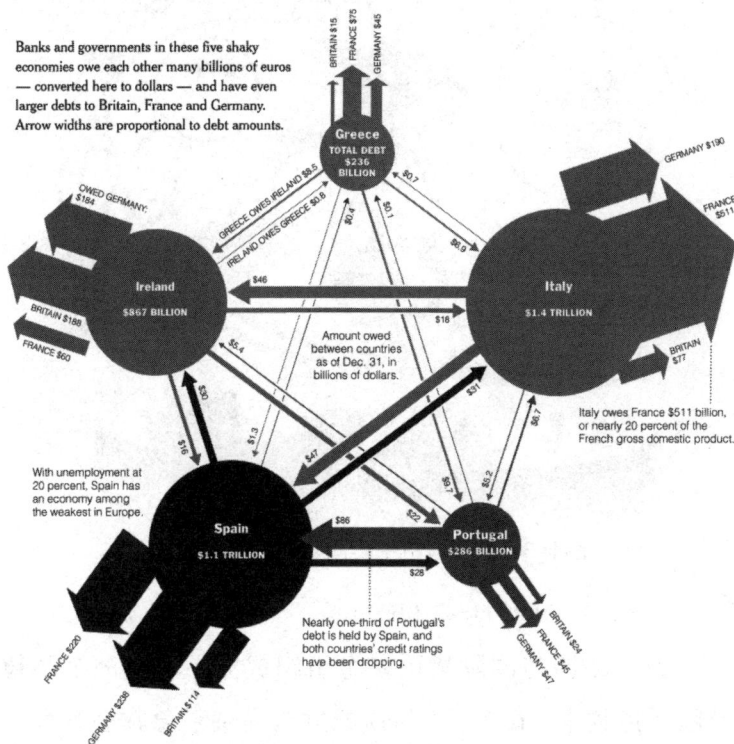

图4-2　欧洲债务网

资料来源：The New York Times："Europe's Web of Debt"，http://www.nytimes.com/interactive/2010/05/02/weekinreview/02marsh.html？ref=weekinreview，accessed 10 Mar.2012.

在2010年3月25日的布鲁塞尔峰会上，在法德提议的基础上，决定成立贷款机制（a loan facility），在德国的坚持下国际货币基金组织（IMF）介入，并对违反财政纪律做严厉的惩罚。2010年5月7日的布鲁塞尔欧元区峰会表明，德国不能在法国不支持的情况下一味追求自身的国家利益。德国也承受着来自国内的争论和压力：在 2010 年 5 月德国国会出资 7500 亿欧元援助欧元区虚弱国家的争论中，社会民主党弃权，这意味着德国的主要政党第一次偏离了自 20 世纪 50 年代以来所形成的支持欧洲一体化的共识[①]。

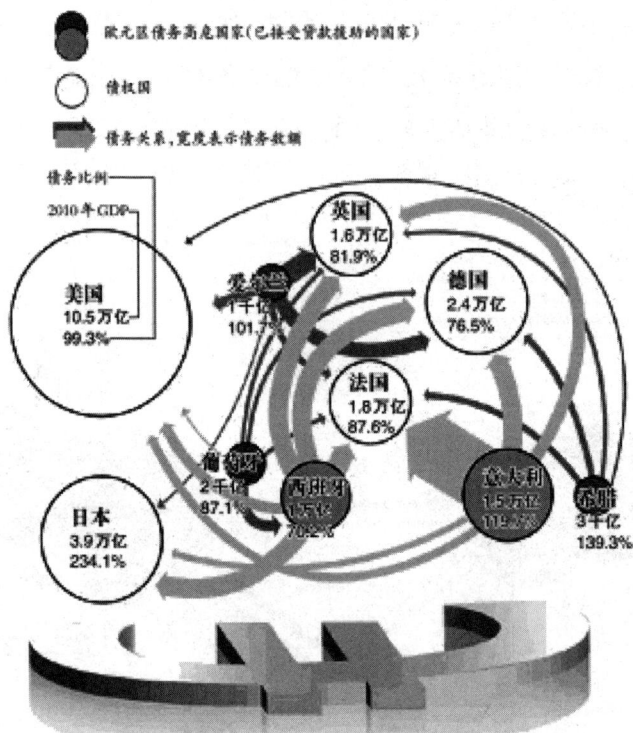

图4-3　欧债危机主要国家间的债务关系

资料来源：《新京报》，2011-11-11（B03）．

2010 年 5 月，欧盟与国际货币基金组织成立了"欧洲金融稳定机制"（EFSM）及欧元拯救伞（EFSF），为债务危机提供紧急救助基金（表4-4），以欧盟预算为担保，在金融市场筹资，通过救助欧盟中经济困难的成员以确保欧洲金融稳定，EFSM（European Financial Stability Mechanism）与 EFSF（European Financial Stability Facility）连同国际货币基金组织（IMF）、欧洲央行（ECB）形成了欧债救助"铁三角"。根据 2012 年年初欧盟领导人峰

----

① Simon Bulmer& William E. Paterson. Germany and the European Union:from 'tamed power' to normalized power?[J].International Affairs, 2010, 86 (5):1070–1071.

会的决议，总额5000亿欧元的永久性"欧洲稳定机制"（European Stability Mechanism，ESM）将提前一年，在7月份正式生效，为债务负担沉重的欧盟国家提供支持。这既是抑制债务危机的有力举措，也将是强化欧洲金融财政一体化的重要步骤。

表4-4 2011年欧洲央行通过EFSF向债务重灾区五国提供的救援基金（bailout fund）

国家	数额（$ billion）	占各国GDP的比重（%）
意大利（Italy）	837.5	41
西班牙（Spain）	643.2	46
冰岛（Iceland）	380.1	184
葡萄牙（Portugal）	196.7	86
希腊（Greece）	120.8	40
总额（total）	2178	

资料来源：Translated from The New York Times："It's All Connected：An Overview of the Euro Crisis"，see http://www.nytimes.com/interactive/2011/10/23/sunday-review/an-overview-of-the-euro-crisis.html？ ref=europeansovereigndebtcrisis，accessed 10 Mar.2012.

从2011年12月5日的法德领导人会晤，到9日的布鲁塞尔欧盟峰会，默克尔与萨科齐为化解欧债危机5天中三度会晤，"默克齐"（Merkozy）这一名词由此而来，成为这场危机中法德默契的诙谐写照。

2011年12月7日，默克尔与萨科齐向欧洲理事会主席提交了浓缩两国应对危机主张的联名信[①]，信中他们坦承这次危机无情地暴露了经济与货币联盟（EMU）的缺陷，因此要在欧元区国家缔定新条约，建立拥有财政纪律以及更强有力的经济增长和竞争力的稳定与增长联盟，为实现更好的合作与一体化铺平道路。对此他们提出了以下四项基本举措。

一是一个强化的制度结构（a strengthened institutional architecture），欧元区首脑应当至少一年两次举行定期峰会，为欧元区的经济和财政政策提供战略指导；应当每月举行首脑级例会，每次都要有关于增长、竞争力和财政稳

---

① Joint Letter by Germany and France to the President of the European Council (Dec. 7. 2011), http://www.germany.info/Vertretung/usa/en/__pr/P__Wash/2011/12/07__JointLetter__PR.html [Accessed:Dec.20, 2011].

定的管制和政策方面的一项明确议程;欧元区财政部长会议(Eurogroup)与一个强化的准备机构负责准备和执行峰会的决议并确保其实施。

二是一个综合的预防性框架(a comprehensive framework of prevention),由欧盟委员会督促欧元区成员国议会遵守《稳定与增长公约》的目标和要求,对欧元区成员国预算严格管制。建议欧元区成员国率先将实现公共预算平衡纳入宪法,由各国宪法法院对各自政府预算进行审核。不过,欧洲联盟法院将无权否决各国制订预算。至少在欧元区国家范围内通过提高竞争力和形成相似的经济和财政政策来促进经济增长。

三是一个增强的程序执行稳健的财政政策(a reinforced procedure to enforce sound fiscal policies),对财政赤字占国内生产总值(GDP)比例超过3%的国家实施自动处罚。

四是一个永久性的危机解决机制(a permanent crisis resolution mechanism),2012年提前启动永久性的政府间欧洲稳定机制,实施金融救助的决策方式也将由欧盟成员国"全体通过"改变为"绝对多数通过"。

2011年12月9日的欧盟布鲁塞尔峰会后,欧洲理事会于12日发布了20项决议,其中经济政策有6条,另外也就能源政策、欧盟扩大和其他事项达成了协议。其中经济政策贯穿两大主题:经济增长与就业,内容也几乎全部是应对债务危机的相关举措。峰会的结论是法、德协商及在峰会前所达成的协议的体现,其中要点包括[1]以下几点。①全力贯彻经济管治政策(economic governance);②支持启动一个快速计划(a fast-track programme),使理事会和欧盟议会有快速核查委员会提案的优先权。重点领域是促进经济增长和就业。③继续"欧洲学期"(European Semester)。2012年度增长调查为下一个欧洲学期的开始奠定了基础。④成员国政府同意到2012年3月实现2011年3月达成的《欧元附加条约》(Euro Plus Pact)的决议结果。新的经济管治应当得到就业和社会政策的有力辅助,尤其是可以对实现经济稳定和经济增长产生影响的领域。⑤再次强调了就业问题。在推进经济改革的过程中,国家

---

① European Council. The conclusions of the European Council, Brussels, 9 December 2011, http://www.consilium.europa.eu/uedocs/cms_data/docs/pressdata/en/ec/126714.pdf.

和欧盟层面需要对弱势群体（vulnerable groups）出台对应措施，尤其是年轻的失业者。教育和培训机构应当适应劳动力市场的需要。⑥集思广益。欢迎成员国财政部长提交报告，委员会促进在税收政策合作问题上的结构性讨论，这都应当与《欧元附加条约》同时进行，重点是税收政策如何能够支撑经济政策协调和财政稳定与增长。

12月9日，布鲁塞尔欧盟峰会通过的新条约草案，也暴露了法德两国的欧洲政策自始至终的分歧：德国希望通过深化欧洲一体化，强化欧盟机制和机构来应对危机，法国则依然对任何超国家形式的安排持保留态度；德国要建设一个财政同盟，法国则强调欧洲团结和发行"欧洲债券"。默克尔希望强化财政纪律，并通过修改欧盟条约扩大欧盟机构的权力，由欧盟委员会对欧元区各国财政政策行使干预权，由欧洲法院对不遵守财政纪律的国家行使裁判权。但萨科齐不愿放弃财政主权，强调各国领导人在欧盟层面共同决策，即加强欧盟领导人之间的协调，而不是欧盟委员会的权力。法国政府认为，防止债务危机升级蔓延的最好办法是欧洲央行出资干预，或承诺担当最后贷款人，解决欧元区流动性紧缺问题。但欧洲央行和德国政府强烈反对，坚持欧洲央行保持其独立性。从后来的进展来看，法德双方在"财政纪律"和"欧元债券"上再次相互妥协。

2011年12月15日在国会的一次讲话中，默克尔再次对德国应对欧债危机的方案做了说明，并指出，德国和欧洲都将在这一历史上的最严重危机中变得更加强大和有力。德国希望通过深化欧洲一体化来应对危机①。

首先，17个欧元区国家准备于2012年3月前达成一个新的国际协定，向所有欧盟成员国开放。在现有暂行的欧洲金融稳定机制（EFSF）的基础上，准备推出一个永久性的欧洲稳定机制，加强了对成员国财政政策的监管和调控。

其次，进一步增强欧洲委员会、欧洲议会和欧洲法院的权力。欧盟修宪

---

① Angela Merkel. Europe Will Emerge Stronger from the Crisis (Dec. 15. 2011), translated from http://www.germany.info/Vertretung/usa/en/__pr/P__Wash/2011/12/15__merkel__bundestag__pr.html [Accessed: Dec.20.2011].

运动由于英国的反对而流产了。准备在 2012 年 3 月签署的新一体化协定中，欧洲委员会和欧洲法院将发挥重要作用，欧洲议会也从一开始就参与其中。欧洲法院有权审查新协定中关于欧洲债务条款的正确译文写入民族国家法律。债务水平过高的国家需要与欧洲委员会签署改革协议，这意味着欧洲委员会有权介入债务水平过高成员国的经济改革。

最后，有效多数表决制的应用范围进一步扩大。当欧洲稳定机制需要进行积极决策时，方案需要 85% 的绝对多数通过。未来欧盟将对有过高预算赤字的国家自动实施处罚。只有通过欧元区国家的有效多数表决才能停止处罚，反之，如果欧元区国家有效多数表决通过了处罚决定，那么将实施处罚。

2012 年欧盟首次峰会的主要议题仍是债务危机，会议通过了《欧洲经济伙伴联盟稳定、协调和治理公约》（即 "财政契约"），除英国和捷克以外的欧盟 25 国都在公约上签字。这次峰会的两个主要成果：一是用被称作 "永久防火墙" 的欧洲稳定机制取代临时性的欧洲金融稳定工具（EFSF，亦称 "欧元拯救伞"）；二是通过 "财政契约"，即强化财政纪律，将它视为未来应对债务危机的必要条件，以免重蹈债务失控的覆辙。这说明以法德为首的欧元区国家决定矢力深化财政政策的合作和一体化，给新的一年开了一个好头。

有学者指出，"欧盟会在衰落中强化，即欧洲的经济衰落反而会促进欧盟的政治一体化得到加强"[①]。合力抵制债务危机的破坏性影响是欧盟成员国，尤其是法德两国的共同意愿，欧盟峰会的决议倾向于从进一步深化财政与金融一体化的机制强化和改革着手，即通过深化一体化谋求化解危机。

五、"默朗德" 组合下的法德轴心与欧洲一体化

2012 年 5 月 15 日，奥朗德宣誓就任法国第五共和国历史上的第七任总统。对法国来说，这是继密特朗以来左派第二次上台。在人们对 "默克齐" 组合的默契记忆犹新的情况下，奥朗德竞选期间关于欧盟政策的相关言论，

① 于时语. 英国成 "欧洲剩女" 和法德的 "鱼兔婚姻" [EB/OL]. 联合早报网 http://www.zaobao.com/special/forum/pages8/forum_zp111215.shtml.

使得许多人为其上台后的法德轴心捏一把汗。比如他曾表示他将继续增加刺激计划以扩大就业和消费，并建议重塑欧盟"财政契约"，这与欧盟紧缩政策背道而驰。他还提出对"财政契约"进行重新谈判，实则是对德国一贯主张的财政纪律提出了挑战，媒体担心这或与默克尔产生分歧和摩擦[①]。然而，法德轴心再一次验证了半个世纪以来形成的制度保障和路径依赖，"默朗德"组合尽管存在分歧，但是法德轴心依然得以顺利运转。

1. 经济领域

自 2008 年全球性金融危机以及欧债危机以来，欧盟的经济发展举步维艰。

奥朗德上台后对欧盟政策提出了四点方针：求助于欧洲投资银行，发行欧元债券，征收金融交易税，动用欧盟结构基金。强调财政纪律的德国为此做出了让步：允许欧洲中央银行资助商业银行，并讨论 100 亿欧元的投资刺激。在四点方针上，法国在发行欧元债券问题上向德国让步，但坚持另外三点方针，即"在'核心'欧洲国家中推进金融交易税，从欧盟结构基金中调用 550 亿欧元，将欧洲投资银行的资本提高到 100 亿欧元并首次发行 45 亿欧元的项目债券为基础设施建设项目融资"。在 3940 亿欧元的救助资金中，法国占 20%，德国占 27%[②]。

欧盟的经济形势也有所好转，主要成员国的经济增长率在缓慢回升，债务和财政赤字问题也有所缓解。根据欧盟官方的数据统计，欧盟 28 国债务占 GDP 的比例，从 2014 年年底的 86.7% 下降到了 2015 年年底的 85%，欧元区 19 国则从 92.0% 降低至 90.4%。2015 年年底共有 17 个欧盟成员国债务比率占到 GDP 的 60% 以上：最高的是希腊（高达 177.4%），其次是意大利（132.3%）、葡萄牙（129.0%）、塞浦路斯（107.5%）和比利时（105.8%）[③]。

2. 政治、安全与外交领域

① 刘军."默朗德"成为欧洲"梦之队"[N].光明日报，2015-02-17（012）.

② 陈露.奥朗德当选总统后法德关系的新变化[N].中国社会科学报，2013-04-24（B03）.

③ See "Government finance statistics" in *Eurostat yearbook*, http://ec.europa.eu/eurostat/statistics-explained/index.php/Government_finance_statistics.

《里斯本条约》（以下简称《里约》）弱化了《欧盟宪法条约》的超国家主义色彩，回归到了政府间主义。在共同外交与安全政策方面，《里约》进一步将安全政策的执行范围，从原来的人道救援、维和任务、危机处理的"彼得堡任务"（Petersberg Tasks），扩充到联合裁武行动、军事政策咨商、冲突预防、后冲突时期的秩序稳定、反恐行动等；在强调"集体防卫"的同时，提出了"相互协防"（mutual assistance）的规范，亦即当某一会员国遭受外来侵略时，其他会员国有协防的义务；根据《里约》的"团结"（solidarity）条款，某一会员国遭受诸如恐怖攻击、自然或人为灾害等威胁时，其他会员国应在欧盟理事会的架构下进行合作，提供包括军事方面的援助；将原本的"强化合作"（enhanced co-operation）架构①的范围扩充到军事防卫领域，设立"长期结构化合作"（permanent structured co-operation），特别针对会员国在"共同外交与安全政策"的协调，以较为弹性与长期的做法，推动欧盟的安全合作；《里约》将欧盟原本的三个支柱政策分类予以"去支柱化"（de-pillarization），将原有的"司法与内政事务"改列"自由、安全与正义领域（area of freedom，security and justice，AFSJ）"，并试图在个体安全与集体安全之间寻求平衡，因此《里约》特别强调欧洲人民自由、安全与正义的保障②。

"默朗德"组合在政治、安全与外交领域经受住了乌克兰危机、难民问题等严峻考验。在共同外交和安全政策领域被称为"欧洲主义派"的法国和德国，既通过欧盟／西欧联盟承担管理危机的责任，也进行传统的北约的集体防卫任务③；在预防冲突上主要依靠经济和外交而非军事手段来实现。

（1）法德在乌克兰危机中通力合作。

2013年11月21日，乌克兰总统亚努科维奇决定暂停与欧盟签署联系国

---

① 所谓"强化合作"架构，是由尼斯条约（Treaty of Nice）与阿姆斯特丹条约（Amsterdam Treaty）所设立，目的在促使一群有意愿强化"共同外交与安全政策"的会员国，能够深化其合作，而不受到其他会员国不愿加入的影响。

② 甘逸骅. 里斯本条约架构下的欧盟安全政策合作之尝试[J]. 东吴政治学报，2016（02）：69-79.

③ [意]福尔维奥，阿蒂纳等著. 全球政治体系中的欧洲联盟[M]. 刘绯等译. 北京：中国社会科学出版社，2009：33.

协议及"深入而全面的自由贸易协定"的准备工作。此后，支持加入欧盟的乌克兰人开始在首都基辅独立广场等地举行大规模抗议活动。岂料这一抗议最后演变为举世瞩目的危机。随着亚努科维奇被罢免，危机演变为俄罗斯总统普京与西方国家的对峙[①]。乌克兰（Ukraine）与俄罗斯关系的恶化可以说是欧盟新安全政策在《里约》生效后的重要考验[②]。欧盟对乌克兰危机的担忧集中于安全方面：一是"俄吞并克里米亚""重划欧洲版图"，损害了二战后形成的欧洲和国际秩序；二是俄在乌克兰的所作所为还可能在波罗的海国家和其他中东欧国家故伎重演；三是鉴于不少欧洲国家严重依赖俄天然气和石油，欧俄关系恶化将对这些国家产生严重的能源安全威胁[③]。

德国和法国在乌克兰危机中立场高度一致，并统一步调，联袂力促危机的和平解决。比如，德国和法国都反对乌克兰加入北约，同时反对欧洲、北约向乌克兰提供军事援助；都主张乌克兰的领土和主权的统一；都希望不以武力而以外交和政治途径解决危机，让俄罗斯发挥一种建设性而非破坏性的作用等。法德两国带着和平协议共同出面，这是二战以来首次德国总理和法国总统联袂出手，他们既不是以北约代表的名义，也不是以欧盟代表的名义，但就是以欧洲大陆影响最大的这两个国家也就是德国和法国领袖的名义，赶赴莫斯科，默克尔和奥朗德在莫斯科和普京举行了五小时的会谈[④]。

继2015年年初的新明斯克协议之后，2015年10月2日，被称为"诺曼底模式"的法国、德国、俄罗斯、乌克兰四国峰会在法国总统府爱丽舍宫举行，针对乌克兰东部局势和叙利亚问题等进行了近5个小时的商谈。商谈结束后，"默朗德"还就会谈对新闻界共同表示，乌克兰东部的地方选举将推迟至2015年年底之后举行，组织选举必须遵守明斯克协议的条款[⑤]。

---

① 何卫. 乌克兰危机的来龙去脉 [EB/OL]. 人民网，http://finance.people.com.cn/n/2014/0429/c153179-24958006.html.

② 甘逸骅. 里斯本条约架构下的欧盟安全政策合作之尝试 [J]. 东吴政治学报，2016（02）：89.

③ 冯仲平. 欧盟需调整对俄战略思路 [J]. 欧洲研究，2014（6）：27.

④ 何亮亮. 德法在乌克兰问题上为何与美唱反调 [EB/OL]. 凤凰卫视，http://phtv.ifeng.com/a/20150210/40977816_0.shtml.

⑤ 新华网. 乌克兰危机：法德俄乌四国谈出什么结果？ [EB/OL].http://gb.cri.cn/42071/2015/10/03/6351s5122281.htm.

2015 年 11 月 14 日，巴黎恐袭发生不久后，法国总统奥朗德就曾援引类似北约集体防卫条款的《欧盟条约》第 42 条第 7 款，要求欧盟协助法国在叙利亚的军事行动。德国随即回应，将派出 6 架"旋风"侦察机、一艘护卫舰、空中加油机和多达 1200 名军人，参与打击"伊斯兰国"，这也成为二战后德国在海外规模最大的一次军事部署[①]。

（2）法德在难民问题上的矛盾与分歧。

大量难民涌入欧洲，成为欧盟及其法德轴心正在并将长期面临的"历史性危机"。2016 年 3 月欧盟与土耳其就难民问题达成协议，根据协议，从 2016 年 3 月 20 日起非法进入希腊的难民包括逃避战乱的叙利亚难民，将全部遣返土耳其；对每一个遣返的难民，欧盟都将"重新安置"一名正在土耳其等待申请避难结果的叙利亚难民。欧盟不仅向土耳其提供 60 亿欧元的资金补偿，还承诺从 2016 年 6 月起对土耳其人在欧盟"申根区"内享受免签待遇，并会加快土耳其加入欧盟的谈判节奏。

欧土难民协议进一步暴露了法国与德国在这一问题上的矛盾和分歧[②]。

首先，法德对难民涌入欧洲的态度迥异。2015 年 8 月，默克尔宣布了德国接纳 80 万难民的承诺，德国政府相应做出了财政安排，拨款总额达到 66 亿欧元。她还高调到慕尼黑等地亲自接待大批前来投奔德国的难民。德国成为接纳难民最慷慨的国家，德国总理也被难民们亲切地称为"默克尔妈妈"。在关闭边界、遣返难民、停止实施《申根协定》等问题上，法国的立场较为强硬。2015 年德国总共接纳难民将近 110 万，而法国承诺未来两年将接纳的数量只有区区 2.4 万，这仅仅相当于当时德国两天所收容的难民数量。

其次，德国力推欧土难民协议的达成，而法国则冷眼旁观。在默克尔努力寻求欧盟支持的磋商中，法国都置身事外：2015 年 11 月，默克尔曾经与荷兰、瑞士、奥地利、比利时和卢森堡领导人举行小型会议以获取支持；2016 年 3 月 18 日举行欧盟土耳其峰会前夕，默克尔与土耳其和荷兰政府领导人单

---

① 李良勇.德国同意打击叙利亚 IS 或成德最大海外派兵 [EB/OL].新华网，http://news.xinhuanet.com/world/2015-12-06/c_128502044.htm. [2015-12-06]

② 相关资料参见沈孝泉.欧土难民协议背后的法德分歧 [EB/OL].中国网，http://news.china.com.cn/world/2016-03/21/content_38073684.htm.[2016-03-21]

独进行小型预备会议，为达成最终协议进行实质性磋商，法国再一次缺席。

最后，在欧土难民协议的落实上，法国消极以对。法国的《解放报》称，法国虽然接受了欧盟的难民分配方案协议，但是却不遗余力地让这一协议成为一纸空文。而德国在接纳、安置难民问题上的表现则可圈可点。2016 年 8 月，德国率先由联邦移民与难民部发布，不再遵循都柏林公约的第一责任国的原则，而直接接纳难民的登记和临时安置①。2012—2015 年，德国已经向叙利亚难民提供了约 14 亿欧元的援助，默克尔宣布在 2016—2018 年还将追加投入 23 亿欧元，这是国际社会目前所承诺的最大援助金额②。

欧土难民协议不仅实施困难，更面临着欧盟内部成员国的反对。根据联合国难民署（UNHCR）的统计，现在有约 9000 名移民与难民正在等候庇护要求的判决，这有时需要等数月之久；希腊政府推估的人数则高达 14000人，包括叙利亚难民③。德国因其难民政策被欧洲其他国家非议和批评。学者分析，德国实施的难民政策经过了"谨慎对待"到"友好欢迎"再到"逐渐收紧"的调整过程。德国总理默克尔也曾表示，为难民危机找到一个欧盟共同的解决方案，是她执政以来所面临的最大挑战④。难民问题将会持续困扰欧洲，甚至会成为影响德国大选以及欧盟成员国大选的重要议题。

3. 高度制度化的法德和解与合作得到了延续

法德之间官方和社会层面的密切合作，经过半个多世纪的发展完善，已经高度制度化。在 2012/2013 法德友好年（German-French Year），仅在德国

---

① 宋全成. 欧洲难民危机中的德国难民政策及难民问题应对 [J]. 学海，2016（4）：56.
② Federal Foreign Office. Refugee and migration issues - what German foreign policy is doing, see http://www.auswaertiges-amt.de/sid_DC3B0C0F2EAB197FAF4DBEC57804DFED/EN/Aussenpolitik/GlobaleFragen/Fluechtlinge/Uebersicht_node.html. [Accessed: Mar.20, 2017]
③ 法新社. 欧土难民协议 1 周年抗议人士要求废除 [EB/OL]. http://www.swissinfo.ch/chi/afp/%E6%AC%A7%E5%9C%9F%E9%9A%BE%E6%B0%91%E5%8D%8F%E8%AE%AE1%E5%91%A8%E5%B9%B4-%E6%8A%97%E8%AE%AE%E4%BA%BA%E5%A3%AB%E8%A6%81%E6%B1%82%E5%BA%9F%E9%99%A4/43040744. [2017-03-18].
④ 宋全成. 欧洲难民危机中的德国难民政策及难民问题应对 [J]. 学海，2016（4）：55-56.

就有 200 多项庆祝活动，既有学术会议、艺术展览，也有街头艺术节的一系列庆祝活动。2013 年 1 月 22 日，奥朗德赶赴柏林的议会大厦，与默克尔共同举行了《法德友好条约》（Élys é e Treaty）签署 50 周年的庆祝活动，法德两国首脑还与 200 多位法德年轻人参加了法德电视台 Arte 的节目。法德两国的政府首脑和议员齐聚柏林，共同庆祝。德法议员友好协会（the German-French Parliamentary Friendship Group）主席邵肯霍夫（Andreas Schockenhoff）指出，两国议会的会面是一个独特事件，"没有在世界上看到其他类似的例子"，这种集会"远远超出正式的程式性会面的意义"，说明"法德关系有其独特的内质"。另外，法德青年合作办公室（the Franco-German Youth Office, FGYO）还专门举办了为期 4 天的青年论坛，吸纳了 150 多名来自法国和德国的年轻人共同参与庆祝活动①。

法德两国在社会领域还肩负着提高欧盟的国际竞争力，全球可持续发展，可持续的能源战略，劳动力市场改革，改善健康、培训项目和边境合作等重任。

综上所述，《马约》签署以来，法德轴心与欧洲一体化经历了国际格局与地缘政治的变动以及政府更迭与领导人更换，但是法德和解与合作在欧洲一体化事业中得到了长足的发展，二者也合力推动了一体化事业的扩大与深化。尽管当下法德轴心与欧洲一体化面临多重考验，但是法德和解与合作不是心血来潮的偶然之举，而是两国根据国际形势和国家利益所做的战略选择，欧洲一体化事业依然符合二者的共同利益和相互需要。即使默克尔和奥朗德在来自国内的竞选挑战中失败，新的法德领导人也会接续这一互利双赢的战略选择。自 20 世纪 50 年代以来，法德和解、合作与欧洲一体化相辅相成、相携共促，是欧洲一体化成功的最重要秘诀之一。

---

① Élysée Treaty signed 50 years ago, See https://www.deutschland.de/en/topic/politics/germany-europe/elysee-treaty-signed-50-years-ago. [Accessed: Jan. 22.2013].

本章小结

法德和解是 20 世纪的欧洲与世界具有里程碑意义的重大事件。中国前驻德大使郭丰民在 1981 年的一篇文章中指出，西欧联合特别是作为其基础的德法关系是现代外交史上最为微妙的关系：一种缺乏热恋的理性的结合，双方都害怕对方产生异心而竭力追求对方[①]。法德和解是法德两国在冷战和两极结构压力下，基于各自的利益需求所做出的共同选择，并成为欧洲联合的前提条件和契机。

法德和解从 20 世纪 50—60 年代开始逐渐走向制度化，法德轴心也越来越紧密，到 20 世纪 70 年代，法德和解的制度化开始收到回报，法德已经自发地在欧洲一体化问题上协调立场，成为一体化进程中名副其实的"波恩—巴黎"轴心。密特朗与科尔时期的法德和解进一步深化，为 1963 年的《爱丽舍条约》增加了附加议定书，法德轴心发展到了前所未有的程度，经受住了德国统一与冷战结束的巨大考验，使欧洲一体化发展到了欧盟的新阶段。《马约》签署与欧盟建成以后，虽然出现了质疑法德轴心核心作用的声音，且欧洲一体化建设经历了"宪法危机"，又落入了债务危机的泥沼，但是法德两国通力合作应对危机，再次证明了法德轴心对于欧洲一体化的必要性和重要意义。

20 世纪 50—60 年代，是法德和解走向制度化的开始，在这一过程中，法德之间开始了对彼此欧洲政策的认识和了解，不信任和不确定性有所降低，在欧洲一体化问题上达成了关键共识：法德和解与合作是欧洲联合的支柱，欧洲联合符合两国的共同利益和相互需要。这一时期，法德和解走向制度化所带来的欧洲一体化的重要成果是《罗马条约》的成功谈判和共同执行。同时，由于法德合作的制度化处于初步阶段，法德轴心也还是个蹒跚学步的婴儿，因此法德双方在欧洲政策和相关问题上有限地协调立场，也表现出了一

[①] 郭丰民. 西欧国家外交政策的基本思想 [J]. 国际问题研究，1981（2）：30.

些分歧，这也使得欧洲联合事业经历了一些挫折。

蓬皮杜与勃兰特时期，虽然总体上法德关系有所松弛，但是法德和解与合作得到了延续，仍然是共同体发展的动力和基础。英国在这一时期加入了共同体，法德也做了建立经济和货币联盟的重要尝试。

施密特和德斯坦密切的个人往来与投契的欧洲政策，使得法德轴心与法德合作迎来了一个高峰。两人真正践行了法德合作条约中"双方就一切外交政策问题进行磋商，以求采取一致行动"的条款，在重大会议之前都要进行会晤，确定法德共同立场。这一时期的欧洲一体化进一步深化，法德合力建立了欧洲货币体系（EMS），向着经济货币联盟迈出了重要一步。

东欧剧变、苏联解体与德国统一等地缘政治的重大变动没有成为法德合作与欧洲一体化的绊脚石。法德轴心没有因此而动摇，而是继续推动欧洲一体化的深化与扩大，欧共体发展成了欧盟，基本建成了经济货币联盟，政治联盟也展开了宏伟的蓝图。这充分说明，法德已经实现了深度和解，法德轴心也成为法德两国欧洲政策中一以贯之的核心政策。密特朗与科尔，这一德国统一之前的最后一届"波恩—巴黎"轴心发展出了比以往更加亲密的德法关系，将法德合作扩展到了安全和防务领域，两国还在《法德友好条约》签订25周年之际，为其添加了建立法德防务安全理事会与法德财政经济理事会的两项补充议定书。

世界多极化的格局与全球化深化所带来的竞争压力，使得一体化框架仍然符合法德两国的共同利益与相互需要。法国和德国在新的国际战略环境中，欧洲政策都做出了一些调整，但是德国仍然坚持"欧洲的德国"的政策立场，从科尔到施罗德再到默克尔政府，"融入西方"依然是德国当前对外关系的主轴[1]。法国也发现推动欧洲一体化的继续深化与发展仍然符合自己的利益需要。因此，欧盟成立之后，欧洲一体化加速发展，将中东欧国家都囊括在内，同时开始了对欧盟机构与机制的改革。虽然法德轴心相对27国的欧盟变"小"了，但是"默克齐"在欧债危机中互相呼应、密切合作，并合力通过深

---

[1] 参见葛汉文. "退向未来"：冷战后德国地缘政治思想刍议 [J]. 欧洲研究，2011（4）：130.

化与改革继续推动欧洲一体化向前发展。

在难民问题、暴恐袭击、英国退欧的严峻考验之下，作为欧盟的火车头和双发动机，法德两国能否继续发挥轴心作用、团结欧盟各成员国，在某种程度上决定着欧盟的未来走向。

布热津斯基在《大棋局》中评论道："法德和解在欧洲形势的发展中仍然具有积极意义，其重要性是怎么强调也不会过分的。它为艰难的一体化进程到目前为止所取得的所有进步提供了具有关键性意义的基础。"[①] 法德和解对于欧洲一体化进程的重要性不言自明，也为世界上其他有着长期敌对历史的两国间的和解提供了借鉴和启示。将法德和解进程与中日和解和东亚区域合作进行对比，可以得到何种发现与启示？这也是接下来需要探讨的课题。

---

① [美] 兹比格纽·布热津斯基著，中国国际问题研究所译. 大棋局——美国的首要地位及其地缘战略 [M]. 上海：上海人民出版社，1998：86.

第五章 法德和解与欧洲一体化对中日和解与东亚区域合作的启示

体系与国际环境的变换，与不同的区域现实，使得欧洲与东亚的区域合作与一体化有了迥异的起步，并呈现出不同的面貌。然而，天时不如地利，地利不如人和。孟子所说的"人和"指的是人心所向、内部团结，具体到区域合作与一体化问题上，可以说指的是区域成员国，尤其是区域大国之间的合作与共同推动。法德之间的和解与合作，促成了欧洲一体化的起步，并成为欧洲一体化的核心与发动机。反观东亚，中国与日本却未能通过两者的和解与合作，成为东亚区域合作与一体化的核心与领导者。

同为世仇，德国与法国在二战后走上了和解、合作并带动欧洲整合的道路，中国与日本却依旧笼罩在安全困境的阴影当中，表现出"战略上互不信任、安全上相互提防、能源上相互竞争、国民情感上相互厌恶"[①]等令人忧虑和深思的现象。日本知名政治外交史专家五百旗头真指出，进入 21 世纪以后，东亚的两个大国中国和日本之间出现了否定"伙伴关系"、成为竞争对手的征兆[②]。日本挑起钓鱼岛风波，并解禁集体自卫权，使得趋于恶化的中日关系雪上加霜。有学者认为，中日关系一度处于"邦交正常化以来的最低点"[③]。中日关系是东亚地区最为重要的双边关系，中日之间如何实现"亲、诚、惠、容"，是一个极为重要的现实课题。

中日的和解进程不仅与东亚区域合作相互脱节，而且无论和解还是合作都明显滞后。这也是东亚区域合作与欧洲一体化的最大区别之所在，也是东

[①] 黄凤至、逄爱成. 德法和解历史对中日建立战略互惠关系的借鉴与思考[J]. 东北亚论坛，2010（5）：13.

[②] [日] 五百旗头真主编，吴万虹译. 战后日本外交史：1945–2010[M]. 北京：世界知识出版社，2013：234.

[③] 张蕴岭. 中国周边地区局势和中日关系[J]. 日本学刊，2014（5）：12.

亚区域合作与一体化无法照搬欧盟模式的最重要原因。

第一节 法德和解与中日和解的似与不似

一、法德和解与中日和解的相似之处

1. 区域中的法德与中日

法国和德国在欧洲大陆的中心地带紧密相邻，中国和日本在东亚的中心地带一衣带水。这两对国家同为"近邻"，亦同为"远亲"：法国和德国共同发源于历史上的法兰克王国，日本民族与中华民族有着千丝万缕的联系。将欧洲大陆的法国和德国，与东亚的中国和日本两相对照，可以发现许多相似之处。

首先，法国与德国、中国与日本都地理邻近，文化上深有渊源。

法国和德国并肩地处欧洲大陆的中心地带，共同发源于历史上的法兰克王国，有着同样的基督教传统。中国和日本是一衣带水的邻国，两国隔海相望，海上距离也不过几个小时的路程。二者之间千丝万缕的历史和文化关联甚至可以上溯到中国古代的秦朝时期。正如塞缪尔·亨廷顿在《文明的冲突》里所归并的，二者同处儒教文化圈。中国在数千年中是东亚地区唯一的超级大国，在中国实力远远超过日本的这段时期，中日之间经历了长久的交往与和平。据说日本人起源于中国大陆。日本的文字、服饰、建筑、音乐、习俗等都受到了中国的影响。大体自隋朝开始，日本开始了向中国学习的过程，在唐朝达到了顶峰，绵延千余年[①]。

其次，是历史的相似性。法国与德国、中国与日本都是有着悠久历史的大国，而且在漫长的历史中都经历了此消彼长以及战争与对抗的苦涩，是世仇或说宿敌（hereditary enemy）。

如前所述，法国与德国历史上不断上演"战争—复仇—再战争—再复仇"的恶性循环。冤冤相报何时了，二战结束之后，法德两国捐弃前嫌，走上了和解与合作的道路。中日之间也经历了此消彼长和相互仇恨的漫长历史时期。明朝时期，有日本的"倭寇"骚扰中国沿海。19世纪中叶，美国人最先打开

---

① 张历历. 百年中日关系 [M]. 北京：世界知识出版社，2006：27-28.

了日本的大门，日本"明治维新"后走上了学习西方、"脱亚入欧"的道路。自此开始，日本的国力不断上升，封闭的中国却在不断相对衰落。强大起来的日本加入了西方列强的行列，参与了八国联军侵华，并后来居上在20世纪加诸了中国最为残暴、最为屈辱的一段历史。日本先后发动了甲午中日战争（掀起了西方列强"利益均沾"瓜分中国的狂潮）、日俄战争，不间断地蚕食中国，最终蓄意发起了全面侵华战争，使中国经受了亡国灭种的危机。二战之后，中日关系有过一段"蜜月期"，但总体而言起伏较大，国民之间相互情感也有日益恶化的趋向。

更为重要的，是四个国家在区域中地位的相似性。法国和德国在欧洲、中国与日本在东亚，都分别相互交替地占据了区域中心国家的地位。从人口、国内生产总值（GDP）、贸易额等几个基本指标来看（表5-1），法国与德国的人口和国土面积之和在欧元区和欧盟中比重不大，但是二者的国内生产总值（GDP）、贸易额之和却在欧盟和欧元区的总额中占到了近半数甚至半数以上的比重。而中国与日本在东亚的优势更为明显，二者都占据了"10+3"60%以上的比重，二者毋庸置疑是"10+3"这一东亚最主要的区域合作组织中最大、最重要的两个国家。

表5-1　区域经济数据（2014年）

	名义GDP** （10亿美元）	人口 （百万）	出口（2013年）***（10亿美元）	进口（2013年）***（10亿美元）	世界贸易 占比（%）
中+日 +韩	16371（21.0）	1542 （21.3）	3939	3775	16.7
ASEAN	2478（3.2）	623 （8.6）	1561	1467	6.6
ASEAN+3	18849（24.2）	2165 （29.9）	5550	5242	23.3
APEC （2013）*	42770	2806	10425	10606	—
世界	77869	7208	23432	22723	100

注：* APEC的数据来源于StatsAPEC

** 新西兰的GDP是2013年的数据

*** 不包含缅甸的数据

数据来源：根据中日韩三国合作秘书处的数据整理而成，根据需要删减了部分数据。See Trilateral Cooperation Secretariat.1-2.Regional Economies（2014），http：//cn.tcs-asia.org/cn/data/statistics.php.

2. 法德和解与中日和解的相似之处

第一，由于法国与德国、中国与日本之间存在着创伤性的历史记忆，因此两国在战后的双边关系当中，无论是官方的还是隐晦的，一定都包含着修复创伤性的历史记忆的和解进程。从这一点上来说，法德和解与中日和解是相似的历史进程，并都包含着历史和解和心灵和解。然而，德国与日本在历史和解中的表现显然存在天壤之别。众多的研究者都关注并论证了这一点。

第二，中日关系实际上从来都不是一个单纯的双边关系问题，大多数专家学者都不会质疑这一点 [①]。中日和解亦是一个超越了中日双边关系的问题。法德和解实际上也不是单纯的法德双边关系的问题，两国的和解与否与欧洲的命运紧紧地联结在一起，受到欧洲形势和外部国际环境的影响。在这一点上，中日和解与法德和解是相似的。

第三，法德和解是在二战后开始的，标志性文件是 1963 年的《法德友好条约》。中日和解的标志性文件是 1972 年建交时的《中日联合声明》，法德和解与中日和解都打上了美苏两极体系与冷战的烙印。当然，两极体系与冷战造成了法德和解和中日和解截然不同的命运。

二、中日和解的特殊性与复杂性

虽然双边关系都经历了漫长的、有些相似的历史演化，欧洲的法德两国与东亚的中国和日本存在的差异更为鲜明。

首先，德国两次成为欧洲的战争策源地，是欧洲诸国疑忌和防备的对象，德国问题屡屡占据欧洲政治的中心。然而，尽管日本也两次成为东亚的战争策源地，中国却是日本和东南亚诸国所要防备的对象，如果东亚形成一个针对某一国家的同盟，那么可以说这个同盟一定是针对中国的。人们往往认为德国与日本是相似的，然而，在这个问题上，显然中国与德国反而具有某种相似性。

其次，德国和法国之间的争斗与恩怨绵延千年，双方你来我往，互有胜负。相比之下，不得不指出的是，东亚的中国和日本这一对宿敌之间的怨怼，却明显是单向的。日本自甲午中日战争开始，便开始尝试对中国的侵略和蚕

---

① See Akira Iriye. Chinese-Japanese Relations, 1945-90[J].*The China Quarterly*,1990, 124 (China and Japan: History, Trends and Prospects): 624.

食，日本军队所犯下的战争暴行，最多的受众是中国人。然而，中国却从未像这样进攻日本本土，并对日本国民施予直接的羞辱和残害。因此，中国的民族受辱感要更强烈，加之日本在历史问题上的暧昧态度，这更为加重了中日间的历史和解的困难程度。

欧洲的法德与东亚的中日之间的相似性，为将它们放在一起进行比较研究提供了合理性与可能性；相似性中所潜在的悖论，则有助于分析中日和解的复杂性与特殊性。法德和解是世界上最为成功的国家间和解的案例之一，相比之下，中日和解要逊色得多。根据衡量国家间和解的标准，基本可以判断中日处在"浅层次和解"的阶段，而且离"深度和解"还有很大距离：中日之间相互戒备，存在军事上的安全困境；中日之间存在历史纷争与领土争端，不时引发两国交往的紧张状态；中日之间"政冷经热"的局面迟迟不得好转；国民间的相互厌恶愈演愈烈等。

相比法德和解，中日和解的特殊性和复杂性主要体现在以下几个方面。

首先，冷战和两极体系是法德和解的推动力和催化剂，然而却更多地给中日和解造成了一些根本性障碍。中国与日本分属于对立的两大阵营，在战后的近30年中，至少在意识形态上，都处于敌对状态。因此，两极体系不仅没有为中日和解提供契机，反而在中日之间划出了一道意识形态的鸿沟。在两个超级大国美国和苏联所主导的两极体系下，中国与日本两个国家的深层次交往和心灵靠近绝无可能，遑论进一步的和解。与法德在战后结成了命运共同体和法德轴心不同，即使在冷战与两极体系结束之后，中日依然没有形成命运共同体，在意识形态对立减弱的同时，中日之间的结构性矛盾和竞争性需求考验着脆弱的中日关系，甚至有学者断言，崛起的中国和崛起的日本之间的日益激烈的竞争将在该地区造成最大的安全风险①。

其次，美国是法德和解的直接与间接催动者，然而美国却自始至终是中日和解的直接与间接阻碍。

美国的东亚政策有一条明显的主线：意愿上，美国想在东亚与太平洋地区保持必要的存在，维持这一区域"美国治下的和平"（pax americana），不

---

① 封永平. 安全困境与中日关系 [J]. 日本问题研究，2005（4）：43.

允许出现挑战者改变东亚地区现状；角色上，为了维持东亚地区现状，美国扮演了"离岸平衡手"（offshore balancer）的角色；具体操作上，美国在东亚建立了"轮毂—车辐"（hub and spoke）式的联盟网络，日本、韩国、东南亚国家都是美国的盟友。在这条主线之下，日本以日美同盟为基轴紧跟美国，中国则被认为是潜在或说实际上的"挑战国"。美国并不乐于看到中日靠近，并发展成为东亚区域的核心，中日维持非敌非友的关系，显然符合美国的东亚政策，也符合美国在东亚的战略利益。

自第一次世界大战至今，日美特殊关系始终深深影响东亚政治，进而影响着中日双边关系和中日和解进程。美国对日本的单独占领和战后改造，使日本的右翼势力在战后得以继续影响日本政治；美国一手主导的《旧金山和约》，延误了中日间的单独媾和，也给中日间的历史和解间接造成了许多障碍；日美同盟的假想敌显然是中国，在中—美—日三角关系的桎梏之下，中国与日本，想要改变二者关系现状和性质的动力都很微弱①。这都直接或间接地阻碍了中日和解的顺利开展。

再次，中日双方一直没有找到像法德和解那样制度化与长久化的和解途径。要抛开创伤性的历史记忆，实现历史和解，应当由曾经发动过战争、施加过侵害的一方主动采取以下三个步骤：①承认发动过战争，造成了伤害；②因为战争和伤害向受害的国家和人群诚挚地道歉；③向受害国家和人群进行适当的物质补偿。日本在这三个方面显然都做得远远不够，右翼势力频频地否认、翻案战争历史，一直是日本和亚洲邻国政治关系紧张的导火索。中日两国也从未将"中日和解"作为核心和重要的政策，日本围绕日美同盟的基轴不断"右"转，中国的重心则一直放在国内建设上。中日之间的交往流于实用主义和表面化，国民情感渐行渐远。

最后，与法德和解同时开启战后欧洲一体化事业不同，东亚区域合作在中国和日本尚未实现深度和解之前就已悄然起步，但至今没有形成东亚区域合作中的"中日轴心"。这也是法德和解与中日和解具有深远意义的不同之

---

① Sow Keat Tok. Neither Friends Nor Foes: China's Dilemmas in Managing its Japan Policy[J]. *China: An International Journal*,2005, 3 (2): 300.

处。除此之外，中国和日本长期处于"政冷经热"的状态，经济上的密切相互依赖没有转化为政治友好和合作的动力。

第二次世界大战之后的美苏冷战的两极体系，深刻地改写了欧亚大陆的历史。法国和德国选择了走向和平与相互合作的和解之路，法德轴心与一体化事业紧密联系在一起。中国和日本却实际上一直维持着"非敌非友"的状态，离深度和解还有较大距离。亚洲在战后进入了争取独立和发展的新时期，东亚区域的变革更为剧烈。二战中日本的"大东亚共荣圈"构想与实践破灭之后，东南亚国家首先联合起来，开了东亚区域一体化的先河，而此时的欧洲已经开始建设欧洲统一市场。20 世纪 90 年代东亚各国不同程度地实现了经济腾飞，彼此间经济的相互依赖程度与合作都有了很大增长。亚洲金融危机之后，东亚地区发展程度较高的三个国家中国、日本与韩国，在 1997 年应邀参加第二届东盟首脑非正式会议期间，决定长期化"东盟 10 国与中日韩三国领导人非正式会晤"，即"10+3"，在发展和成熟的过程中，成为东亚区域合作与一体化的主渠道。

中国与日本通过东盟这一区域组织，才开始对东亚区域合作与一体化进程产生较大的影响，东盟俨然是东亚区域合作与一体化的领导与核心，中国和日本没有像法国与德国一样，通过两国的通力合作与深度和解，领导并推进区域一体化进程。

第二节　中日和解缺乏与区域合作的良性互动 [①]

法德和解促成了欧洲一体化的起步，并且二者的和解与合作使得两国成为欧洲一体化进程中当之无愧的核心和双发动机。中日之间的经济往来自二战结束，几乎一直不曾中断。然而，中日却未能在战后的半个多世纪中密切合作，并作为核心和发动机开启东亚的区域一体化进程 [②]，"小国联盟"东盟

① 这一部分另见于和春红. 战后中日和解的主要影响因素探析 [J]. 浙江工商大学学报，2015（5）：54—61.

② 参见和春红. 东亚区域一体化的路径选择——基于历史与现实的分析 [J]. 世界经济与政治论坛，2010（3）：15.

（ASEAN）成为东亚区域合作的核心。

日本可以称作东亚区域合作的先行者，自 20 世纪 60 年代起就先后尝试多个"泛太平洋"合作构想与实践。亚洲金融危机之后，日本也率先提出了"亚洲货币基金"（AMF）的设想，但迫于美国的压力，引领东亚货币一体化的努力受挫。21 世纪初，小泉纯一郎与鸠山由纪夫都曾提出过"东亚共同体"构想，麻生太郎曾提出"亚洲自由之弧"，安倍晋三也打出了"亚洲民主繁荣之弧"的旗帜，这些概念均含糊和缺乏共识，除了引起了邻国的警惕之外，未能引起大的反响。

日本自第一次世界大战以来的区域合作尝试，均未能创造并引领实质性的区域合作组织，这是因为：一是日本的区域构想往往是以自我为中心，服务于日本的经济利益，难以称作真正意义上的区域构想；二是消极的历史遗产以及日本在历史问题上的消极表现等，使得中国、韩国以及东南亚邻国对日本的"大东亚"构想心有疑忌；第三，在区域合作中，日本倾向于抵触而不是欢迎中国的参与和影响力，比如与美国一道大力推进不包含中国的跨太平洋伙伴关系协定（TPP）等。然而在区域合作与一体化问题上，单凭某一个国家，孤掌难鸣，需要区域的普遍共识和共同努力。

中国是东亚区域合作的积极参与者。在"10+3"框架形成之前，中国就积极参与了东北亚图们江流域开发合作，东南亚澜沧江—湄公河流域开发合作及"环黄海经济圈""环日本海经济圈""环渤海经济合作"等次区域、小区域合作及各种各样的双边、多边合作项目①。"10+1"的区域合作也取得了重要成果，中国先于日本，与东盟于 2011 年建成了自由贸易区。中日韩自由贸易区终于在 2012 年开始谈判，最终由于中日关系的冷淡，中国首先与韩国建成自由贸易区。但是，必须承认，中国目前依然主要借由东盟主导的"10+3"和"10+1"在区域合作进程中有所作为，也算不上是区域合作的领导者。

与法德和解与欧洲一体化密切交织类似，中日深度和解也与东亚区域合

---

① 金熙德主编 . 21 世纪的中日关系 [M]. 重庆：重庆出版社，2007：188.

作与一体化的命运息息相关。这其中关键的一方面是日本的态度与作为。日本是继续在东亚与美国之间左右摇摆，还是寻求二者之间的平衡，或者是与中国联手，在区域合作中发挥领导作用、有所作为，将深深影响东亚区域合作与一体化的走向。

综上所述，中国和日本在体系从两极到单极到多极的变换中，曾经出现过中日友好的黄金时期（20 世纪 70 年代末至 80 年代初），但是昙花一现，一直未能走向深度和解；民族国家层面，中日历史和解由于日本在历史问题上的暧昧态度而难以完全实现，但是已经开始了类似共同历史研究的有益尝试；区域层面，一方面，未能走向深度和解的中日，没有成为东亚区域合作的主导者和核心；另一方面，中日走向深度和解，也因此失去了区域动力。

本章小结

法德和解在什么程度上与东亚相关，对一体化研究者和外交实践者来说，都是一个值得深思的问题。虽然中日不会完全照搬法德和解的路径，但是却为重新思考这两个国家之间的关系提供了一个有价值的对话平台。所以说，问题不在于法德和解能否提供经验性借鉴，而是在多大程度上、以何种形式可以为不同背景下的国家间和解和区域合作提供启示[①]。

"21 世纪初期的中日关系，是一对具有地缘同一性、国力竞争性、利益重叠性、感情对立性的海陆复合型大国关系。"[②] 为什么法国和德国通过和解与合作共同开启了欧洲联合进程，并在其中发挥了核心发动机的作用，而中国和日本作为东亚地区的大国，却未能在区域合作和一体化进程中发挥类似的作用？这与两个区域的历史、地缘状况息息相关，也脱离不开具体的外部环境和国际关系的差异，然而一个很少被人提及的重要原因在于：法国和德国在战后成功走向了和解，同时开启了欧洲联合的进程；而中国与日本的和

---

① MinShu. Franco-German Reconciliation and Its Impact on China and Japan: Scholarly Debate [J]. *Current Politics and Economics of Asia*, 2008, 17 (1):37.

② 金熙德主编.21 世纪的中日关系 [M]. 重庆：重庆出版社，2007：1.

解进程一方面仍然受制于安全困境，另一方面也与东亚地区的合作与一体化彼此脱节，没有有意识地将二者的和解与区域合作进程联系在一起。

法德和解是在美苏冷战的两极体系之下进行的，二者的初步和解促成了欧洲联合的起步，二者和解的进一步深化与欧洲一体化事业相携互促，在法德关系向着高度制度化发展的同时，推动着欧洲一体化事业不断深化和扩大。法德和解与区域一体化相互促进的共生关系，是欧洲一体化成功的关键要素之一，也赋予了法德和解实质性的内容和重要意义。中日和解也同样经历了体系结构的数度变换，不同于法德，中日两国在美苏冷战的两极体系之下分处于对立的阵营，没能实现深度和解，在冷战结束后美国的单极体系之下仍然受着美日特殊关系的桎梏，在走向多极化的世界中的相互竞争似乎盖过了合作的需要。将中日之间的和解、合作与东亚区域合作绑缚在一起，中日两国似乎已经错失先机：东亚区域合作已经在中日没有实现深度和解并发挥主导作用的情况下发展起来了。中日能否学习法德，通过在关键性领域的合作发起一个区域合作框架？这取决于中日两国有没有这样的相互需要以及两国在东亚区域合作上的共同利益的建构与重合程度。

由于中日和解极其复杂且障碍重重，在现有研究的基础上提出对策建议过于草率，但是结合法德和解的经验，仍然可以发现促进中日和解的多重因素。

第一，体系结构在一段时期内具有相对稳定性，中国和日本应在体系结构中寻找和解的契机。中日两国都应当将中日和解作为一项系统、长期的工程，官方与民间均以中日走向深度和解为目标，整合资源，共同发力。

第二，在中日历史和解问题上，日本在历史问题上的"右"倾态度及作为百害而无一利，日本政府需要做出令中国等亚洲邻国认可、信服的言行；中、日两国都有责任有意识地引导对彼此的正面舆论，不为本国的非理性民族主义摇旗呐喊，避免非理性情感和事件对彼此间的关系造成恶劣影响。

第三，正如法德合作与区域联合从煤钢联营共同体起步，中日可以考虑在至关重要的、关系共同的物质利益的项目的基础上开展更高层次的区域合作，比如共同开发东海油气田[①]。

第四，中国与日本应当谋求合作推动东亚区域合作进程，使得区域合作与中日和解实现良性互动，这对于东亚区域和平亦影响深远。在周边环境和平与安定的前提下，中国应当继续全方位参与区域合作，并寻求与日本、韩国与东盟的区域共识，作为一个区域大国发挥应有的作用。而中日双方共同努力，实现深度和解与密切合作，将是关键和核心所在。

[①] Peter Van Ness. Reconciliation between China and Japan: The Key Link To Security Cooperation in East Asia[J]. *Asian Perspective*, 2007, 31 (1): 10-11.

结　论

一

　　法德立场的高度一致意味着什么？它是偶然发生的吗？对于这两个问题，文中已做了解答：①法德立场的高度一致，再次彰显了欧洲一体化进程中法德轴心的领导和核心地位。法德轴心一直是并且依然是欧洲一体化成功的秘诀和关键性要素之一。②法德轴心的形成不是偶然发生的，而是法国与德国在二战后复杂的国际体系、区域形势与各自的利益和需要之下，形成了和解与合作的共同偏好。随着法德和解的不断深化，欧洲一体化进程中的法德轴心应运而生，法德和解的制度化和长期化延续并保证了这一政策路径。因此，法德和解是法德轴心形成的前提和基础，亦是法德轴心持续运转的动力和保证。

　　法国和德国如何从历史上的冤家仇敌变成当前的默契伙伴？这对欧洲一体化有何意义？法德两国历史上有长达千年的战争和龃龉，它们将对方视作"对手"和"仇敌"，在不断角力的过程中，一次又一次的复仇与战争成为法德关系的常态。二战结束后的两极体系与冷战背景，迫使法德在结构性压力下，不得不抛弃旧有的行为模式，用"和解"代替复仇与战争。法德和解使得法德摆脱了"世仇宿怨"的负面历史遗产。法德握手言和的和解实践，也使得欧洲摆脱了自我毁灭的不休争战，法德关系与欧洲都实现了历史性的重大转折。让·莫内和舒曼开创性的煤钢联营计划，这一法德两国在鲁尔区的煤钢生产问题上所达成的和解尝试，同时成为第一次世界大战后欧洲联合的开端。作为欧洲一体化的核心创始国，法德两国的欧洲政策由此产生了一个可会集的焦点：法德合作领导欧洲联合，法德和解与合作的不断深化导出并保证了这一政策路径，形成了欧洲一体化进程中的法德轴心，并产生了明显的路径依赖。法德之间的矛盾与妥协贯穿了欧洲的经济货币联盟与政治一体化建设的不同阶段，法德的共同倡议与合力推动促成了欧洲一体化的历次深化与扩大。法国与德国一直是并且依然是欧洲一体化强有力的核心与双发动机。

不可否认，法国与德国的欧洲政策亦存在矛盾与分歧，主要集中在以下几个方面。

1. 邦联与联邦

法国一直不乐于看到欧盟的任何超国家倾向，自戴高乐时期开始，便致力于建立一个欧洲各主权民族国家所组成的邦联"大家庭"；联邦制的德国则乐见一个欧洲联邦的出现，实现统一之后更为主动和直白地声明这一主张，早在 2000 年德国外长菲舍尔（Joschka Fischer）于洪堡大学所做的演讲中便描绘了一个拥有两院制议会和一部欧洲宪法的欧洲联邦的构想①。

2. 深化与扩大

法国一直以来都是各种深化一体化提案的主动倡议者，虽然它往往希望深化的是"政策"而不是"制度"。法国曾经两度拒绝将英国纳入共同体，并对冷战后的欧盟东扩犹疑不定。法国一贯的政策是扩大必须同深化挂钩；德国作为一个依赖世界市场的出口大国，支持了共同体的数次扩大，在一些政策深化的问题上与法国讨价还价，比如共同农业政策（CAP）。德国支持并推动欧盟制度的深化，比如强硬要求通过加强财政纪律、建立"财政契约"来应对债务危机。除此之外，法国更为关切向南欧的扩大，欧盟向中东欧国家敞开大门则对德国意义重大。由于地理位置、产业结构、经济发展水平和历史文化传统的不同，欧洲大致可分为两部分，一是以法国为代表的"地中海—比利牛斯"农业集团（传统上包括西、南欧的法国、西班牙、葡萄牙、希腊等国）；二是以德国为代表的所谓"斯堪的纳—亚德里亚"工业大家庭（传统上包括中东欧和北欧的德国、荷兰、瑞典、芬兰和新加盟的奥地利、匈牙利、捷克等国）。因此，围绕欧盟共同农业政策、欧盟东扩还是南下、欧盟未来内部建设等许多问题，德、法两国的分歧实际上反映的是其各自所代表的

① Joschka Fischer. From Confederacy to Federation: Thoughts on the Finality of European Integration, Speech at TheHumboldtUniversity in Berlin, 12 May 2000.

区域国家的利益分野[①]。

3. "欧洲人的欧洲"与"大西洋的欧洲"

这是法德两国在外交与安全政策上的主要分歧，但也在逐渐走向一致和统一。萨科齐之前的法国政府倾向于在跨大西洋安全关系中保持独立自主，曾经退出北约，希望建设一个安全自主的"欧洲人的欧洲"；德国则一直以来在跨大西洋安全关系中依赖美国的安全保障，不主张建立与北约对立的欧洲防务。法国与德国自20世纪70年代起加强了彼此之间的安全合作，复活了西欧联盟，并使其最终融入欧盟。欧盟最终有了一个安全与国际事务的对外代表。

法德之间的这些矛盾与分歧，同样是贯穿欧洲一体化进程的未解的迷思。法国和德国原本在这些立场上针锋相对，分别代表着欧洲一体化中对立的两派，它们之间的争执和妥协直接导致了欧洲一体化的停滞与进展。法德两国能否在这些问题上达成一致和统一，决定着欧盟和欧洲的未来。2003年伊拉克战争前后，出现了"法德统一"的呼声。在"多速"欧洲的发展趋势之下，法国和德国的一个可能的选择是率先实现两国的一体化，发挥先锋和表率作用，并逐渐将现有成员国囊括在内。

二

就像一位学者所指出的，从欧洲早期的煤钢共同体一直到《马约》，欧洲一体化的成功都明显建立在法国与德国精心雕琢的利益平衡（carefully crafted balance）的基础上。可以说，战后欧洲在很大程度上是法德共同创造的。自法德《爱丽舍条约》签订以来，法国和德国已经开始将自己看作处于欧洲核心的"伴侣"（couple），法德轴心合力推动了欧洲一体化事业，二者之间的分歧充其量只是"婚姻中的争吵"（marriage squabbles）[②]。情感和友谊固然重要，但是共同的利益与共同的事业（common project）使法德双边关系更为坚

① 杨烨，王道云. 在多边机制中实现国家利益——战后德国多边外交特点及成因分析 [J]. 德国研究，2008（2）：21.

② P. Terrence Hopmann. French Perspectives on International Relations after the Cold War [J]. Mershon International Studies Review, 1994, 38 (1):78-79.

定和具有目的性，可以帮助克服两国情感上的波动与起伏①。这一共同的事业就是欧洲联合与一体化。只要欧洲一体化仍然符合法德两国的共同利益与相互需要，法德轴心就不会拆解。法德轴心将在未来的很长一段时期都依然是推动欧洲建设的核心力量。正像法国前总统吉斯卡尔·德斯坦曾经说过的那样，"欧洲建设的所有进展都是从法德动议开始的。如果有一天法德不再共同行动……欧洲也将不再前进"（Boyer 1996：247）。②

总体而言，西德是融入区域制度框架最主要的受益国，也将这种模式一直作为自己未来的经济繁荣和政治安全的关键③。有学者称，德法一直在战略和地缘意义上来考量欧洲一体化，高级政治领域的博弈与国家安全的重要性超过了用技术手段解决经济和社会问题的重要性。欧共体的核心基础是法德平衡④。二战后 60 多年来的现实是，欧洲一体化可以满足法德两国安全、繁荣与威望的多层次需求。德国第一次世界大战后以来的欧洲政策是在现实主义（realism）基础之上的一体化政策（policy of integration），尽管德国第一次世界大战后以来的领导人从没有用这种提法来概括自己的欧洲政策。而法国第一次世界大战后以来的欧洲政策可以称为独立自主的大国外交（policy of grandeur and autonomy）基础上的一体化政策，独立自主的大国战略占据了法国战后政策的主导地位，一体化政策则扮演了必要手段的角色。戴高乐曾试图通过领导欧洲一体化来寻求法德平衡，在形成中的共同体中，法国的外交和政治领导权可以平衡德国的经济与人口上的领导权⑤。这也被后来的法国领导人所继承。德国在统一之前，一直甘居幕后，法德核心中主要是法国主动提出各种一体化倡议，德国进行响应和支持。联邦德国自第一任总理阿登纳

① David P. Calleoeds. *Europe's Franco-German Engine* [M]. Washington, D.C.: Brookings Institution Press, 1998: 22.

② Douglas Webber. *The France-German Relationship in the European Union* [M].London and New York: Routledge, 1999: 11.

③ Michael J. Baun. The Maastricht Treaty as High Politics: Germany, France, and European Integration[J]. *Political Science Quarterly*,1995-1996, 110 (4): 610-611.

④ Ibid., 624.

⑤ P. Terrence Hopmann. French Perspectives on International Relations after the Cold War [J]. *Mershon International Studies Review*, 1994, 38 (1):80.

开始，无论是口头表达与实际行动，都秉承了"欧洲的德国"这一理念。德国不仅从欧洲联合事业中获得了经济利益，而且实现了国家统一。在多极化和全球化深化的世界中，欧盟将依然是德国走向正常大国，法国发挥超越自身实力的大国作用，德法两国发挥世界性影响的依托和后盾。

没有紧密的法德合作，任何未来的欧洲计划都是不可能的。法德的充分和解是欧洲一体化进程不可逆转的根本原因。

三

2007 年《法兰克福汇报》曾评论道，"有一点毫无疑问：一个人只要看到了欧盟 50 年的成就和未来任务，就很难低估欧洲一体化或者认为欧盟已经走到了尽头"①。这一论断依然适用于当下的欧盟。欧盟已经走过了 70 年的风风雨雨，经历了数次曲折和停滞，一步步发展至今，可以说，欧洲一体化进程的逆转是难以想象的。

欧盟发展到今天，超国家性质的欧盟机构权力不断扩大，并在复杂的丰富政策领域中实施欧盟层面的管治。但是，欧盟成员国发展水平与一体化承受度参差不齐，当下的危机似乎可以让欧盟在"速度"和"效率"之间有所沉淀。"多速"的欧洲一体化和一个"多速"欧洲意味着欧洲一体化还有进一步深化的空间。欧盟委员会前主席、意大利前总理普罗迪对欧盟的未来充满信心："欧洲的故事尚未结束，欧盟影片仍将继续。"②正如欧委会在 2017 年 3 月的"欧盟发展白皮书"中所展望的，"27 个成员国将以一个联盟的姿态继续前进"③。

---

① 房乐宪. 欧洲政治一体化：理论与实践 [M]. 北京：中国人民大学出版社，2009：279.
② 翟伟，梁淋淋. 综述：历经风雨 60 年欧洲一体化面临艰难抉择 [EB/OL]. 新华社，http://news.xinhuanet.com/fortune/2017-03/25/c_1120694175.htm.
③ 参见欧盟官方网站 European Commission. WHITE PAPER ON THE FUTURE OF EUROPE: Reflections and scenarios for the EU27 by 2025, Brussels, 1.3.2017, COM (2017) 2025 final.

参考文献

Books：

1. Alistair Cole.*Franco-German Relations*, London：Longman, 2001.

2. Akira Iriye.*Across the Pacific: an inner history of American East Asian relations*, Chicago：Imprint Publ., 1992.

3. Akira Iriye.*China and Japan in the global setting*, Cambridge：Harvard Univ. Press, 1992.

4. Alain Guyomarch, Howard Machin & Ella Ritchie.*France in the European Union*, London：Macmillan Press Ltd., 1998.

5. Ben Rosamond.*Theories of European Integration*, New York：Palgrave Macmillan, 2000.

6. Carine Germond & Henning Türk.*A History of Franco-German Relations in Europe: from "hereditary enemies" to partners*, Palgrave Macmillan, 2008.

7. Colette Mazzucelli.*France and Germany at Maastricht: politics and negotiations to create the European Union*, New York & London：Garland Publishing Co., 1997.

8. David P.Calleo & Eric R.Staal（eds.）.*Europe's Franco-German Engine*, Washington, D.C.：Brookings Institution Press, 1998.

9. Derek W.Urwin.*The Community of Europe: A History of European Integration since 1945（Second Edition）*, London and New York：Longman, 1995.

10. Desmond Dinan.*Europe Recast: A History of European Union*, Boulder：Lynne Rienner Publishers, 2004.

11. Desmond Dinan.*Ever Closer Union？ An Introduction to the European Community（Second Edition）*.Boulder：Lynne Rienner Publishers, Inc., 1999.

12. Detlef Junker（eds.）.*The United States and Germany in the Era of the Cold*

War, 1945–1990 （Volume Ⅰ & Ⅱ ）, Washington, D.C.: German Historical Institute & Cambridge University Press, 2004.

13. Douglas Webber. *The France–German Relationship in the European Union*, London and New York: Routledge, 1999.

14. Frank R.Willis.*France, Germany, and the new Europe: 1945–1967*, London: Oxford Univ.Press, 1968.

15. Gisela Hendriks.*The Franco–German Axis in European Integration*, Cheltenham: Elgar, 2001.

16. Guy de Carmoy.*The Foreign Policies of France: 1944–1968*, Chicago: The Univ.of Chicago Press, 1970.

17. Haig Simonian.*The Privileged Partnership: Franco–German Relations in the European Community 1969–1984*, Oxford: Clarendon Press, 1985.

18. Ian Manners & Richard Whitman.*The Foreign Policies of European Union Member States*, Manchester: Manchester Univ.Press, 2000.

19. John E.Farquharson, Stephen C.Holt.*Europe from below: an assessment of Franco–German popular contacts*, London: Allen & Unwin, 1975.

20. John Newhouse.*Europe Adrift: The conflicting demands of unity, nationalism, economic security, political stability and military readiness, now facing a Europe seeking to redefine itself*, Random House USA Inc, 2007.

21. John Ravenhill.*Global Political Economy*, Oxford University Press, 2005.

22. Julius W.Friend.*The Linchpin: French–German Relations, 1950–1990*.New York: Praeger, 1991.

23. Julius W.Friend.*Unequal Partners: French–German Relations 1989–2000*, Westport: Praeger, 2001.

24. Kenneth N.Waltz.*Theory of International Politics*, New York: McGraw–Hill, 1979.

25. Finn Laursen （ed.）.*Comparative Regional Integration: Theoretical Perspectives*, London: Ashgate Publishing, 2003.

26. Martin Hollis and Steve Smith（1990）.*Explaining and Understanding International Relations*，New York：Oxford University Press.

27. Mark Beeson.*Regionalism and Globalization in East Asia：Politics，Security and Economic Development*，New York：Palgrave Macmillan，2007.

28. Menno Vellinga.*The Dialectics of Globalization：Regional Responses to World Economic Processes：Asia，Europe，and Latin America in Comparative Perspective*，Oxford：Westview Press，2000.

29. Michel R.Gueldry.*France and European Integration：Toward a Transnational Polity*？Westport，：Praeger Publishers，2001.

30. Patrick McCarthy.*France-Germany in the twenty-first century*，New York：Palgrave，2001.

31. Peter J.Katzenstein（ed.）.*Network Power：Japan and Asia*，Cornell Univ. Press，1997.

32. Philip H.Gordon.*France，Germany，and the Western Alliance*，Boulder，colo.：Westview Press，1995.

33. Rajendra Kumar Jain.*China and Japan：1949-1980*，Oxford：Robertson，1981.

34. Richard Higgott.The international political economy of regionalism：the Asia-Pacific and Europe compared，in William D.Coleman et al（ed.）.*Regionalism and Global Economic Integration：Europe，Asia and the Americas*.Routledge 1998.

35. Roland Axtmann.*Globalization and Europe：Theoretical and Empirical Investigations*，London and Washington：Pinter，1998.

36. Sung-Hoon Park & Heungchong Kim（ed.）.*Regional Integration in Europe and Asia：Legal，Economic，and Political Perspectives*，Munich：Nomos Verlagsgesellschaft，2009.

37. Walter Mattli.*The Logic of Regional Integration：Europe and Beyond*，Cambridge：Cambridge University Press，1999.

38. Wolfram F.Hanrieder, Graeme P.Auton.*The Foreign Policies of West Germany, France and Britain*, New Jersey: Prentice-Hall, 1980.

39. Stephen A.Kocs, *Autonomy or Power ? The Franco-German Relationship and Europe's Strategic Choices, 1955-1995*, Westport, Conn.: Praeger, 1995.

40. Thomas Pedersen.*Germany, France and the Integration of Europe: A Realist Interpretation*, London & New York: Pinter, 1998.

41. Trevor Salmon & William Nicoll.*Building European Union: A Documentary History and Analysis.Manchester*: Manchester Univ.Press, 1997.

42. Werner J.Feld.*West Germany and the European Community: Changing Interests and Competing Policy Objectives*, New York: Praeger, 1981.

43. William Wallace.*Regional Integration: the West European experience*, Washington, D.C.: The Brookings Institution, 1994.

44. William Wallace.*Regional Integration: The West European Experience*, The Brookings Institution, 1994.

Periodicals:

1. Akira Iriye.Chinese-Japanese Relations, 1945-90, *The China Quarterly*, No.124 (Dec.1990).

2. Akira Iriye.Understanding Japan-U.S.Relations, 1945-1995, *Japan Quarterly*, 42: 3 (1995: July/Sept.).

3. Alice Ackermann.Reconciliation as a Peace-Building Process in Postwar Europe: The Franco-German Case, *Peace & Change*, Vol.19, No.3, (July, 1994).

4. Andrew Horvat.Overcoming The Negative Legacy of The Past: Why Europe is A Positive Example for East Asia, *Brown Journal of World Affairs*, Volume Ⅺ, Issue Ⅰ (Summer/Fall, 2004).

5. Christian Kaunert and Sarah Léonard.2012. "Introduction: Supranational Governance and European Union Security after the Lisbon Treaty." *Cooperation and Conflict* 47, 4 (December), 2012.

6. Douglas Webber.Two funerals and a wedding？ The ups and downs of regionalism in East Asia and Asia–Pacific after the Asian Crisis, *The Pacific Review*, Vol.14, No.3, 2001.

7. Donald J.Puchala.Integration and Disintegration in Franco–German Relations, 1954–1965, *International Organization*, Vol.24, No.2（Spring, 1970）.

8. Fabio Luca Cavazza, Carlo Pelanda, Anthony Molho, Alan Ginet.Maastricht: Before, during, After, *Daedalus*, Vol.123, No.2, Europe through a Glass Darkly（Spring, 1994）.

9. Frances Rosenbluth, Jun Saito, Annalisa Zinn.America' s Policy toward East Asia: How It Looks from Japan, *Asian Survey*, Vol.47, No.4 （July/August 2007）.

10. Franco–German Treaty of Reconciliation, *Current History*, 44: 260 （1963: Apr.）.

11. G.P.Gooch.Franco–German Coexistence at last ？ *Foreign Affairs*, Vol.37, No.3（Apr., 1959）.

12. Harold C.Deutsch.The Impact of the Franco–German Entente, *Annals of the American Academy of Political and Social Science*, Vol.348, The New Europe: Implications for the United States （Jul., 1963）.

13. J.B.Duroselle.German–Franco Relations Since 1945, *The Review of Politics*, Vol.14, No.4, 1952.

14. J.David Singer.The Level–of–Analysis Problem in International Relations, *World Politics*, Vol.14, No.1 （Oct., 1961）.

15. James Sperling.Neither Hegemony nor Dominance: Reconsidering German Power in Post Cold–War Europe, *British Journal of Political Science*, Vol.31, No.2 （Apr., 2001）.

16. John F.Copper.America' s EAST Asia Policy, *Policy of Vital Speeches*, Vol. L Ⅱ, No.24 （October 1, 1986）.

17. Josef Janning.A German Europe–A European Germany ？ On the Debate over

Germany's Foreign Policy, *International Affairs*, Vol.72, No.1 (Jan., 1996).

18. Karin L.Johnston.Franco-German Relations: Leadership in a Changing World, *AICGS* Issue Brief, December 2004, American Institute for Contemporary German Studies (The Johns Hopkins University).

19. Kristina Spohr.German Unification: Between Official History, Academic Scholarship, and Political Memoirs, *The Historical Journal*, Vol.43, No.3 (Sep., 2000).

20. Lily Gardner Feldman.The Principles and Practice of ' Reconciliation' in German Foreign Policy: Relations with France, Israel, Poland and the Czech Republic, *International Affairs*, Vol.75, No.2 (1999).

21. Louise Sommer.The Franco-German Steel and Coal Pact: THE MONNET-SCHUMANN PLAN, *World Affairs*, Vol.113, No.3 (Fall, 1950).

22. Melvin Gurtov.Options for reconciling China and Japan, Asian perspective [S.Korea], Vol.31, No.1, 2007.

23. Michael J.Baun.The Länder and German European Policy: The 1996 IGC and Amsterdam Treaty, *German Studies Review*, Vol.21, No.2 (May, 1998).

24. Michael J.Baun.The Maastricht Treaty as High Politics: Germany, France, and European Integration, *Political Science Quarterly*, Vol.110, No.4 (Winter, 1995-1996).

25. Mittelman, J.H.Rethinking the "new regionalism" in the context of globalization, *Global Governance*, vol.2, Issue 2 (1996).

26. Norrin M.Ripsman.Two Stages of Transition from a Region of War to a Region of Peace: Realist Transition and Liberal Endurance, *International Studies Quarterly*, Vol.49, No.4, 2005.

27. P.Terrence Hopmann.French Perspectives on International Relations after the Cold War, *Mershon International Studies Review*, Vol.38, No.1 (Apr., 1994).

28. Peter J.Katzenstein.Regionalism and Asia, *New Political Economy*, Vol.5, No.3, 2000.

29. Peter Van Ness.Reconciliation Between China and Japan: The Key Link To Security Cooperation in East Asia, *Asian Perspective*, Vol.31, No.1, 2007.

30. Raymond Aron.Old Nations, New Europe, *Daedalus*, Vol.93, No.1（Winter, 1964）.

31. Reconciliation between China and Japan, *Asian perspective*［S.Korea］, Vol..31 No.1, 2007.

32. Renata Fritsch-Bournazel.German Unification: A Durability Test for the Franco-German Tandem, *German Studies Review*, Vol.14, No.3（Oct., 1991）.

33. Richard Higgott & Shaun Breslin.Study Regions: Learning from the Old, Constructing the New, *New Political Economy*, Vol.5, No.3, 2000.

34. Rhee, T C.Historical and psychological obstacle to Japan's rapprochement with China, *Asia Quarterly*, No.2, 1974.

35. Shu Min.Franco-German Reconciliation and Its Impact on China and Japan: Scholarly Debate', *Current Politics and Economics of Asia*, Vol.17, No.1, 2008.

36. Simon Bulmer and William E.Paterson.Germany in the European Union: Gentle Giant or Emergent Leader ? *International Affairs*, Vol.72, No.1（Jan., 1996）.

37. Sow Keat Tok.Neither Friends Nor Foes: China's Dilemmas in Managing its Japan Policy, *China: An International Journal*, Vol.3, No.2, September 2005.

38. Stanley Hoffmann.US-European Relations: Past and Future, *International Affairs*, Vol.79, No.5（Oct., 2003）.

39. Thomas Klau.France and Germany: A re-marriage of convenience, *U.S.-FRANCE ANALYSIS SERIES*（The Brookings Institution）, January 2003.

40. Theseus.Workshop Report: The Franco-German couple-leadership malgré nous et vous ? *Franco-German relationship seen from the outside*, 17-18

February 2011，Brussels.

41. Werner J.Feld.Franco-German military cooperation and European unification，*Journal of European Integration*，Vol.12，No.3，1989.

42. Wolfgang Wessels.Rationalizing Maastricht：The Search for an Optimal Strategy of the New Europe，*International Affairs*，Vol.70，No.3（Jul.，1994）.

43. Wolfram F.Hanrieder，Germany As Number Two？The Foreign and Economic Policy of the Federal Republic，*International Studies Quarterly*，Vol.26，No.1（Mar.，1982）.

44. Yangmo Ku.International reconciliation in the postwar era，1945-2005：a comparative study of Japan-ROK and Franco-German relations，*Asian perspective*，Vol.32，No.3，2008.

Ph.D Dissertation：

Yinan He.*Overcoming Shadows of the Past：Post-Conflict Interstate Reconciliation in East Asia and Europe*［D］．Massachusetts Institute of Technology，2004.

中文图书：

1. ［德］贝娅特·科勒-科赫等著，顾俊礼等译：《欧洲一体化与欧盟治理》，北京：中国社会科学出版社，2004 年版。

2. ［德］康拉德·阿登纳：《阿登纳回忆录》（全四册），上海：上海人民出版社，1976 年版。

3. ［德］施特恩堡（Wilhelm Von Sternburg）主编，许右军等译：《从俾斯麦到科尔：德国政府首脑列传》，北京：当代世界出版社，1997 年版。

4. ［德］伊曼努尔·康德著，何兆武译：《永久和平论》，上海：上海人民出版社，2005 年版。

5. ［法］阿尔弗雷德·格罗塞著，刘其中等译：《战后欧美关系》，上海：上海译文出版社，1986 年版。

6. ［法］达里奥·巴蒂斯特拉著，潘革平译《国际关系理论(第3 版修订增补本)》，北京：社会科学文献出版社，2010 年版。

7. ［法］法布里斯·拉哈著，彭姝祎、陈志瑞译:《欧洲一体化史（1945–2004）》，北京：中国社会科学出版社，2005 年版。

8. ［法］吉斯卡尔·德斯坦:《德斯坦回忆录——政权与人生》，北京：世界知识出版社，1991 年版。

9. ［法］皮埃尔·米盖尔:《法国史》，北京：商务印书馆，1985 年版。

10. ［法］皮埃尔·热尔贝著，丁一凡等译:《欧洲统一的历史与现实》，北京：中国社会科学出版社，1989 年版。

11. ［法］让·莫内著，孙慧双译:《欧洲第一公民——让·莫内回忆录》，成都：成都出版社，1993 年版。

12. ［法］夏尔·戴高乐著，《希望回忆录》翻译组译:《希望回忆录》，北京：中国人民大学出版社，2005 年版。

13. ［美］A．W．德波特著，唐雪葆等译:《欧洲与超级大国》，北京：中国社会科学出版社，1986 年版。

14. ［美］安德鲁·莫劳夫奇克著，赵晨、陈志瑞译:《欧洲的抉择——社会目标和政府权力:从墨西拿到马斯特里赫特》,北京：社会科学文献出版社，2008 年版。

15. ［美］保罗·肯尼迪（Paul Kennedy）著，蒋葆英等译:《大国的兴衰》，北京：中国经济出版社，1989 年版。

16. ［美］彼得·卡赞斯坦著，秦亚青、魏玲译:《地区构成的世界:美国帝权中的亚洲和欧洲》，北京：北京大学出版社，2007 年版。

17. ［美］布鲁斯·拉西特、哈维·斯塔尔（Bruce Russett & Harvey Starr）著，王玉珍等译:《世界政治（第5版）》，北京：华夏出版社，2001 年版。

18. ［美］费正清（John King Fairbank）著，张理京译:《美国与中国（第4版）》，北京：世界知识出版社，1999 年版。

19. ［美］卡尔·多伊奇:《国际关系分析》，北京：世界知识出版社，1992 年版。

20. ［美］肯尼思·沃尔兹（Kenneth N.Waltz）著，信强译:《国际政治理论》，上海：上海人民出版社，2003 年版。

21. ［美］孔华润（沃伦·I. 科恩）主编，王琛译：《剑桥美国对外关系史（下）
—第四卷 苏联强权时期的美国（1945—1991）》，北京：新华出版社，
2004 年版。

22. ［美］罗伯特·A. 帕斯特编，胡利平、杨韵琴译：《世纪之旅：七大国
百年外交风云》，上海：上海人民出版社，2001 年版。

23. ［美］罗伯特·吉尔平著，杨宇光、杨炯译：《全球政治经济学：解读国
际经济秩序》，上海：上海人民出版社，2006 年版。

24. ［美］罗伯特·基欧汉著，苏长和等译：《霸权之后：世界政治经济中的
霸权与纷争》，上海：世纪出版集团，2006 年版。

25. ［美］斯塔夫里阿诺斯著、吴象婴等译：《全球通史：从史前史到 21 世纪》
（第 7 版），北京：北京大学出版社，2006 年版。

26. ［美］Wolfram F.Hanrieder & Graeme P.Auton 著，徐宗士等译：《西德、
法国和英国的外交政策》，北京：商务印书馆，1989 年版。

27. ［美］小约瑟夫·奈著，张小明译：《理解国际冲突：理论与历史》（第
7 版），上海：上海人民出版社，2009 年版。

28. ［美］亚历山大·温特著，秦亚青译：《国际政治的社会理论》，上海：
上海人民出版社，2008 年版。

29. ［美］约翰·W. 道尔著，胡博译：《拥抱战败：第二次世界大战后的日
本》，北京：生活·读书·新知三联书店，2008 年版。

30. ［美］詹姆斯多尔蒂、小罗伯特·普法尔茨格拉夫著，阎学通、陈寒溪等译：
《争论中的国际关系理论（第 5 版）》，北京：世界知识出版社，2003 年版。

31. ［美］兹比格纽·布热津斯基著，中国国际问题研究所译：《大棋局：美
国的首要地位及其地缘战略》，上海：上海人民出版社，1998 年版。

32. ［加］阿米塔·阿查亚著，王正毅、冯怀信译：《建构安全共同体：东盟
与地区秩序》，上海：世纪出版集团，2004 年版。

33. ［日］井上清等著，张廷铮等节译：《战后日本》，北京：世界知识出版
社，1995 年版。

34. ［日］五百旗头真主编，吴万虹译：《战后日本外交史（1945–2005）》，北京：世界知识出版社，2007 年版。

35. ［日］信夫清三郎编，天津社会科学院日本问题研究所译：《日本外交史》，北京：商务印书馆，1980 年版。

36. ［意］卡洛·M. 奇波拉主编，林尔蔚译：《欧洲经济史 第五卷下册 二十世纪》，北京：商务印书馆，1988 年版。

37. ［意］福尔维奥·阿蒂纳等著，刘绯等译：《全球政治体系中的欧洲联盟》，北京：中国社会科学出版社，2009 年版。

38. ［英］安特耶·维纳、［德］托马斯·迪兹主编，朱立群等译：《欧洲一体化理论》，北京：世界知识出版社，2009 年版。

39. ［英］巴里·布赞、理查德·利特尔著，刘德斌主译：《世界历史中的国际体系——国际关系研究的再构建》，北京：高等教育出版社，2004 年版。

40. ［英］德里克·W. 厄尔温（Urwin，D.W.）著，章定昭译：《第二次世界大战后的西欧政治》，北京：中国对外翻译出版公司，1985 年版。

41. ［英］罗素著，马元德译：《西方哲学史》（上、下卷），北京：商务印书馆，2009 年版。

42. 陈乐民：《20 世纪的欧洲》，北京：生活·读书·新知 三联书社，2007 年版。

43. 陈乐民：《"欧洲观念"的历史哲学》，北京：东方出版社，1988 年版。

44. 陈乐民：《战后西欧国际关系（1945–1984）》，北京：中国社会科学出版社，1987 年版。

45. 陈玉刚：《国家与超国家：欧洲一体化理论比较研究》，上海：上海人民出版社，2001 年版。

46. 丁建弘：《德国通史》，上海：上海社会科学院出版社，2007 年版。

47. 房乐宪：《欧洲政治一体化：理论与实践》，北京：中国人民大学出版社，2009 年版。

48. 郭华榕、徐天新主编：《欧洲的分与合》，北京：京华出版社，1999 年版。

49. 国际关系研究所编译：《戴高乐言论集（1958 年 5 月—1964 年 1 月）》，北京：世界知识出版社，1964 年版。

50. 何俊志、任军锋、朱德米编译：《新制度主义政治学译文精选》，天津：天津人民出版社，2007 年版。

51. 胡谨、宋全成、李巍：《欧洲当代一体化思想与实践研究》，济南：山东人民出版社，2002 年版。

52. 胡谨、王学玉主编：《发展中的欧洲联盟》，济南：山东人民出版社，2000 年版。

53. 黄大慧：《日本大国化趋势与中日关系》，社会科学文献出版社，2008 年版。

54. 贾文华：《法国与英国欧洲一体化政策比较研究：欧洲一体化成因与动力的历史考察（1944-1973）》，北京：中国政法大学出版社，2006 年版。

55. 金安：《欧洲一体化的政治分析》，上海：学林出版社，2004 年版。

56. 李巍、王学玉编：《欧洲一体化理论与历史文献选读》，济南：山东人民出版社，2001 年版。

57. 连玉如：《新世界政治与德国外交政策——"新德国问题"探索》，北京：北京大学出版社，2003 年版。

58. 郇庆治：《多重管制下的欧洲联盟政治》，济南：山东大学出版社，2002 年版。

59. 宋成有、李寒梅等：《战后日本外交史（1945-1994）》，北京：世界知识出版社，1995 年版。

60. 田桓主编：《战后中日关系文献集 1945-1970》，北京：中国社会科学出版社，1996 年版。

61. 王子昌、郭又新：《国家利益还是地区利益——东盟合作的政治经济学》，世界知识出版社，2005 年版。

62. 王子昌：《东亚区域合作的动力与机制》，北京：中国社会科学出版社，2004 年版。

63. 韦民：《民族主义与地区主义的互动：东盟研究新视角》，北京：北京大学出版社，2005 年版。

64. 吴国庆：《战后法国政治史（1945-1988）》，北京：社会科学文献出版社，1990 年版。

65. 伍贻康、周建平主编：《区域性国际经济一体化的比较》，北京：经济科学出版社，1994 年版。

66. 吴友法、邢来顺：《德国从统一到分裂再到统一》，西安：三秦出版社，2005 年版。

67. 萧汉森、黄正柏：《德国的分裂、统一与国际关系》，武汉：华中师范大学出版社，1998 年版。

68. 肖欢容：《地区主义：理论的历史演进》，北京：北京广播学院出版社，2003 年版。

69. 张才圣：《德国与欧洲一体化》，北京：人民出版社，2011 年版。

70. 张锡昌、周剑卿：《战后法国外交史（1944-1992）》，北京：世界知识出版社，1993 年版。

71. 张蕴岭主编：《世界区域化的发展与模式》，北京：世界知识出版社，2004 年版。

72. 中国社科院欧洲研究所、中国欧洲学会编：《欧洲发展报告》，北京：社会科学文献出版社，1997—2016。

73. 周八骏：《迈向新世纪的国际经济一体化：理论·实践·前景》，上海：上海人民出版社，1999 年版。

74. 周保巍、成键主编：《欧盟大国外交政策的起源与发展》，上海：华东师范大学出版社，2009 年版。

75. 周琪、王国明：《战后西欧四大国外交》，北京：中国人民公安大学出版社，1992 年版。

76. 张荐华：《欧洲一体化与欧盟的经济社会政策》，北京：商务印书馆，2001 年版。

77. 周弘、［德］贝娅特·科勒－科赫主编：《欧盟治理模式》，北京：社会科学文献出版社，2008 年版。

78. 资中筠主编：《战后美国外交史——从杜鲁门到里根》，北京：世界知识出版社，1993 年版。

中文期刊:

1. 埃德加·莫兰、雅克·德洛尔、阿尔弗雷德·贝纳 – 维加: "反思欧洲认同: 历史、现状与未来", 载《欧洲研究》2008 年第 1 期。

2. [德]米夏埃尔·施塔克, 吴静娴译: "欧债危机后德国的外交政策: 更积极, 更有为, 更全球化?", 载《德国研究》2014 年第 4 期。

3. [埃及]萨米尔·阿明: "全球化、美国霸权与欧洲", 载《世界经济与政治》2000 年第 8 期。

4. 蔡玉辉、杨豫: "欧洲精神与欧盟制度析论", 载《欧洲研究》2006 年第 1 期。

5. 陈玉刚、陈晓塑: "欧洲的经验与东亚的合作", 载《世界经济与政治》2006 年第 5 期。

6. 陈洁、袁建军: "德法与欧盟差异性一体化", 载《德国研究》2015 年第 2 期。

7. 陈军亚: "欧洲宪法危机及其对东亚经济一体化的启示", 载《湖北社会科学》2008 年第 12 期。

8. 陈晓律: "东亚如何效仿欧盟——评王马克博士片面的全球化观", 载《探索与争鸣》2008 年第 1 期。

9. 陈霞: "大国良性竞争与地区公共产品的供给——对欧洲一体化进程中法德关系的考察", 载《复旦国际关系评论》2009 年第 1 期。

10. 甘逸骅: "里斯本条约架构下的欧盟安全政策合作之尝试", 载《东吴政治学报》2016 年第 2 期。

11. 耿协峰: "西方国际关系研究中对地区主义的不同理论解释评述", 载《欧洲》2001 年第 2 期。

12. 范洪颖: "全球化背景下东亚一体化理论适用问题探讨", 载《东南亚研究》2007 年第 3 期。

13. 房乐宪: "政府间主义与欧洲一体化", 载《欧洲》2002 年第 1 期。

14. 冯存万: "法国与欧洲对外关系一体化: 战略观、政策与局限性", 载《国际论坛》2010 年第 6 期。

15. 冯绍雷: "中国可以从欧洲一体化中学习什么——从地区比较层面的一种思考", 载《欧洲研究》2007 年第 6 期。

16. 葛汉文："'退向未来'：冷战后德国地缘政治思想刍议"，载《欧洲研究》2011 年第 4 期。

17. 葛建华、但苏敏："欧洲与东亚区域合作动因的比较分析"，载《马克思主义与现实》2008 年第 3 期。

18. 郭增麟编写："民族国家、欧洲一体化与全球化"，载《国外理论动态》2001 年第 4 期。

19. 胡为真："欧盟的推手——从世仇到密友的德、法关系初探"，财团法人国家政策研究基金会 http：//www.npf.org.tw/post/2/5003。

20. 胡文涛："欧洲政治一体化进程中法、德、英的分歧——以地缘政治为视角"，载《广东外语经贸大学学报》2003 年第 3 期。

21. 郇庆治、胡瑾："联邦主义与功能主义之争：欧洲早期政治一体化理论"，载《欧洲》1999 年第 6 期。

22. 黄凤志、逄爱成："德法和解历史对中日建立战略互惠关系的借鉴与思考"，载《东北亚论坛》2010 年第 5 期。

23. 黄正柏："从'莫内的欧洲'到'祖国的欧洲'——法国与欧洲一体化中的国家主权问题"，载《华中师范大学学报（人文社会科学版）》2006 年第 1 期。

24. 惠一鸣："欧盟轴心的裂痕——论新形势下的法德关系危机"，载《吉林大学社会科学学报》2000 年第 1 期。

25. 计秋枫："论欧洲一体化的文化与思想渊源"，载《世界历史》1998 年第 1 期。

26. 姜南："法德英关系与欧洲一体化（1945—1993）"，载《浙江大学学报（人文社会科学版）》2015 年第 5 期。

27. 金明："对日民间索赔中的「中日联合声明」与'旧金山和约框架'——兼评日本最高法院的两份判决"，载《国际论坛》2008 年第 1 期。

28. 金明："关于中国对日民间索赔中的国际法问题——兼评日本最高法院的两份判决"，载《社会科学研究》2008 年第 5 期。

29. 邝扬："欧洲观念的变迁 1492–1992"，载《欧洲研究》2008 年第 1 期。

30. 李昀："欧美学者对二战后美国与欧洲一体化关系的研究"，载《世界历

《史》2008 年第 2 期。

31. 李明明："论欧盟区域认同的社会建构"，载《南开学报（哲社版）》2005 年第 5 期。

32. 连玉如："德国默克尔政府的外交与欧洲政策辨析"，载《德国研究》2006 年第 1 期。

33. 刘昌明："论全球化背景下发展中国家政治认同的新趋向"，载《当代世界社会主义问题》2005 年第 2 期。

34. 刘江永："世界格局演变与中日关系"，载《日本研究》2009 年第 4 期。

35. 刘立群："德法对欧洲一体化目标之争评析"，载《德国研究》2001 年第 3 期。

36. 刘立群："略谈联邦德国对欧洲一体化的态度"，载《德国研究》1994 年第 3 期。

37. 刘玉安："经济全球化与民族国家"，载《文史哲》2004 年第 6 期。

38. 刘玉安、杨丽华："全球化、区域化与国家主义"，载《文史哲》2002 年第 1 期。

39. 卢光盛："国际关系理论中的地区主义"，载《东南亚研究》2005 年第 4 期。

40. 卢新华："欧洲一体化的经验对东亚经济一体化的启示"，载《改革与战略》2007 年第 6 期。

41. 吕耀坤："德国与欧洲一体化"，载《德国研究》1998 年第 3 期。

42. 梅兆荣："德国默克尔政府的外交政策调整"，载《当代世界》2007 年第 8 期。

43. 庞中英："论中日关系中的美国因素"，载《国际经济评论》2002/Z3。

44. ［日］浦野起央："日本历史认识问题的几个层次分析"，载《太平洋学报》2005 年第 7 期。

45. 秦亚青："层次分析法与国际关系研究"，载《欧洲》1998 年第 3 期。

46. 秦艳峰："欧盟区域一体化给东亚合作带来的启示"，载《延安大学学报（社会科学版）》2004 年第 5 期。

47. 申皓、闵杰："法国与欧洲一体化"，载《法国研究》2004 年第 1 期。

48. 宋全成："欧洲难民危机中的德国难民政策及难民问题应对"，载《学海》2016 年第 4 期。

49. 苏芙："评德国女总理默克尔的内外政策"，载《国际问题研究》2007年第1期。

50. 孙晓青："欧洲经济一体化对亚太区域合作的意义"，载《现代国际关系》2002年第5期。

51. 田毅鹏："全球化、民族国家与东亚认同"，载《史学集刊》2005年第2期。

52. 王鹤："欧洲自由贸易联盟与一体化理论"，载《欧洲》1994年第4期。

53. 王剑华："试析对日民间索赔诉讼面临的主要问题"，载《西北大学学报（哲社版）》2006年第3期。

54. 汪丽萍："东亚区域合作与欧洲一体化的发展模式比较"，载《南京师大学报（社会科学版）》2007年9月第5期。

55. 王学东："新制度主义的欧洲一体化理论辨析"，载《欧洲研究》2003年第5期。

56. 王学玉："国际关系研究的地区主义视角"，载《当代世界社会主义问题》2004年第3期。

57. 王学玉："欧洲一体化：一个进程，多种理论"，载《欧洲》2001年第2期。

58. 王学玉："通过地区一体化实现安全共同体：一个分析的框架"，载《欧洲研究》2003年第5期。

59. 王义桅："欧洲一体化的宿命"，载《文汇报》2017-03-27。

60. 王振华："英、法、德：有关欧盟发展方向之争"，载《欧洲》1996年第1期。

61. 王子昌："一体化的条件与东盟的发展"，载《东南亚研究》2002年第2期。

62. 王展鹏："战略、制度与伦理——欧洲经验的意义与启示"，载《教学与研究》2006年第8期。

63. 吴弦："经济全球化与欧洲一体化"，载《当代世界与社会主义》1999年第3期。

64. 伍贻康："法德轴心与欧洲一体化"，载《欧洲》1996年第1期。

65. 伍贻康："欧洲一体化整合协调经验及其启迪"，载《太平洋学报》2005年第1期。

66. 武寅："热战 冷战 温战——国际大背景下的日本政治走向与中日关系"，

载《日本学刊》2002 年第 4 期。

67. 吴友法："'德国问题'与早期欧洲一体化——第二次世界大战后欧洲为什么走上联合道路"，载《武汉大学学报（人文科学版）》2009 年第 4 期。

68. 吴友法、张健："德法合作与欧洲货币体系的建立"，载《武汉大学学报（人文科学版）》2003 年第 6 期。

69. 吴征宇："关于层次分析的若干问题"，载《欧洲》2001 年第 6 期。

70. 吴志成、李敏："欧洲一体化观照下的亚洲地区主义"，载《南开学报（哲学社会科学版）》2004 年第 4 期。

71. 邢来顺："德法关系的历史发展与欧洲联合"，载《武汉大学学报（人文科学版）》2002 年第 2 期。

72. 杨爱平："论区域一体化下的区域间政府合作——动因、模式及展望"，载《政治学研究》2007 年第 3 期。

73. 杨鲁慧："世纪之交亚太地区政治经济的特征与矛盾"，载《世界经济与政治》2001 年第 3 期。

74. 游博："中日关系历史认识问题中的美国因素"，载《和平与发展》2006 年第 4 期。

75. 张才圣、吴友法："德国'新东方政策'与欧洲一体化研究"，载《武汉大学学报（人文科学版）》2009 年第 1 期。

76. 张骥、姚辉："论统一后德国的欧洲认同与欧洲一体化"，载《当代世界与社会主义》2010 年第 1 期。

77. 张健："德法合作与单一欧洲法令的签订"，载《湖北大学学报（哲学社会科学版）》2002 年第 6 期。

78. 张健："德法特殊关系：变化与前景"，载《现代国际关系》2004 年第 9 期。

79. 张健："历史遗产对德法两国欧洲一体化政策的影响"，载《江汉论坛》2003 年第 3 期。

80. 章敏："联邦德国外交政策的调整及其特点"，载《欧洲》1994 年第 1 期。

81. 张天桂："欧盟、北美自贸区和中国—东盟自贸区中政府作用的比较"，载《当代亚太》2007 年第 10 期。

82. 张小明："欧洲多边主义及其对亚太的意义"，载《教学与研究》2001年第 1 期。

83. 张月明："国际格局转换中的欧洲"，载《社会科学研究》2001 年第 2 期。

84. 张振江："区域主义的新旧辨析"，载《暨南学报（哲学社会科学版）》2009 年第 3 期。

85. 赵怀普："欧洲一体化对东亚合作的若干启示"，载《外交学院学报》2005 年第 2 期。

86. 赵怀普："西方国际关系研究中的分析层次"，载《燕山大学学报（哲学社会科学版）》2000 年第 4 期。

87. 赵怀普："战后美国对欧洲一体化政策论析"，载《美国研究》1999年第 2 期。

88. 郑春荣："从欧债危机看德国欧洲政策的新变化"，载《欧洲研究》2012年第 5 期。

89. 郑春荣、朱金锋："从乌克兰危机看德国外交政策的调整"，载《同济大学学报（社会科学版）》2014 年第 6 期。

90. 郑先武："欧盟与区域间主义：区域效用与全球意义"，载《欧洲研究》2008 年第 4 期。

91. 郑先武："新区域主义理论：渊源、发展与综合化趋势"，载《欧洲研究》2006 年第 1 期。

92. 郑迎平："欧洲与东亚安全合作模式的差异评析"，载《现代国际关系》2008 年第 7 期。

93. 周玉渊："东亚意识与东亚秩序"，载《东南亚研究》2007 年第 5 期。

94. 朱乃新："东亚经济区域化：'轴心'的缺失与重构"，载《当代亚太》2004 年第 11 期。

95. 朱锋："国际战略格局的演变与中日关系"，载《日本学刊》2014 年第 6 期。

96. 资中筠："日本为什么认罪这么难？"，载《社会科学论坛》2000 年第 5 期。

97. 祖强、邱芝："扩大后欧盟的内部发展动力与外部环境"，载《欧洲研究》2004 年第 3 期。

学位论文：

1. 冯卫民：《欧洲民族过程与欧洲一体化》，中国社会科学院研究生院博士学位论文，2001 年 5 月。

2. 惠一鸣：《论欧洲秩序体系及其轴心》，南京大学博士学位论文，2011 年 8 月。

3. 阚四进：《法国欧洲一体化政策研究》，外交学院博士学位论文，2014 年 6 月。

4. 刘芝平：《冷战时期联邦德国在北约发展中的地位和作用》，华东师范大学博士学位论文，2005 年 4 月。

5. 罗秦伯：《欧洲一体化进程的政治分析——兼论欧盟共同外交与安全政策》，吉林大学博士学位论文，2009 年 6 月。

6. 罗霄：《欧盟制宪危机根源探析》，复旦大学博士学位论文，2008 年 4 月。

7. 王新堂：《从血仇到友邻——中日关系正常化的历史考察》，中共中央党校博士学位论文，1997 年 6 月。

8. 肖欢容：《地区主义理论的历史演进》，中国社会科学院博士学位论文，2002 年 1 月。

9. 杨晓燕：《欧洲主义还是大西洋主义——冷战后欧盟对外政策中的美国因素》，复旦大学博士学位论文，2008 年 4 月。

10. 游博：《中日关系中的历史认识问题研究》，华中师范大学博士学位论文，2006 年 4 月。

11. 俞顺洪：《"新区域主义"研究——东亚发展中国家视角》，厦门大学博士学位论文，2008 年 4 月。

12. 张超：《新区域主义的兴起及其在东亚的发展研究》，华中科技大学博士学位论文，2004 年 11 月。

13. 张骥：《法国与欧盟安全与防务政策（ESDP）：欧洲化的双向运动》，复旦大学博士学位论文，2009 年 10 月。

14. 张健：《德法关系与欧洲一体化进程研究（1945–1993）》，武汉大学博士学位论文，2003 年 5 月。

15. 赵伯英：《欧洲一体化的动力、矛盾与前景》，中共中央党校博士学位论文，1999 年 5 月。

重要网站：

1. 欧盟官方网站，http：//europa.eu/index_en.htm。

2. CVCE：Centre Virtuel de la Connaissance sur l'Europe，http：//www.cvce.eu/collections/special-files。

3. 欧盟统计局，http：//epp.eurostat.ec.europa.eu/portal/page/portal/eurostat/home/。

4. 经合组织（OECD）统计数据 http：//www.oecd.org/document/0，3746，en_2649_201185_46462759_1_1_1_1，00.html。

5. 世界银行（WB）统计数据 http：//data.worldbank.org.cn/。

附录 1：英文首字母缩略词表

APEC：Asia Pacific Economic Cooperation

APT：ASEAN Plus Three

ASEAN：Association of Southeast Asian Nations

CAP：Common Agricultural Policy

CEEC：Central and East European Country

CFSP：Common Foreign and Security Policy

DFI：Deutsch–Französische Institut

EAC：East Asian Community

EAS：East Asia Summit

EC：European Community

ECB：European Central Bank

ECSC：European Coal and Steel Community

EEC：European Economic Community

EFSM：European Financial Stability Mechanism

EFSF：European Financial Stability Facility

EMS：European Monetary System

EMU：Economic and Monetary Union

ESM：European Stability Mechanism

EU：European Union

FDI：Foreign Direct Investment

FTAs：Free Trade Areas

GDP：Gross Domestic Product

GNP：Gross National Product

IMF：International Monetary Fund

NAFTA：North American Free Trade Agreement

NATO：North Atlantic Treaty Organization

OECD：Organization for Economic Cooperation and Development

QMV：Qualified Majority Voting

RTAs：Regional Trade Agreements

SPD：Sozialdemokratische Partei Deutschlands

TPP：Trans-Pacific Partnership Agreement

WB：World Bank

WTO：World Trade Organization

附录 2

一、法德和解与合作的重要网站

1. 德法门户网站（Das deutsch-französische Internetportal），http：//www.deutschland-und-frankreich.de.

2. 德法关系研究院网站，http：//www.dfi.de/。

3. 根斯哈根基金会（BBI，原柏林一勃兰登堡德法欧洲合作研究院），http：//www.stiftung-genshagen.de/baseportal/maintemplate_neu？ lang=dt&i=0&include=anzeigeinhalte_neu。

4. 德法青年之家（DFJW），http：//www.dfjw.org/english-version。

5. 歌德学院："法德和解之路"，http：//www.goethe.de/ins/jp/lp/prj/wza/defr/zh2196302.htm。

二、法德战后的主要领导人组合

查尔斯·戴高乐（Charles de Gaulle, 1958—1969 年任法国总统）	康拉德·阿登纳（Konrad Adenauer, 1949—1963 年任联邦德国总理）
乔治·蓬皮杜（George Pompidou, 1969—1974 年任法国总统）	维利·勃兰特（Willy Brandt, 1969—1974 年任联邦德国总理）
吉斯卡尔·德斯坦（Valéry Giscard d'Estaing, 1974—1981 年任法国总统）	赫尔穆特·施密特（Helmut Schmidt, 1974—1982 年任联邦德国总理）
弗朗索瓦·密特朗（François Mitterrand, 1981—1995 年任法国总统）	赫尔穆特·科尔（Helmut Kohl, 1982—1998 年任德国总理）
雅克·希拉克（Jacques Chirac, 1995—2007 年任法国总统）	格哈德·施罗德（Gerhard Schröder, 1998—2005 年任德国总理）
尼古拉斯·萨科齐（Nicolas Sarkozy, 2007—2012 年任法国总统）	安吉拉·默克尔（Angela Merkel, 2005 年至今任德国总理）
弗朗斯瓦·奥朗德（François Hollande, 2012—2017 年任法国总统）	安吉拉·默克尔（Angela Merkel, 2005— 任德国总理）

后 记

自从 2012 年博士毕业，转眼 4 年又过去了。博士毕业的时候，因为对自己写的毕业论文不满意，所以一直没有出版。时至今日，博士论文终于要出版了，内心却是忐忑多于喜悦。

我要特别感谢我的博士生导师刘玉安教授。无论是博士论文的选题、框架的设计还是文字的组织，刘老师都给予了耐心指导。刘老师学识渊博，治学严谨，平易近人，学富五车，依然手不释卷。在我处于迷茫时，刘老师依然一如既往地悉心指导，对此我永远铭记在心。

感谢博士论文答辩之时，冯仲平教授、朱锋教授以及山东大学政治学与公共管理学院的王学玉教授、杨鲁慧教授、刘昌明教授和郇庆治教授给予我的意见和建议。可惜笔者的水平有限，修改后的书稿恐怕依然辜负了各位老师的指导。

在修改书稿的过程中，博士期间与朋友们相处的四年快乐时光又浮现在笔者的眼前。感谢同期的李慧明、黄栋、王利文、禹海霞，师妹吴玲，还有学院其他专业的各位同学以及柏林自由大学的中国留学生们，他们不仅为我的论文出谋划策，也对我的生活关心有加，他们的陪伴使我四年的博士生活少了些单调孤独，多了些欢笑感动。

感谢国家留学基金管理委员会（CSC）在读博期间给我联合培养一年的机会，柏林自由大学（FU）的 Prof.Dr.Michael Bolle 妙趣横生的 seminar 让我学到了很多，感谢他一直鼓励我在 seminar 上做 presentation，也很怀念 2010年圣诞前夜在他家品尝的糕点和浓汤，他的那句"stop reading，start thinking"言犹在耳，每每提醒着我反思所做的工作。

感谢山东大学（威海）学科建设经费所提供的出版经费的支持。感谢"学术中国"的"半价出书计划"，非常感谢陈霞老师和廖彦老师为书稿的出版所做的细致、耐心的工作！由于个人水平有限，书中难免存在错漏之处，恳请读者多多批评指正！

和春红

2017 年 4 月 5 日